21世纪高职高专精品教材
财务会计类

SHIGONG QIYE KUAIJI

施工企业会计

（第五版）

杨艳 杨中和 编著

东北财经大学出版社
Dongbei University of Finance & Economics Press
大连

图书在版编目（CIP）数据

施工企业会计 / 杨艳，杨中和编著．—5 版．—大连：东北财经大学出版社，2014.3（2015.5 重印）
（21 世纪高职高专精品教材·财务会计类）
ISBN 978-7-5654-1466-4

Ⅰ．施… Ⅱ．①杨… ②杨… Ⅲ．施工企业-会计-高等职业教育-教材 Ⅳ．F407.967.2

中国版本图书馆 CIP 数据核字（2014）第 025717 号

东北财经大学出版社出版
（大连市黑石礁尖山街 217 号 邮政编码 116025）
教学支持：（0411）84710309
营 销 部：（0411）84710711
总 编 室：（0411）84710523
网 址：http：//www.dufep.cn
读者信箱：dufep @ dufe.edu.cn

大连美跃彩色印刷有限公司印刷 东北财经大学出版社发行

幅面尺寸：185mm×260mm 字数：365 千字 印张：15 3/4 插页：1
2014 年 3 月第 5 版 2015 年 5 月第 14 次印刷

责任编辑：张旭凤 责任校对：那 欣 毛 杰
封面设计：冀贵收 版式设计：钟福建

ISBN 978-7-5654-1466-4
定价：26.00 元

第五版前言

凡是经济发达的国家，会计没有不发达的；凡是会计发达的国家，经济没有不发达的。我国近几年经济发展态势良好，会计类书籍甚多，但是，真正面向高等职业教育、以施工企业会计为主线的专业教材并不多见。

本教材根据财政部制定的《企业会计准则》和《企业会计准则——应用指南》，结合施工企业施工生产经营的特点，系统地阐述了施工企业资产、负债、所有者权益、收入、费用、利润的确认、计量和会计实务的具体处理方法，以及财务报表的编制方法。本教材力求在基本理论指导下，培养和提高学习者发现问题、分析问题和解决问题的能力，并适当注重实践技能培养；在力求体系完整的同时，着重基础知识的介绍和会计实务的应用处理，尽量做到深入浅出、通俗易懂。

根据教学实践需要，在保持原有特色的基础上对本教材进行了修订。全书共分为 15 章，首先，增加了“第 13 章 非货币性资产交换”；其次，在对第 4 版的“第 2 章 货币资金和应收项目”进行拆分的基础上，适当增删后分为“第 2 章 货币资金”和“第 3 章 应收及预付项目”；最后，将第 4 版中的“第 7 章 负债”调整后分为“第 8 章 流动负债”和“第 9 章 长期负债”。

本教材可以作为高等院校投资经济管理专业、工程管理专业、工程造价专业、财务会计专业及其他相关财经类专业的教材，也可以作为各类施工企业会计人员、管理人员培训教材及参考用书。

本教材由湖南财政经济学院杨艳、杨中和老师编著。限于水平，加之编写时间仓促，难免有错误或疏漏之处，恳请读者批评指正，以便今后进一步修改和完善。

编著者

2014 年 3 月

目 录

第 1 章　总　论

◆ 学习目标

知识目标：了解施工企业及其生产经营的特点，明确施工企业会计的内容以及施工企业会计工作组织的要求。

技能目标：明确施工企业会计要素的具体内容，了解施工企业会计机构的设置、会计工作法规体系以及会计账户的设置。

1.1　施工企业会计概述

1.1.1　施工企业及其生产经营的特点

1）施工企业的含义

施工企业又称建筑安装企业，是从事各种建筑物、土木工程、设备安装工程和机械化施工等建筑安装工程生产的企业。它是自主经营、自负盈亏、独立核算、具有法人资格的经济实体，包括各类建筑公司、安装公司、装饰公司和工程公司等。施工企业构成了我国国民经济建设中的一个重要的支柱性产业，它所生产的厂房、道路、桥梁、铁路、住宅等产品是我国经济建设各部门和人民生产生活重要的物质基础。

2）施工企业生产经营的特点

施工企业的生产经营过程不同于一般生产经营企业，主要具有以下特点：

（1）建筑产品的固定性

建筑产品不同于工业产品，每一个建筑安装工程的位置是固定的，需要根据建设单位的要求，在指定的地点进行施工，且建造的产品与土地连成一体，不能移动。

（2）施工生产的流动性

建筑产品的固定性，使得施工队伍、施工机械在不同工地和不同工程项目间流动施工。

（3）产品生产的单件性

每一项建筑产品都有不同的功能、结构和用途，只能按照设计要求和单个图纸组织单件生产，不能像工业企业那样进行成批生产。

（4）产品生产的长期性

建筑产品除少部分造价低、耗费少以外，大多是体积庞大、造价高、耗费大的工程，大多数工程都要跨年度施工，有的工程施工年限长达几年甚至十几年。

1.1.2　施工企业会计及其特点

1）施工企业会计的含义

施工企业会计是以施工企业为主体的一种行业会计。它是以货币为主要计量单位，按照现行会计准则体系的要求，根据施工企业生产经营的特点，运用专门的核算方法，对施工企业的经济活动进行全面、连续、系统、综合的核算和监督，真实、准确、及时地提供相关会计信息的一种管理活动。施工企业通过会计活动，可以对企业的财产物资进行如实记录，对生产经营活动中各项耗费进行全面监督和控制，对取得的财务成果进行完整的反映。通过会计的计量、计算和登记等活动，能取得生产经营管理必需的各种信息和数据。因此，做好施工企业会计工作，是施工企业生产经营中重要的一环。

2）施工企业会计的特点

施工企业会计的特点取决于施工企业生产经营的特点。建筑产品的固定性，施工生产的流动性，产品生产的单件性和长期性，必然会影响到施工企业会计的各个方面，使施工企业会计在以下方面表现出不同的特点：

（1）产品价格的形成方面

建筑安装工程由于功能和结构不同，即使是根据同一标准进行施工的同类型、同规模的工程，也会因自然条件、交通条件、材料要求和物价水平的不同，造成施工过程中工料的不同。因此，施工企业对待其产品不可能像对待工业产品那样为每一种产品确定一个统一的价格，而是必须逐个地通过编制施工图预算来确定其造价，并以此为基础签订工程承包合同，确定承包工程合同收入。工程合同收入就是建筑产品的价格，也是施工企业主要的经营业务收入。

（2）产品成本的考核方面

建筑安装工程具有固定性和单件性的特点，成本的核算应实行订单法，按照每一单项合同工程计算成本。在计算建筑安装工程成本降低任务和考核实际降低成本时，不能像工业企业生产的可比产品那样，用上年实际平均成本进行对比和考核，而必须以预算成本为依据来计算降低成本任务，用预算成本与实际成本相对比来考核成本节约或超支。

（3）产成品与在产品的划分方面

一般来说，工业企业会计核算中，产成品是指本企业已经完成全部生产过程，并已验收入库可供销售的产品；在产品是指没有完成全部生产过程，不能作为商品销售的产品。施工企业如果采取与工业企业相同的方法来划分产成品与在产品，则只有工程已全部竣工，办理了竣工验收手续并交付使用的产品，才能算产成品。但是，建筑安装工程施工具有周期较长的特点，按照这种划分方法，就会在长期的施工过程中，不能对工程进度、工程质量和工程成本进行有效的监督。所以对建筑产品，需要人为地将其划分成产成品和在产品，即根据合同完工进度确认合同收入和合同费用，将合同收入与合同成本分配计入实施工程的各个会计年度，以便施工企业及时统计工程进度，考核工程成本，计算财务成果。

（4）工程价款的结算方式方面

由于建筑安装工程施工周期较长，资金使用量大，国家为了合理地解决工程资金的供应问题，制定了工程价款结算的特殊办法，规定了多种结算方式。一般工程价款结算采取按照已完成分部、分项工程实行按旬（或半月）预支、月末结算的办法。对于工程建设期短或工程承包合同价值低的建设项目，可实行分次预支、竣工后结算或工程项目（或单项工程）竣工后一次结算的办法。此外，施工企业还可以根据工程承包合同规定，向发包单位预收工程备料款，以满足工程储备材料所需资金。

（5）组织核算和管理方面

施工企业的生产除少量预制件可以工厂化生产外，大部分都必须露天完成，而且随着工地的转移，整个施工队伍也必须转移。由于施工的流动性，会计核算也必须分级核算和管理，一般分为公司（工程局）级、工程处（工区）级和工程队（工段）级。公司实行独立核算，是汇总核算单位；工程处实行内部独立核算，单独计算工程成本和盈亏；工程队是基层核算单位，核算实物工程量、工日和材料消耗、机械使用量等直接成本指标，并检查这些指标计划的执行情况。

1.2　施工企业会计对象

施工企业会计是通过有关会计程序，对企业会计要素进行确认和计量，为投资者等会计信息使用者提供符合质量要求的财务报告。施工企业会计对象具体表现为各种会计要素。

会计要素是根据交易或者事项的经济特征对会计对象的基本分类。会计要素按照其性质分为资产、负债、所有者权益、收入、费用和利润六类。

1.2.1　资　产

资产是指企业过去的交易或者事项形成的，由企业拥有或者控制的，预期会给企业带来经济利益的资源。企业资产按照其流动性可分为流动资产和非流动资产。流动资产包括货币资金、应收及预付账款、交易性金融资产、存货等；非流动资产包括持有至到期投资、长期股权投资、固定资产、无形资产、投资性房地产等。

1）资产的特征

企业资产具有以下特征：

（1）资产是企业所拥有或控制的资源

资产由企业拥有或控制，是指企业享有某项经济资源的所有权，或者虽然不享有某项资源的所有权，但该资源能被企业所控制。

（2）资产预期会给企业带来经济利益

资产预期会给企业带来经济利益，是指资产直接或间接导致现金和现金等价物流入企业的潜力。

（3）资产是由企业过去的交易或事项形成的

企业过去的交易或者事项包括购买、生产、建造行为或者其他交易事项。企业预期在未来发生的交易或事项不形成资产。

2）资产的确认条件

根据我国企业会计准则的规定，符合资产定义的资源，在同时满足以下条件时，才能确认为资产：

（1）与该资源有关的经济利益很可能流入企业

很可能，是指发生的可能性超过50%的概率。对于资产而言，其预期会给企业带来经济利益，所以，在确认资产时，只有当其包含的经济利益流入企业的可能性超过50%，并同时满足其他确认条件，企业才能加以确认；否则，不能将其确认为资产。例如，对于公司因销售业务而形成的应收款项而言，如果公司所销售的商品完全满足合同要求，同时没有其他例外情况发生，公司能够在未来某一时日完全收回款项，即满足资产确认的第一个条件。

（2）该资源的成本或者价值能够可靠地计量

会计工作就是要以货币计量的形式，在财务报表中反映企业的财务状况和经营成果，因此，能否可靠地计量是会计要素确认的一个基本前提。如果与资源有关的经济利益能够可靠地计量，并同时满足资产确认的其他条件，就可以在财务报表中予以确认；否则，企业不应加以确认。例如企业的自创商誉不能作为企业的无形资产予以确认。

符合资产定义和资产确认条件的项目，应当列入资产负债表；符合资产定义、但不符合资产确认条件的项目，不应当列入资产负债表。

1.2.2 负债

负债是指企业过去的交易或事项形成的，预期会导致经济利益流出企业的现时义务。企业负债按其流动性，可分为流动负债和非流动负债。流动负债包括短期借款、应付及预收账款、应交税费、应付职工薪酬等；非流动负债包括长期借款、长期应付款、应付债券等。

1）负债的特征

企业负债具有以下特征：

（1）负债是企业承担的现时义务

现时义务是指企业现行条件下承担的义务，未来发生的交易或者事项形成的义务，不属于现时义务，不应当确认为企业负债。

（2）负债预期会导致经济利益流出企业

只有企业履行义务时会导致经济利益流出企业的，才确认为负债；如果某项义务能够回避，与该义务有关的经济利益不会流出企业，不应当确认为企业负债。

（3）负债是由企业过去的交易或事项形成的

只有过去的交易或事项才形成负债，企业将在未来发生的承诺、签订合同等交易或事项，不形成负债。

2）负债的确认条件

根据我国企业会计准则的规定，符合负债定义的义务，在同时满足以下条件时，才能确认为负债：

（1）与该义务有关的经济利益很可能流出企业

对于负债而言，其预期会导致经济利益流出企业，所以，在确认负债时，只有当其包含的经济利益流出企业的可能性超过50%，并同时满足其他确认条件，企业才能加以确认；否则，不能将其确认为负债。例如，对于公司因购买业务形成的应付款项而言，如果公司所购买的商品完全满足合同要求，同时没有其他例外情况发生，公司能够在合同规定的未来某一时日履行其所承担的义务，支付这笔款项。也就是说，公司因购买业务而形成的应付款项所包含的经济利益很可能流出企业，即满足负债确认的第一个条件。

（2）未来流出的经济利益的金额能够可靠地计量

如果与义务有关的经济利益能够可靠地计量，并同时满足负债确认的其他条件，就可以在财务报表中加以确认；否则，企业不应予以确认。在考虑负债确认条件时要求与义务有关的经济利益能够可靠地计量，并不意味着不需要进行估计。例如，某公司涉及一起诉讼案，根据以往的审判结果判断，公司很可能败诉，相关的赔偿金额也可能需要估算一个范围，此时，就可以认为该公司因未决诉讼承担的现时义务的金额能够可靠地估计。但是，如果公司不能对相关的赔偿金额做出可靠的估计，即使公司因未决诉讼承担的现时义务满足负债确认的其他条件，也不能作为企业的负债予以确认。

1.2.3 所有者权益

所有者权益是指企业资产扣除负债后，由所有者享有的剩余权益。公司所有者权益又称为股东权益。企业所有者权益的来源包括所有者投入的资本、直接计入所有者权益的利得和损失、留存收益等，通常由实收资本（或股本）、资本公积、盈余公积和未分配利润构成。

所有者投入的资本是指所有者投入企业的资本部分，既包括构成企业注册资本或者股本部分的金额，也包括投入资本超过注册资本或股本部分的金额，超过注册资本或股本的这部分投入资本在我国企业会计准则体系中被计入了资本公积。

直接计入所有者权益的利得和损失，是指不应计入当期损益、会导致所有者权益发生增减变动的、与所有者投入资本或者向所有者分配利润无关的利得或损失。其中，利得是指由企业非日常活动形成的、会导致所有者权益增加的、与所有者投入资本无关的经济利益的流入；损失是指由企业非日常活动产生的、会导致所有者权益减少的、与向所有者分配利润无关的经济利益的流出。

留存收益是企业历年实现的净利润留存于企业的部分，主要包括累计提取的盈余公积和未分配的利润。

所有者权益的确认条件：

由于所有者权益体现的是所有者在企业中的剩余权益，因此，所有者权益的确认主要依赖于其他会计要素，尤其是资产和负债的确认，所有者权益金额的确定也主要取决于资产和负债的计量。

1.2.4 收　入

收入是指企业日常活动中形成的、会导致所有者权益增加的、与所有者投入资本无关的经济利益的总流入。企业收入按照日常活动中主要业务和次要业务来划分，分为主营业务收入和其他业务收入两大类。主营业务收入是从事建筑安装工程施工获得的建造合同收入；其他业务收入是除建造合同收入以外的收入，如材料销售收入、出租收入等。

1）收入的特征

企业收入具有以下特征：

（1）收入是企业日常活动中形成的

收入是施工企业在从事建筑安装工程施工、提供劳务或让渡资产使用权等日常活动中形成的，而不是在偶发的交易或事项中形成的。

（2）收入会导致企业所有者权益增加

不会导致所有者权益增加的经济利益流入（如向银行借入款项等），不应确认为收入。

（3）收入是与所有者投入资本无关的经济利益的总流入

所有者投入资本会导致经济利益的流入，但不应当确认为企业的收入，而应将其直接确认为所有者权益。同时，收入只有在经济利益很可能流入企业，从而导致企业资产增加或者负债减少，且经济利益的流入金额能够可靠计量时才能予以确认。

2）收入的确认条件

根据我国企业会计准则的规定，收入只有在经济利益很可能流入从而导致企业资产增加或者负债减少、且经济利益的流入额能够可靠计量时才能予以确认。

（1）经济利益很可能流入企业

经济利益是否很可能流入是判断收入能否确认的一个基本条件。如果经济利益不可能流入企业，或者流入企业的可能性小于不能流入企业的可能性，则收入不能加以确认。经济利益能够流入企业，必将导致企业资产增加或者负债减少，即导致企业资产增加或者负债减少的情形，基本上可以认定为经济利益能够流入。

（2）经济利益流入额能够可靠计量

收入能否可靠地计量，是确认收入的基本前提。例如，企业在销售材料时，售价通常已经确定。但销售过程中由于某种不确定因素，也有可能出现售价变动的情况，则新的售价未确定前不应确认收入。

1.2.5 费 用

费用是指企业在日常活动中发生的、会导致所有者权益减少的、与向所有者分配利润无关的经济利益的总流出。企业的费用包括营业成本和期间费用。

1）费用的特征

企业费用具有以下特征：

（1）费用是企业日常活动中形成的

费用必须是企业在工程施工、提供劳务或让渡资产使用权等日常活动中发生的，企业非日常活动所形成的经济利益的流出，不能确认为费用，而应计入损失。

（2）费用会导致企业所有者权益减少

不会导致所有者权益减少的经济利益的流出，不应确认为费用。

（3）费用是与向所有者分配利润无关的经济利益的总流出

企业向所有者分配利润也会导致经济利益的流出，该经济利益的流出属于所有者权益的抵减项目，不应确认为费用。

2）费用的确认条件

根据我国基本会计准则的规定，费用只有在经济利益很可能流出从而导致企业资产减少或者负债增加、且经济利益的流出额能够可靠计量时才能予以确认。

（1）经济利益很可能流出企业

这是费用确认的基本条件。如果经济利益很可能流出企业，则在满足其他条件时才能确认费用；如果经济利益不是很可能流出企业，或者流出企业的可能性小于不能流出企业的可能性，则即使满足其他确认条件，也不能确认费用。

（2）经济利益流出额能够可靠计量

流出企业的经济利益只有在能够可靠计量时，才有可能确认并在利润表中加以列示；如果流出企业的经济利益不能够可靠计量，则无法在利润表中加以列示。

1.2.6　利　润

利润是指企业在一定会计期间的经营成果。企业利润包括收入减去费用后的净额、直接计入当期利润的利得和损失等。

企业收入减去费用后的净额，是企业在工程施工、提供劳务、让渡资产使用权等日常经济活动中所产生的利润。

直接计入当期利润的利得和损失，是指应当计入当期损益、会导致所有者权益发生增减变动的、与所有者投入资本无关或者向所有者分配利润无关的利得或损失。

利润的确认条件：

利润反映的是收入减去费用、利得减去损失后的净额，因此，利润的确认主要依赖于收入和费用以及利得和损失的确认，其金额的确定也主要取决于收入、费用、利得、损失金额的计量。

资产、负债、所有者权益是静态的会计要素，反映某一时点上企业的规模，是资产负债表的列报项目。而收入、费用、利润是动态的会计要素，与企业的生产经营直接联系，反映企业的财务状况与经营成果，是利润表的列报项目。会计要素之间的关系可以用以下会计等式来表示：

资产=负债+所有者权益

利润=收入-费用+利得-损失

1.3　施工企业会计工作组织

科学地组织会计工作，是充分发挥会计工作作用，保证会计目标得以实现的一个重要条件。组织好企业的会计工作，必须建立和健全会计机构，配备数量充足、素质较高的会计人员，执行国家有关会计工作的法律、行政法规和部门规章。

1.3.1　会计机构

会计机构是企业负责组织和从事会计工作的职能部门。施工企业的会计机构一般应单独设置，不要与其他部门合并，以免影响会计职能的发挥。但是，由于会计工作同财务工作都是综合性的经济管理工作，而且两者关系非常密切，在通常情况下，我国把会计机构与财务机构合并设置，有的称为财务处（科）或财务部，有的称为财会处（科）或财会部，也有的直接称为会计处（科）或会计部。

施工企业的会计机构，要根据施工企业经营管理体制和经济核算的要求建立。在规模较大、实行分级管理体制的企业中，在设立企业一级的会计机构的同时，往往还在企业所属内部独立核算单位（如分公司、工程处或工区）二级设置会计机构，所属单位的会计机构在业务上接受企业会计机构的指导和监督。

项目管理法的兴起带来了施工企业管理体制的变化，会计机构也随之有所变化。在项目管理法管理体制下，建立三级会计机构，即工程公司——工程分公司（工程处）——项目部。项目内设财务部，负责管理本项目所有财务会计工作。

企业会计机构的主要职责是：按照国家有关法规要求进行会计核算，实行会计监督；拟订本单位办理会计事务的具体办法；参与计划、预算的制订，考核并分析预算执行情况，以及办理其他会计事务。为了充分发挥会计机构的职能作用，应当在会计机构内部明确划分业务范围，分设若干职能岗位，建立内部稽核制度，进行合理分工，建立会计人员岗位责任制。

为了充分发挥各级会计机构的职能作用，还要建立与企业管理体制相适应的核算体制。一般地说，小型企业实行一级核算体制，一切经济业务由企业会计机构集中进行系统的核算。大中型企业由于管理层次较多，企业所属的二级单位（如分公司、工程处或工区）在生产经营和管理上有一定的独立性，为正确区分经济责任和考核业绩，需要实行两级或三级核算体制。企业所属二级单位对本单位的经济业务进行全面的核算，在此基础上，由企业一级的会计机构结合公司本部的经济业务进行汇总核算，提供反映企业整体财务状况和经营成果的会计资料。

1.3.2 会计人员

会计人员是经办会计工作的专业人员，配备数量适中、德才兼备的会计人员，是搞好会计工作的重要条件。施工企业应按照一定比例为会计机构配备会计人员，赋予会计人员必要的职责和权限。在公司和工程处一级的会计机构里，还应设置总会计师岗位，总会计师是单位行政领导，直接组织和领导本单位的财务会计工作。

会计人员的基本职责有：进行会计核算，包括各种款项和有价证券的收付；财物的收发、增减、使用；债权债务的发生和结算；基金的增减和经费的收支；收入、费用、成本的计算；财务成果的计算和处理；其他需要办理会计手续及进行会计核算的事项。实行会计监督，主要包括对不合理、不真实的原始凭证不予受理；对记载不正确、不完善的原始凭证要求更正、补充；发现账簿记录与实物不符时，按照有关规定进行处理；对违反国家财经法规、会计制度规定的收支不予办理；拟订本单位会计事务的具体办法；参与拟订经济计划、业务计划、考核和分析预算及财务计划的执行情况；办理其他会计事务。

会计人员的基本权限：有权要求本单位有关部门、有关人员认真执行已批准的计划和预算，遵守国家财经法规和企业会计制度，有权参与本单位编制计划、制订定额、签订经济合同，有权参与有关生产、经营会议；有权监督、检查本单位有关部门的财务收支，资金使用，财产保管、收发、计量、检验等情况；有权要求有关部门提供资料，如实反映情况。

企业应加强对会计人员的继续教育，提高会计人员的素质。随着社会主义市场经济的发展和企业会计准则的实施，原有的知识结构已不能适应经济发展的要求，企业要采取各种措施，通过各种形式，大力加强企业会计人员的培训力度，向广大会计人员普及会计法规和业务知识，促进会计人员努力学习新知识，提高思想水平、政策水平和专业知识水平，使其适应企业加强经济核算，提高经济效益的需要。

会计人员必须力求稳定，不要随意调动，一般会计人员的调动需要先征得本企业会计主管人员的同意。会计机构负责人及会计主管人员的任免应经过上级主管单位的同意。会计人员调动或离职时，要将经管的会计凭证、账册、款项和未了事项，向接办人员移交清楚。一般会计人员办理交接手续，由会计机构负责人、会计主管监交，会计机构负责人或会计主管人员办理交接手续，由单位行政领导监交，必要时可以由上级主管单位派人会同监交。

1.3.3　会计工作法规体系

会计机构和会计人员必须依据国家法律、行政法规和部门规章等处理日常事务，按照规定的时间和格式报送符合会计信息质量要求的财务报告，我国会计法规体系通常由法律、行政法规、部门规章和规范性文件等组成。

法律由全国人民代表大会常务委员会通过，由国家主席签署主席令颁布。会计工作方面的法律主要有《中华人民共和国会计法》、《中华人民共和国注册会计法》、《中华人民共和国审计法》、《中华人民共和国票据法》等。《中华人民共和国会计法》是会计工作的基本法，是指导会计工作、制定相关的会计行政法规和部门规章制度的基本依据。

行政法规由国务院根据宪法和法律制定，以国务院总理签署的国务院令的形式公布。会计工作方面的行政法规主要有《中华人民共和国现金管理条例》、《总会计师条例》等。

部门规章以国务院主管部门部长令的形式公布，如财政部以部长令的形式公布的《企业会计准则——基本准则》、《会计从业资格管理办法》等是会计工作方面重要的部门规章。

规范性文件由国务院主管部门以部门文件形式印发。由财政部发布的《企业会计准则第 1 号——存货》等 38 个具体准则和《企业会计准则——应用指南》等就是会计工作的规范性文件。

会计准则是反映经济活动、确认产权关系、规范收益分配的会计技术标准。我国企业会计准则体系由基本准则、具体准则和应用指南三部分组成。基本准则是在整个会计准则体系中起统驭作用，主要规范会计目标，会计假设，会计信息质量要求，会计要素的确认、计量和报告原则等；具体准则主要规范企业发生的具体交易或事项的会计处理；应用指南主要对具体准则进行解释和规范会计科目。我国企业会计准则属于会计法规体系的组成部分，企业必须认真执行。

根据财政部制定和发布的《企业会计准则——应用指南》中的会计科目，施工企业常用会计科目见表 1-1。

表 1-1 **会计科目表**

顺序号	编号	会计科目名称	顺序号	编号	会计科目名称
		一、资产类	39	2201	应付票据
1	1001	库存现金	40	2202	应付账款
2	1002	银行存款	41	2203	预收账款
3	1012	其他货币资金	42	2211	应付职工薪酬
4	1101	交易性金融资产	43	2221	应交税费
5	1121	应收票据	44	2231	应付利息
6	1122	应收账款	45	2232	应付股利
7	1123	预付账款	46	2241	其他应付款
8	1131	应收股利	47	2501	长期借款
9	1132	应收利息	48	2502	应付债券
10	1221	其他应收款	49	2701	长期应付款
11	1231	坏账准备	50	2711	专项应付款
12	1401	材料采购	51	2801	预计负债
13	1402	在途物资	52	2901	递延所得税负债
14	1403	原材料			三、所有者权益类
15	1404	材料成本差异	53	4001	实收资本
16	1408	委托加工物资	54	4002	资本公积
17	1411	周转材料	55	4101	盈余公积
18	1471	存货跌价准备	56	4103	本年利润
19	1501	持有至到期投资	57	4104	利润分配
20	1502	持有至到期投资减值准备			四、成本类
21	1511	长期股权投资	58	5401	工程施工
22	1512	长期股权投资减值准备	59	5402	工程结算
23	1521	投资性房地产	60	5403	机械作业
24	1531	长期应收款			五、损益类
25	1532	未实现融资收益	61	6001	主营业务收入
26	1601	固定资产	62	6051	其他业务收入
27	1602	累计折旧	63	6101	公允价值变动损益
28	1603	固定资产减值准备	64	6111	投资收益
29	1604	在建工程	65	6301	营业外收入
30	1605	工程物资	66	6401	主营业务成本
31	1606	固定资产清理	67	6402	其他业务成本
32	1701	无形资产	68	6403	营业税金及附加
33	1702	累计摊销	69	6602	管理费用
34	1703	无形资产减值准备	70	6603	财务费用
35	1801	长期待摊费用	71	6701	资产减值损失
36	1811	递延所得税资产	72	6711	营业外支出
37	1901	待处理财产损溢	73	6801	所得税费用
		二、负债类	74	6901	以前年度损益调整
38	2001	短期借款			

本章小结

施工企业是从事各种建筑物、土木工程、设备安装工程和机构化施工等建筑安装工程生产的企业。施工企业的施工生产经营过程不同于一般生产企业，具有建筑产品固定性、施工生产流动性、产品生产单件性、产品生产长期性等特点。施工企业会计是以建筑施工企业为主体的一种行业会计。施工企业会计的对象表现为各种会计要素，会计要素按其性质可分为资产、负债、所有者权益、收入、费用和利润。施工企业应按照相关规定的要求，建立健全会计机构，配备数量适中、德才兼备的会计人员，并认真执行国家有关会计法规和制度，根据《企业会计准则——应用指南》的要求设置会计科目，认真组织会计核算，以充分发挥会计的反映和监督职能。

关键概念

施工企业　施工企业会计　会计要素　会计机构　会计准则

第 2 章　货币资金

◆ **学习目标**

知识目标：了解货币资金的内容及管理要求，掌握货币资金核算应设置的账户及账务处理方法。

技能目标：掌握库存现金、银行存款等货币资金的内部控制制度及核算，掌握库存现金、银行存款、其他货币资金的账务处理方法。

2.1　货币资金概述

货币资金是指企业在生产经营过程中处于货币形态的经营资金，它是企业资产的重要组成部分，是企业资产中流动性最强的一种资产。根据货币资金存放地点及用途不同，货币资金分为库存现金、银行存款和其他货币资金。

库存现金主要是指存放在企业财务部门由出纳人员保管的现金，包括人民币现金和外币现金。

银行存款是指企业存放在开户银行和其他金融机构的货币资金，一般包括人民币存款和各种外币存款，其收支需要按照银行结算方法予以办理。

其他货币资金是指企业所拥有的除现金和银行存款以外的其他形式的货币资金，主要包括企业的银行本票存款、银行汇票存款、信用卡存款、信用证存款、外埠存款等。

2.2　库存现金的核算

库存现金是企业流动性最强的货币资金。货币资金是处于货币形态的资金，除库存现金外，还包括银行存款和其他货币资金。

2.2.1　现金管理制度

库存现金是指通常存放于企业会计部门、由出纳经管的货币，包括人民币现金和外币现金。

库存现金是流动性最强的货币性资产，企业必须加强对库存现金的管理。国务院发布的《中华人民共和国现金管理暂行条例》等行政法规和中国人民银行、财政部等部门发布的有关规章明确规定了有关现金管理制度，企业必须严格遵守。根据条例和有关规章制度，企业现金的管理主要包括现金的使用范围、库存现金限额、日常现金收支等方面。

1）**现金的使用范围**

企业可以在下列范围内使用现金：①职工工资、津贴；②个人劳动报酬；③根据国家规定颁发给个人的科学技术、文化艺术、体育等各种奖金；④各种劳保、福利费用以及国家对个人的其他支出；⑤向个人收购农副产品和其他物资的价款；⑥出差人员必须随身携带的差旅费；⑦结算起点以下的零星支出；⑧中国人民银行确定需要支付现金的其他支出。凡是不属于现金结算范围的，应通过银行进行转账结算。

2）**库存现金限额**

企业库存现金限额是为了保证企业日常零星开支的需要，按规定企业允许留存现金的最高数额，由其开户银行根据实际需要核定。

库存现金限额一般按照企业 3 ~5 天日常零星开支所需金额核定，边远地区和交通不便地区的企业，库存现金限额可以放宽 5 天的零星开支数额，但不能超过 15 天的日常零星开支。正常开支需要量不包括企业每月发放工资和不定期差旅费等大额现金支出，经开户银行核定的库存现金限额，企业必须严格遵守，超过限额的部分必须及时送存银行，库存现金低于限额时，可以签发现金支票从银行提取现金，补足限额。

3）**现金日常收支管理**

（1）企业现金收入应于当日送存银行，如当日送存银行确有困难的，由开户银行确定送存时间。

（2）企业可以在现金使用范围内支付现金，但不能从本单位的现金收入中直接支付（即坐支现金）。因特殊情况需要坐支现金的，应事先报经开户银行审查批准，由开户银行核定坐支范围和限额。企业应当定期向开户银行报送坐支金额和使用情况。

（3）企业从银行提取现金时，应当在取款凭证上写明具体用途，由本单位会计部门负责人签字盖章，经开户银行审核后方可支取。

（4）企业因采购地点不固定、交通不方便、抢险救灾以及其他特殊情况必须使用现金的，应当向开户银行提出申请，经开户银行审核批准后，予以支付现金。

（5）企业不准用不符合制度的凭证顶替库存现金，即不准“白条抵库”；不准谎报用途套取现金；不准用银行存款账户代其他单位或个人存入或支取现金；不准保留账外公款（即设置“小金库”）。

2.2.2　现金的收付

1）**现金的账户设置**

为了核算现金的收入、支出及结存情况，企业应设置“库存现金”账户，该账户属于资产类账户，借方登记现金的收入金额，贷方登记现金付出金额，余额在借方，表示现金的结存数额。

企业每笔现金收入、支出都必须有原始凭证作为收款和付款的凭据并编制收款凭证或付款凭证，由有关人员严格审核，出纳在收、付款后应在相应的凭证上签名盖章，在所附的原始凭证上，要加盖带有日期的“现金收讫”或“现金付讫”的戳记。

2）**现金收入的账务处理**

【例 2-1】 企业开出现金支票，从银行提取现金 500 元，编制银行存款付款凭证，做如下分录：

借：库存现金　　500

　贷：银行存款　　500

【例2-2】当月收到固定资产租赁收入800元，编制现金收款凭证，做如下分录：

借：库存现金　　800

　贷：其他业务收入　　800

3）**现金支出的账务处理**

【例2-3】职工王刚出差借差旅费600元，编制现金付款凭证，做如下分录：

借：其他应收款　　600

　贷：库存现金　　600

【例2-4】用现金150元购买办公用品，编制现金付款凭证，做如下分录：

借：管理费用　　150

　贷：库存现金　　150

【例2-5】将收入现金350元送存开户银行，编制现金付款凭证，做如下分录：

借：银行存款　　350

　贷：库存现金　　350

2.2.3　库存现金日记账的设置与登记

为了及时反映现金收入、支出和结存状况，企业应设置“库存现金日记账”并按照业务发生的顺序逐日逐笔登记。有库存外币的企业，应按人民币、各种外币分别设置“库存现金日记账”。“库存现金日记账”的一般格式见表2-1。

表2-1　**库存现金日记账**

2013年5月

2013年		凭证		摘要	收入	付出	结存
月	日	种类	号数				
5	16			承前页			2 000
		银付	1	从银行支取现金	5 000		
		现收	1	收到固定资产租赁收入	8 000		
		现付	1	王刚借差旅费		6 000	
		现付	2	购买办公用品		1 500	
		现付	3	现金送存银行		3 500	
5	16			本日合计	13 000	11 000	4 000

2.2.4　库存现金的清查

为了确保账实相符，应对库存现金进行清查。库存现金的清查包括出纳人员每日营业终了进行账款核对和企业定期或不定期进行的库存现金盘点和核对。库存现金的清查方法采用账实核对法，即以库存现金的实有数与账面结存金额相核对，查明库存现金溢余（长款）或短缺（短款）的原因。

在清查中若发现有待查明原因的现金溢余或短缺应通过“待处理财产损溢——待处理流动资产损溢”科目核算，待查明原因后，应分情况进行处理：属于记账差错的，应予以及时更正；对于无法查明原因的现金溢余，贷记“营业外收入”科目；对于无法查明原因的现金短缺，借记“管理费用”科目；对于因出纳员失职造成的短缺，应由出纳员个人赔偿，或属于保险公司赔偿的部分，应借记“其他应收款”。

【例 2-6】5 月 31 日，企业在定期进行清查中，发现出纳经管的库存现金较账面余额多出 100 元，根据现金盘点报告单，做如下分录：

借：库存现金　100

　贷：待处理财产损溢——待处理流动资产损溢　100

【例 2-7】5 月 31 日，经核查，现金清查中发现现金长款 100 元，原因不明，经批准转作营业外收入，做如下分录：

借：待处理财产损溢——待处理流动资产损溢　100

　贷：营业外收入　100

【例 2-8】6 月 30 日，现金清查中，发现短款 20 元，原因待查，做如下分录：

借：待处理财产损溢——待处理流动资产损溢　20

　贷：库存现金　20

【例 2-9】经核查，上述短款系出纳员自身差错造成，应由出纳员个人赔偿，做如下分录：

借：其他应收款——××　20

　贷：待处理财产损溢——待处理流动资产损溢　20

2.3　银行存款的核算

2.3.1　银行存款的管理

银行存款是企业存在银行或其他金融机构的货币资金。按照国家有关规定，凡是独立核算的单位都必须在当地银行开设账户，企业与各单位间的经济往来，除按规定可以用现金结算的以外，其他都必须通过银行办理转账结算。企业应当按照中国人民银行发布的《人民币银行结算账户管理办法》和《支付结算办法》的规定，根据本单位的业务需要，在银行开立结算账户，办理存款、取款和转账结算。

企业在银行开立的存款账户可分为基本存款账户、一般存款账户、临时存款账户和专用存款账户四种。

基本存款账户是企业因办理日常转账结算和现金收付需要开立的银行往来结算账户。企业日常经营活动的资金收付，以及工资、奖金等现金的支取，应当通过该账户进行办理。企业只能在银行开立一个基本存款账户。

一般存款账户是企业因借款或其他结算需要，在基本存款账户开户银行以外的银行营业机构开立的银行结算账户。一般存款账户用于办理借款转存、借款归还和其他结算资金收付。该账户可以办理现金缴存，但不得办理现金支取。

临时存款账户是企业因临时需要并在规定期限内使用而开立的银行结算账户。企业设立临时机构、异地临时经营活动和注册验资等可以申请开立临时存款账户，用于办理临时机构和临时经营活动发生的支付。

专用存款账户是企业按照法律、行政法规和部门规章的规定，对特定用途的资金进行专项管理和使用而开立的银行结算账户。企业的基本建设资金、证券交易结算资金、期货交易保证金、住房基金等可以申请开立专用存款账户。

2.3.2 银行结算方式

根据中国人民银行印发的《支付结算办法》的规定，目前支付结算方式按结算工具的特点和组织形式可分为银行汇票结算、商业汇票结算、银行本票结算、支票结算、信用卡结算、汇兑结算、托收承付结算、委托收款结算等。下面分别加以说明。

1）银行汇票

银行汇票是出票银行签发的，由其在见票时按照实际结算金额无条件支付给收款人或者持票人的票据。

汇款人申请办理银行汇票时，应填写银行汇票委托书，签发银行受理银行汇票委托书并收妥款项后，据以签发银行汇票，将汇票和解讫通知连同汇票申请书的回单交给汇款人。汇款人持银行汇票和解讫通知书可以向收款人办理结算。

在银行开立账户的收款人或背书人受理银行汇票时，应审查确认无误，将实际结算金额和多余金额，清晰地填入银行汇票和解讫通知的有关栏内，在汇票背面加盖银行印章，连同解讫通知和进账单交银行办理进账手续，取得进账单的回单。银行汇票的多余金额由签发银行主动转回汇款人存款户，将多余款收账通知送交汇款人。未在银行开立账户的收款人支取款项时，应交验有关证件，并经银行审查同意后，方能支取款项。

银行汇票一律记名，允许背书转让。付款期限为1个月，逾期的汇票兑付银行不予受理。银行汇票结算的一般程序，如图2–1所示。

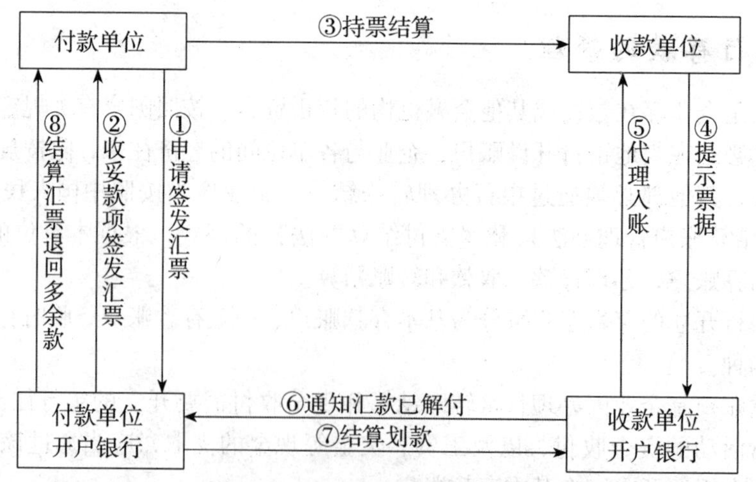

图2–1 银行汇票结算程序图

2）商业汇票

商业汇票是由出票人签发的，委托付款人在指定日期无条件支付确定的金额给收款人或持票人的票据。商业汇票按承兑人不同分为商业承兑汇票和银行承兑汇票。商业承兑汇票是由收款人出票，由付款人承兑，或由付款人出票并承兑的商业汇票。银行承兑汇票是由收款人或付款人出票并由付款人向银行申请，经银行审查同意承兑的票据。

采用商业承兑汇票结算的，收款单位将要到期的商业承兑汇票送交银行办理收款业务。汇票到期时，如果付款单位存款不足以支付票款，开户银行将汇票退还收款单位，银行不负责付款，由收付双方自行处理。

采用银行承兑汇票结算的，收款单位将要到期的银行承兑汇票、解讫通知连同进账单送交银行办理转账。承兑申请人应于汇票到期前将票款足额交存开户银行，承兑银行待到期日凭票将款项付给收款人、被背书人或贴现银行。若到期时承兑申请人未能足额交存票款，承兑银行凭票向收款人、被背书人或贴现银行无条件支付款项。

使用商业汇票的必须是在银行开立存款账户的法人及其他经济组织，必须有真实的交易关系或债权债务关系。商业汇票的承兑期限，由买卖双方商定，最长不超过 6 个月，如属分期付款，应一次签发若干张不同期限的商业汇票。

商业汇票（以银行承兑汇票为例）结算的一般程序，如图 2-2 所示。

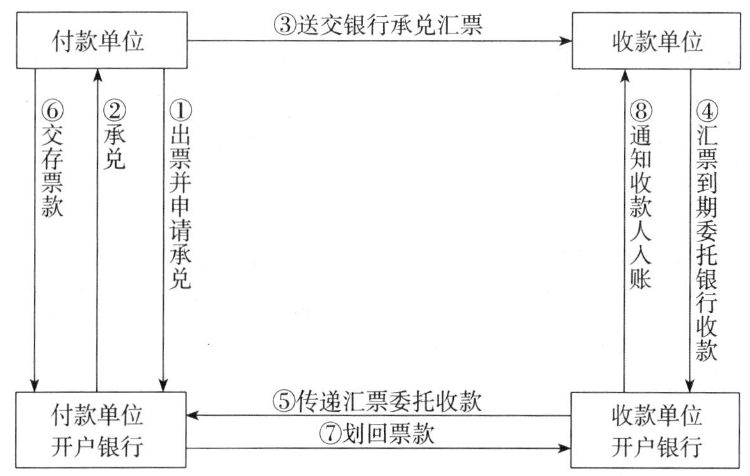

图 2-2　银行承兑汇票结算程序图

3）**银行本票**

银行本票是由出票人签发，承诺自己在见票时无条件支付确定金额给收款人或持票人的票据。银行本票分为不定额和定额两种。不定额本票的金额起点为 100 元，定额本票面额为 1 000 元、5 000 元、10 000 元和 50 000 元四种。两者的付款期最长不超过 2 个月，逾期后，兑付银行不予受理，但签发银行可以办理退款手续。银行本票见票即付款，不予挂失。

4）**支票**

支票是出票人签发的委托办理支票存款业务的银行在见票时无条件支付确定金额给收款人或持票人的票据。支票分为现金支票、转账支票、普通支票和划线支票。支票上印有“现金”字样的为现金支票，现金支票只能用于支取现金；支票上印有“转账”字样的为转账支票，转账支票只能用于转账；支票上未印有“现金”或“转账”字样的，为普通支票，普通支票可以用于支取现金，也可以用于转账；在普通支票左角上划两条平行线的为划线支票，划线支票只能用于转账，不能支取现金。支票结算的一般程序，如图 2-3 所示。

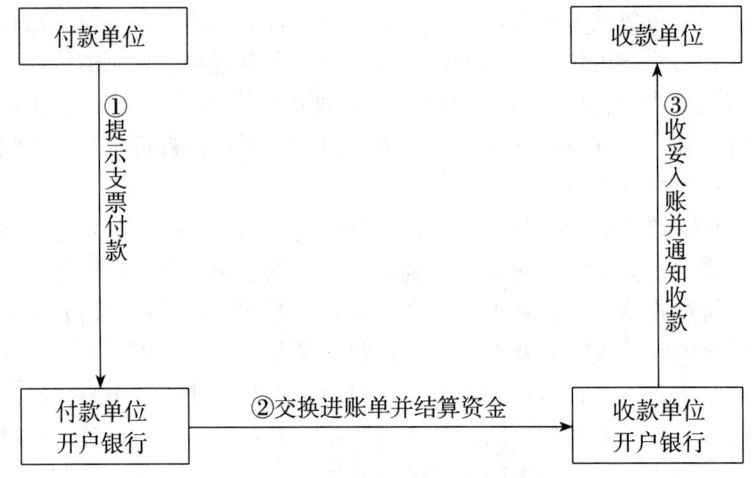

图 2-3 支票结算程序图

5）信用卡

信用卡是商业银行向个人和单位发行的，凭以向特约单位购物、消费和向银行存取现金具有消费信用的银行卡，卡内资金一律从基本存款账户转账存入，不得交存现金。持卡人可以持信用卡在特约商户购物、消费，但单位卡不得用于 10 万元以上的商品交易和劳务供应款项的结算，也不得支取现金。

6）汇兑

汇兑是付款人委托银行将款项汇给外地收款人的结算方式。汇兑分为信汇和电汇两种，由汇款人选择使用。汇兑方式没有金额起点限制，适用于异地各单位及个人各种款项的结算。汇兑结算的一般程序，如图 2-4 所示。

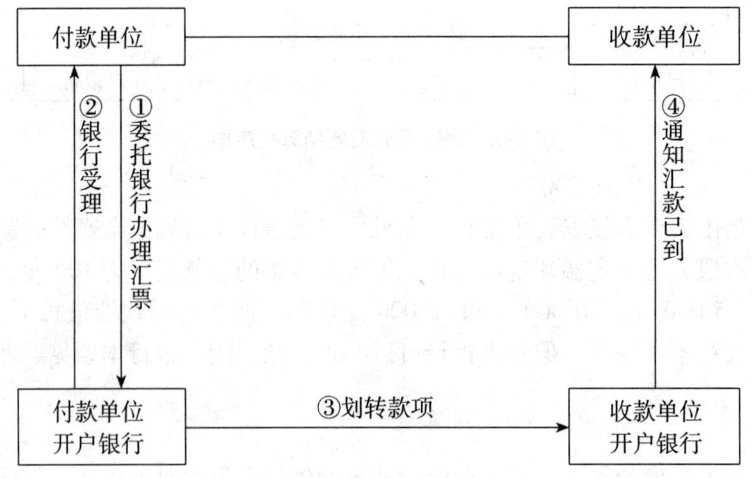

图 2-4 汇兑结算程序图

7）委托收款

委托收款是收款人委托银行向付款人收取款项的结算方式。委托收款分为邮寄和电报两种方式。委托收款适用于在银行或其他金融机构开立存款账户的单位和个体经营户的交易款项、劳务款项、到期票据款项和其他应收款项的结算。同城、异地均可以办理，不受金额起点限制。委托收款结算的一般程序，如图 2-5 所示。

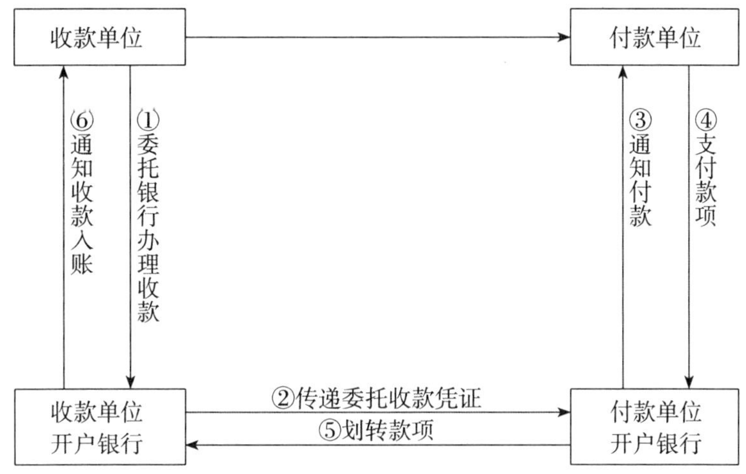

图 2-5 委托收款结算程序图

8）托收承付

托收承付是收款单位按照经济合同发货后，委托开户银行向异地付款单位收取货款，付款单位根据经济合同，核对单证或验货后承认付款的一种结算方式。它适用于异地企业之间订有经济合同的商品交易，以及由此产生的劳务费等款项的结算。

托收承付的金额起点为 10 000 元，承付货款分为验单付款和验货付款两种，验单付款承付期为 3 天，验货付款的承付期为 10 天。托收承付结算的一般程序，如图 2-6 所示。

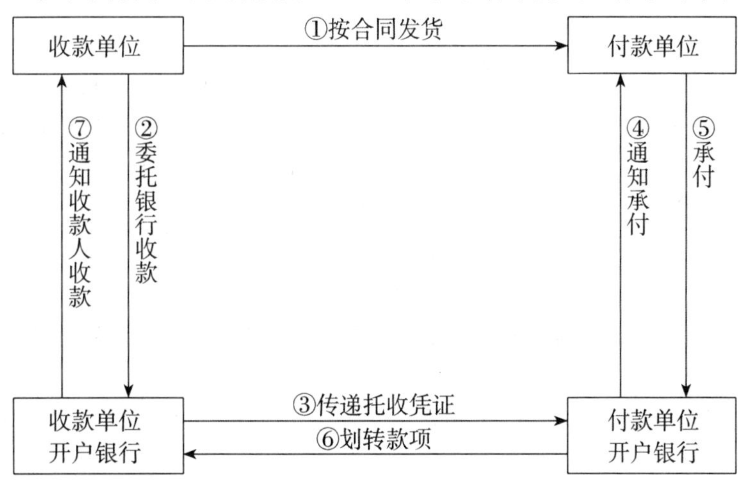

图 2-6 托收承付结算程序图

2.3.3 银行存款的收付

1）银行存款的账户设置

为了反映和监督企业各种银行存款的收入、支出和结存情况，企业应设置“银行存款”账户。该账户借方登记企业银行存款的增加金额；贷方登记银行存款的减少金额；期末余额在借方，反映企业存在银行或其他金融机构的各种存款余额。

企业除设置“银行存款”总分类账户外，还应设置“银行存款日记账”，按照银行收付业务发生的先后顺序逐笔序时登记，每日终了结出余额。“银行存款日记账”应定期与

“银行对账单”核对，至少每月核对一次，企业“银行存款日记账”余额与“银行对账单”余额之间如有差额，应逐笔查明原因，并按月编制“银行存款余额调节表”调节相符。月份终了，“银行存款日记账”余额必须与“银行存款”总账余额核对相符。

2）银行存款收付的账务处理

【例 2-10】企业开出现金支票从银行提取现金 5 000 元备用。做如下分录：

借：库存现金 5 000

贷：银行存款 5 000

【例 2-11】企业开出转账支票一张，支付前欠青山公司材料款 10 000 元。做如下分录：

借：应付账款 10 000

贷：银行存款 10 000

【例 2-12】收到建设单位转账支票一张，预付工程款 200 000 元。做如下分录：

借：银行存款 200 000

贷：预收账款 200 000

【例 2-13】企业向外地青山公司采购材料，向开户银行提交“银行本票申请书”，并将 50 000 元款项交存银行，取得银行签发的定额本票。做如下分录：

借：其他货币资金——银行本票存款 50 000

贷：银行存款 50 000

2.3.4 银行存款的清查

为了防止记账差错，正确掌握银行存款的实际金额，企业应定期对银行存款进行清查。银行存款的清查方法是将企业“银行存款日记账”与银行送来的“银行对账单”逐笔进行核对。在实际工作中，企业“银行存款日记账”的余额与“银行对账单”的余额可能不一致，其原因除了企业和银行的记账差错外，还有可能存在企业与银行一方已登记入账而另一方因结算凭证未到而尚未登记入账的款项，即“未达账项”。未达账项不外乎以下四种情况：

（1）企业已收款入账，银行尚未收款入账的款项，如企业存入其他单位转来的转账支票。

（2）企业已付款入账，银行尚未付款入账的款项，如企业已经开出转账支票，对方尚未到银行办理转账手续。

（3）银行已收款入账，企业尚未收款入账的款项，如银行支付给企业的存款利息。

（4）银行已付款入账，企业尚未付款入账的款项，如银行代企业支付公用事业费用、向企业收取借款利息等。

在银行存款的清查中，对于发现的记账差错，如错记、漏记等应及时查明原因并更正；对于未达账项，在查明后编制“银行存款余额调节表”，以检查双方账目是否相符。

【例 2-14】某施工企业 6 月 30 日“银行存款日记账”的余额为 236 400 元，当日“银行对账单”的余额为 255 900 元，经逐笔核对，发现有如下未达账项：

（1）6 月 25 日，企业委托银行收款 50 000 元，银行已经收妥入账，企业未接到通知。

(2) 6 月 26 日，银行代划企业本月电话费 1 000 元，企业未接到通知。

(3) 6 月 29 日，企业送存银行转账支票一张，金额 30 000 元，银行尚未入账。

(4) 6 月 30 日，企业开出转账支票购买办公用品 500 元，银行尚未入账。

根据以上未达账项编制的银行存款余额调节表见表 2-2。

表 2-2　银行存款余额调节表

20××年 6 月 30 日　单位：元

项　目	金　额	项　目	金　额
企业银行存款账户余额	236 400	银行对账单企业存款余额	255 900
加：银行已收，企业未收	50 000	加：企业已收，银行未收	30 000
减：银行已付，企业未付	1 000	减：企业已付，银行未付	500
调节后余额	285 400	调节后余额	285 400

2.4　其他货币资金的核算

2.4.1　其他货币资金的内容

其他货币资金是指除现金、银行存款以外的其他各种货币资金。其他货币资金同现金和银行存款一样，是可以作为企业支付手段的货币。其他货币资金同现金和银行存款相比，有其特殊的存在和支付方式，在管理上有别于现金和银行存款，应单独进行会计核算。

其他货币资金主要包括外埠存款、银行本票存款、银行汇票存款、信用卡存款、信用证保证金存款、存出投资款等。

外埠存款是指企业到外地进行临时或零星采购时，汇往采购地银行开立采购专用账户的款项。银行本票存款是企业为取得银行本票，按规定用于银行本票结算而存入银行的款项。银行汇票存款是企业为取得银行汇票，按规定用于银行汇票结算而存入银行的款项。信用卡存款是企业为取得信用卡以办理信用卡结算而存入银行的款项。信用证保证金存款是企业为取得信用证按规定存入银行的款项。存出投资款是指企业存入证券公司但尚未进行短期投资的资金。

2.4.2　其他货币资金的收付

1）其他货币资金的账户设置

为了反映其他货币资金的增减变动及结余情况，企业应设置“其他货币资金”账户，该账户借方登记其他货币资金的增加数，贷方登记其他货币资金的减少数，余额在借方，表示企业其他货币资金的结余额。在该账户下设置“外埠存款”、“银行汇票存款”、“银行本票存款”、“信用卡存款”、“存出投资款”等明细账户，进行明细核算。

2）其他货币资金收付的核算

(1) 银行汇票存款的核算

银行汇票存款是指企业为取得银行汇票按规定存入银行的款项。

企业填送“银行汇票申请书”并将款项交存银行，取得银行汇票后，根据银行盖章退回的申请书存根联编制付款凭证，借记“其他货币资金——银行汇票存款”科目，贷记“银行存款”科目。企业使用银行汇票支付款项后，根据发票账单等有关凭证，借记“材料采购”或“原材料”、“工程物资”等科目，贷记“其他货币资金——银行汇票存款”科目。如有多余款或因汇票超过付款期等原因而退回的款项，应根据开户银行转来的银行汇票第四联（多余款收账通知），借记“银行存款”科目，贷记“其他货币资金——银行汇票存款”科目。

【例2-15】 企业向银行申请办理银行汇票8 000元至外地采购材料，在采购材料地使用银行汇票支付采购材料款8 000元。

（1）根据银行退回的“银行汇票申请书”存根联，做如下分录：

借：其他货币资金——银行汇票存款　　8 000

　贷：银行存款　　8 000

（2）用汇票支付采购材料款8 000元，做如下分录：

借：材料采购　　8 000

　贷：其他货币资金——银行汇票存款　　8 000

（2）银行本票存款的核算

银行本票存款是指企业为取得银行本票按规定存入银行的款项。

企业向银行提交“银行本票申请书”并将款项交存银行，取得银行本票后，根据银行盖章退回的申请书存根联，编制付款凭证，借记“其他货币资金——银行本票存款”科目，贷记“银行存款”科目。企业使用银行本票支付有关款项后，应根据发票、账单等有关凭证，借记“材料采购”或“原材料”、“工程物资”等科目，贷记“其他货币资金——银行本票存款”科目。企业如因银行本票超过付款期等原因而要求退款时，应当填制一式两联的进账单，连同银行本票一并送交开票银行，企业根据银行盖章的进账单第一联，借记“银行存款”科目，贷记“其他货币资金——银行本票存款”科目。

【例2-16】 某企业2013年4月1日将40 000元交存银行办理银行本票，4月5日采购材料价款30 000元，用银行本票支付，4月7日收到收款单位退回的余款10 000元存入银行。

（1）申请办理银行本票：

借：其他货币资金——银行本票存款　　40 000

　贷：银行存款　　40 000

（2）收到收款单位发票账单：

借：材料采购　　30 000

　贷：其他货币资金——银行本票存款　　30 000

（3）收到收款单位退回的余款：

借：银行存款　　10 000

　贷：其他货币资金——银行本票存款　　10 000

（4）存出投资款的核算

存出投资款是指企业已存入证券公司但尚未进行短期投资的现金。企业向证券公司划出资金时，应按实际划出的金额编制付款凭证，借记“其他货币资金——存出投资款”科目，贷记“银行存款”科目。企业购买股票、债券等时，按实际发生的金额，借记

"交易性金融资产"等科目，贷记"其他货币资金——存出投资款"科目。

【例 2-17】 某施工企业为进行短期投资，向证券公司划出资金 20 000 元，做如下分录：

借：其他货币资金——存出投资款　　20 000
　贷：银行存款　　20 000

（4）外埠存款的核算

外埠存款是指企业到外地进行临时或零星采购时，汇往采购地银行开立采购专户的款项。企业汇出款项时，须填写汇款委托书，加盖"采购资金"字样。汇入银行对汇入的采购款项，以汇款单位名义开立采购账户。采购资金存款除采购员差旅费可以支取少量现金外，一律转账。采购专户存款不计利息，只付不收，付完结束账户。

企业将款项委托当地银行汇往采购地开立专户时，根据汇款委托书等有关汇出款项凭证，编制付款凭证，借记"其他货币资金——外埠存款"科目，贷记"银行存款"科目。

外出采购人员交来供货单位发票、账单等报销凭证时，据以编制付款凭证，借记"材料采购"或"原材料"、"工程物资"等科目，贷记"其他货币资金——外埠存款"科目。

采购人员完成采购任务，将多余的外埠存款转回当地银行时，企业应根据银行的收账通知编制收款凭证，借记"银行存款"科目，贷记"其他货币资金——外埠存款"科目。

【例 2-18】 企业到外地进行临时采购，委托开户银行汇往采购地银行采购资金 30 000 元，开立采购用款账户。采购员王刚通过采购用款账户支付购入甲种材料款 28 000 元，剩余采购资金转回开户银行结算户。

（1）企业汇出采购资金，做如下分录：

借：其他货币资金——外埠存款　　30 000
　贷：银行存款　　30 000

（2）收到采购员交来的发票账单等报销凭证 28 000 元时，做如下分录：

借：材料采购　　28 000
　贷：其他货币资金——外埠存款　　28 000

（3）采购完毕后，余款转回开户银行结算户时，做如下分录：

借：银行存款　　2 000
　贷：其他货币资金——外埠存款　　2 000

（5）信用证存款的核算

信用证存款，是指采用信用证结算方式的企业，为开具信用证而存入银行的信用保证金专户的款项。

企业向银行申请开立信用证，应按规定向银行提交开证申请书、信用证申请人承诺书和购销合同。企业向银行交纳保证金后，根据银行退回的进账单第一联编制付款凭证，借记"其他货币资金——信用证保证金"科目，贷记"银行存款"科目。根据开证行交来的信用证通知书及有关单据列明的金额，借记"材料采购"或"原材料"、"工程物资"等科目，贷记"其他货币资金——信用证保证金"科目。企业未用完的信用证保证金余额转回开户银行时，根据收款通知编制收款凭证，借记"银行存款"科目，贷记"其他货币资金——信用证保证金"科目。

(6) 信用卡存款的核算

信用卡存款，是指企业为取得信用卡按照规定存入银行信用卡专户的款项。

企业应按规定填制申请表，连同支票和有关资料一并送交发卡银行，根据银行盖章退回的进账单第一联，借记“其他货币资金——信用卡存款”科目，贷记“银行存款”科目。企业用信用卡购物或支付有关费用时，借记“管理费用”等有关科目，贷记“其他货币资金——信用卡存款”科目。企业信用卡在使用过程中，需要向其账户续存资金的，借记“其他货币资金——信用卡存款”科目，贷记“银行存款”科目。

2.5 外币业务的核算

2.5.1 外币业务概述

1) 外汇与外汇管理

外汇是以外国货币表示的作为国际结算的各种信用工具和支付手段，包括外国货币、外币有价证券、外币支付凭证和其他外汇资产。

我国对外汇实行集中管理，统一经营，坚持收支两条线的方针。集中管理，是指对外汇资金的收支、进出国境、外汇收支计划的编制等外汇业务和国际结算业务统一由中国银行办理，其他任何机构和个人未经国家外汇管理部门批准，不能擅自经营外汇业务。统一经营，是指外汇业务和国际结算业务统一由中国银行和其他经国家外汇管理部门批准的可以经营外汇业务的银行办理，其他任何机构和个人未经国家外汇管理部门批准，不能擅自经营外汇业务。收支两条线，是指除经外汇管理部门批准以外，一切外汇收入必须及时向指定的外汇银行结汇，一切外汇支出必须持国家认可的有效凭证，用人民币到外汇指定银行办理兑付，不能用外汇收入直接抵作外汇支出。

2) 外汇汇率和记账汇率

(1) 外汇汇率

外汇汇率是两种货币之间的比价，也就是用一种货币单位表示另一种货币单位的价格。汇率有直接标价法（也称直接汇率法）和间接标价法（也称间接汇率法）两种表示方法。

直接标价法是以一定单位的外国货币为标准来计算折合若干单位的本国货币。例如，1美元可兑换6.14元人民币。

间接标价法是以一定单位的本国货币为标准来计算折合若干单位的外国货币。例如，1元人民币可兑换0.16美元。

我国的汇率表述式与世界上大多数国家相同，采用的是直接标价法。

(2) 外汇汇率的种类

汇率分类大致有以下几种方法：

①按外汇管理情况划分，汇率分为官方汇率和市场汇率。官方汇率是一国货币当局确定并公布的汇率。市场汇率是外汇市场上进行外汇买卖的实际汇率，随市场外汇供求情况而自由波动。

②按银行买卖外汇的角度划分，汇率分为买入汇率（也称买入价）和卖出汇率（也

称卖出价）。买入汇率是银行向客户或同业买入外汇时所使用的汇率。卖出汇率是银行向客户或同业卖出外汇时所使用的汇率。

此外，按汇率制度还可分为固定汇率、浮动汇率，按计价时间还可分为历史汇率和现行汇率等。

（3）记账汇率

记账汇率是企业确定外汇业务记账时所采用的折合汇率。按照现行财务制度规定，企业发生的外币业务除用外币记账外，还要按选定的汇率将外币折合为记账本位币统一记账。这样，在记账时所采用的将外币折合为记账本位币的汇率，称为记账汇率。对已经登记入账的汇率称为账面汇率。企业将外币折合为记账本位币时，可以采用业务发生时的市场汇率作为折合汇率，也可以采用业务发生当期期初的市场汇率作为折合汇率。企业所采用的汇率一经确定，不得随意变更，如需变更，须经主管财政机关批准。

3）汇兑损益的确定及核算原则

（1）汇兑损益的确认

汇兑损益是外币业务中，将外币金额折合为记账本位币金额时，由于兑换汇率与市场汇率（记账汇率）不同或者市场汇率在不同时期发生了变化而导致的损失或收益。

产生汇兑损益的主要原因可归纳为两个方面：一是外币存款在使用时，外币债权债务发生结算时，由于时间不同和汇率变动，折合为记账本位币时会发生差额；二是外币兑换时，由于实际兑换汇率与记账汇率不同而产生差异。

（2）汇兑损益的核算原则

企业发生的汇兑损益，依下列不同情况处理：

①企业筹建期间发生的汇兑损益，计入长期待摊费用。

②企业生产经营期间发生的汇兑损益，计入财务费用。

③与购建固定资产直接有关的汇兑损益，在资产达到预定可使用状态前，应予资本化，计入购建固定资产价值。在资产达到预定可使用状态后，计入财务费用。

④清算期间发生的汇兑损益，计入清算损益。

2.5.2　外币业务的核算

1）外币存款业务的核算

有外币存款业务的企业，应在“银行存款”科目下，按外币的种类设置明细科目进行核算，并在借方、贷方和余额各栏加设外币、汇率、人民币三个明细栏目。记账时，登记发生的外币金额的同时，还应按选定的记账汇率，折合为人民币一同入账。

现举例说明有关外币存款业务的核算方法。

【例 2-19】5 月 4 日，收到乙公司前欠工程款 6 000 美元，存入银行外币存款户，企业按月初汇率折合人民币记账，月初汇率为：$1＝¥6.15，做如下会计分录：

借：银行存款——美元户（$6 000×6.15）　　36 900

　贷：应收账款（$6 000×6.15）　　36 900

【例 2-20】5 月 17 日，以银行存款——美元户支付进口材料款 4 000 美元，做如下会计分录：

借：材料采购　　24 600

贷：银行存款——美元户（$4 000×6.15） 24 600

【例2-21】5月20日，借入短期外币借款3 000美元，存入外币存款户，做如下会计分录：

借：银行存款——美元户（$3 000×6.15） 18 450

贷：短期借款（$3 000×6.15） 18 450

【例2-22】月末，“银行存款——美元户”余额35 000美元，人民币余额215 950元，月末市场汇率为：$1=¥6.17，按期末汇率折合，调增人民币余额1 000元，作当期汇兑损益，做如下会计分录：

借：银行存款——美元户 1 000

贷：财务费用——汇兑损益 1 000

有关外币存款户的格式及登账见表2-3。

表2-3 **银行存款——美元户**

年		凭证号	摘要	借方			贷方			借或贷	余额		
月	日			美元	汇率	人民币	美元	汇率	人民币		美元	汇率	人民币
5	1		期初余额							借	30 000	6.14	184 200
5	4		收乙公司欠款	6 000	6.15	36 900				借	36 000		221 100
5	17		付材料款				4 000	6.15	24 600	借	32 000		196 500
5	20		借入短期借款	3 000	6.15	18 450				借	35 000		214 950
5	31		汇兑收益			1 000				借	35 000	6.17	215 950

2）外币借款业务的核算

允许设立外汇现汇账户的外币借款业务的账务处理很简单，只需把所借外币按当日或当月月初的市场汇率折算为记账本位币入账即可。

【例2-23】某施工企业4月20日从银行借入10 000美元，存入外币存款户，当月月初市场汇率为：$1=¥6.14，做如下会计分录：

借：银行存款——美元户（$10 000×6.14） 61 400

贷：短期借款——美元户（$10 000×6.14） 61 400

【例2-24】6月20日，用外币存款10 000美元，归还外币美元借款，当月月初市场汇率为：$1=¥6.10，做如下会计分录：

借：短期借款——美元户（$10 000×6.10） 61 000

贷：银行存款——美元户（$10 000×6.10） 61 000

由于汇率不同，造成“短期借款”科目借、贷方人民币差额，在期末进行调整时一并处理。

3）外币兑换业务的核算

（1）向银行结汇的核算

企业向银行结汇时，银行为买入外汇，按银行买入价将人民币兑付给企业。企业在记账时，按实际收到的人民币金额，借记“银行存款”等科目，按实际向银行结汇的外币金额与企业选定的市场汇率折合的人民币金额，贷记“应收账款”等科目，按两者差额借记或贷记“财务费用”科目。

【例2-25】甲施工企业于3月10日收到乙公司上月所欠工程结算价款3 000美元，

向银行结汇，银行的美元买入价为：$1=¥6.13，企业采用月初汇率作为折合汇率，月初市场汇率为：$1=¥6.14，做如下会计分录：

借：银行存款——人民币户　　18 390

　　财务费用　　30

　贷：应收账款——乙公司　　18 420

（2）向银行购汇的核算

企业向银行购入外汇时，银行为卖出外币方，按银行卖出价向企业收取人民币，企业在记账时，按实际向银行买入的外币金额与按当期期初或业务发生当日市场汇价折合的人民币金额，借记“应付账款”等科目，按实际付出的人民币，贷记“银行存款”等科目，按两者差额借记或贷记“财务费用”科目。

【例2-26】 甲施工企业于6月15日为偿还一笔2月份的购料欠款5 000美元，而向银行购汇，银行卖出价为：$1=¥6.12，月初市场汇率为：$1=¥6.15，做如下会计分录：

借：应付账款——丙单位（$5 000×6.15）　　30 750

　贷：银行存款——人民币户　　30 600

　　　财务费用　　150

（3）两种外汇之间兑换的核算

企业将一种外币兑换成另一种外币时，应按实际兑入的外币金额和企业选择的汇率折合为记账本位币记账，按实际兑出的外币金额和企业选择的汇率折合为记账本位币记账，两者产生的差额计入当期损益。

【例2-27】 某企业于5月10日将10 000港元兑换成美元。当日银行港元买入价为0.80元，美元卖出价为6.08元。该企业选用月初市场汇价作为记账汇率（美元为6.10，港元为0.79）。企业实际兑得美元计算如下：

10 000港元兑换美元额=（10 000×0.80）÷6.08=1 315（美元）

根据上述外币兑换业务，做如下会计分录：

借：银行存款——美元户（1 315×6.10）　　8 021.50

　贷：银行存款——港币户（10 000×0.79）　　7 900

　　　财务费用　　121.50

4）投入外汇资本的核算

投资者以外币出资时，应按一定的汇率将其出资额折合成记账本位币，具体又分为以下两种情况：

（1）投资合同、协议有约定汇率

接受投资人外币投资有投资合同约定汇率的，企业实际收到投资时，应按当日或当月1日的市场汇率折合为人民币金额，借记“银行存款”科目，按合同、协议约定的汇率折合的人民币金额，贷记“实收资本”科目，两者之间的差额借记或贷记“资本公积”科目。

【例2-28】 企业收到外商投资100 000美元，合同约定汇率为：$1=¥6.05，实际收到投资时市场汇率为：$1=¥6.12，做如下会计分录：

借：银行存款（$100 000×6.12）　　612 000

　贷：实收资本　　605 000

资本公积——资本折算差额 7 000

(2) 投资合同、协议没有约定汇率

投资人以外币出资，若投资合同、协议没有约定汇率，但注册资本与记账本位币一致的，有关资产科目和实收资本科目均按收到出资额时的市场汇率折合。

【例 2-29】 仍以前【例 2-28】为例，企业收到外商投资时，当月月初市场汇率为：\$1=￥6.14，做如下会计分录：

借：银行存款（\$100 000×6.14） 614 000

贷：实收资本 614 000

本章小结

货币资金是企业处于货币形态的资金，包括库存现金、银行存款、其他货币资金。现金和银行存款是直接流通的货币，因而是会计核算的重点内容和企业内部控制的关键环节。货币资金的核算并不复杂，由于货币资金具有高度的流动性，在组织核算过程中，应重点加强管理和控制，严格执行国家制定的《现金管理条例》和《银行支付结算办法》。外汇是以外国货币表示的作为国际结算的各种信用工具和支付手段，包括外国货币、外币有价证券、外币支付凭证和其他外汇资产。外汇汇率是两种货币之间的比价，也就是用一种货币单位表示另一种货币单位的价格。汇率有直接标价法（也称直接汇率法）和间接标价法（也称间接汇率法）两种表示方法。我国的汇率表述式与世界上大多数国家相同，采用的是直接标价法。

关键概念

货币资金　库存现金　银行存款　其他货币资金　外汇　外汇汇率　直接标价法　间接标价法

第 3 章　应收及预付项目

◆ **学习目标**

知识目标：了解应收及预付项目的内容及管理要求，掌握应收及预付项目应设置的账户及账务处理方法。

技能目标：掌握应收账款、应收票据、其他应收款、预付账款等的账务处理方法。

3.1　应收及预付项目概述

应收及预付项目，是指企业在日常生产经营活动中发生的各种债权，具体包括应收票据、应收账款、预付账款、其他应收款等。

应收票据仅指企业在采用商业汇票结算方式下，因工程价款、对外销售产品、材料等而收到的商业汇票。

应收账款是指企业因工程结算、销售产品、材料和提供劳务等业务，应向发包单位、购货单位或接受劳务单位收取的款项。

预付账款是企业按照规定预付给分包单位的施工款项和预付给供货单位的款项。

其他应收款是指除应收票据、应收账款、预付账款以外的应收、暂付款项，包括各种应收赔款、存出保证金、备用金、应收的各种罚款以及应向职工收取的各种垫付款项。

3.2　应收票据的核算

3.2.1　应收票据的内容

应收票据广义上讲是企业持有的、尚未到期或尚未兑现的汇票、本票和支票。在我国会计实务中，支票、银行本票和银行汇票均为见票即付的票据，无须作为应收票据处理。因此，在我国，应收票据仅指企业在采用商业汇票结算方式下，因工程价款、对外销售产品、材料等而收到的商业汇票。

商业汇票按是否计算利息，分为不带息票据和带息票据。不带息票据在应收票据到期时，只收取到期票据的票面金额。带息票据在票面上载明利率，在应收票据到期时，除了收取到期票据的票面金额外，还要收取按票面金额和规定的利率计算的到期利息。

企业在收到购货方开出、承兑的商业汇票时，按应收票据的票面价值入账。带息应收票据，应在期末时，按应收票据的票面价值和确定的利率计算计提利息，带息票据的利息增加应收票据的账面余额。

3.2.2 应收票据的核算

1）应收票据的账户设置

为了核算收到的商业汇票，企业应设置“应收票据”账户，该账户借方登记企业收到已承兑的商业汇票面额及应计利息，贷方登记商业汇票到期收款额及贴现或转让票据的金额，余额在借方，表示尚未收到款项的应收票据金额。

企业还应设置“应收票据登记簿”，逐笔记录每一张票据的种类、号数、出票日期、付款人、承兑人、背书人、到期日、利率、贴现日期、贴现率等内容。票据到期收回票款时，在登记簿内逐笔注销。

2）不带息应收票据的账务处理

不带息应收票据的到期值为应收票据的面值。收到票据时按其面值记入“应收票据”的借方，到期收到票款时，记入“应收票据”的贷方。

【例 3–1】甲企业收到乙公司用于抵付工程款的商业承兑汇票 1 张，面值为 40 000 元，期限为 3 个月。

①收到商业承兑汇票时，做如下分录：

借：应收票据　　40 000

　贷：主营业务收入　　40 000

②3 个月到期后，乙公司如期付款，做如下分录：

借：银行存款　　40 000

　贷：应收票据　　40 000

③商业汇票到期，乙公司无力支付票据款，做如下分录：

借：应收账款　　40 000

　贷：应收票据　　40 000

3）带息应收票据的账务处理

带息应收票据的到期值为应收票据面值加票据利息，企业收到票据时，应按票据的面值入账，期末按应收票据的面值和确定的利率计提利息，计提利息应增加票据的账面价值，同时冲减财务费用。到期不能收回的带息票据，应转入“应收账款”科目核算，期末不再计提利息，但应将其包含的利息在有关备查簿中登记，待实际收到时再冲减收到当期的财务费用。

带息票据的利息计算公式为：

票据利息 = 票面金额×利率×期限

票据期限按月表示时，应该以到期月份中与出票日相同的日期作为到期日，而不考虑各月份是大还是小，月末签发的票据，不论月大月小；均以到期月的最后一日作为到期日，计算时将票面年利率换算成月利率。

票据期限按日表示时，应从出票日起按实际经历天数计算，通常出票日和到期日只能计算其中一天，即“算尾不算头”或“算头不算尾”，计算时将票面年利率换算成日利率，为了计算方便，常将一年定为 360 天。

带息应收票据到期收回时，应按收到的本息，借记“银行存款”科目；按账价值，贷记“应收票据”科目；按其差额，贷记“财务费用”科目。

【例 3–2】 某施工企业于 9 月 1 日收到 A 公司交来银行承兑汇票 1 张，期限 6 个月，票面金额 50 000 元，票面利率 9%，用于抵偿前欠工程款。

①收到票据时，做如下分录：

借：应收票据　　50 000

　贷：应收账款　　50 000

②12 月 31 日，计提票据利息，做如下分录：

票据利息 = 50 000×9% ÷12×4 = 1 500（元）

借：应收票据　　1 500

　贷：财务费用　　1 500

③票据到期，收回票款和利息，做如下分录：

收回金额 = 50 000+50 000×9% ÷12×6 = 52 250（元）

借：银行存款　　52 250

　贷：应收票据　　51 500

　　　财务费用　　750

4）应收票据背书转让的账务处理

应收票据的背书转让是指企业因偿还前欠货款等原因，将持有未到期的商业汇票背书后，转让给其他单位或个人的业务活动。企业转让应收票据时，按照实际转让收入减少应付账款或增加材料采购成本，按应收票据的账面价值注销已入账的应收票据，应收票据实际转让收入与账面价值的差额增加（或减少）财务费用。

【例 3–3】 企业向甲公司购买材料一批，价款 39 600 元，企业将持有的 1 张面值 40 000元的未到期不带息商业承兑汇票转让给甲公司，双方同意按该商业承兑汇票金额结算，企业损失 400 元作为财务费用，做如下分录：

借：材料采购　　39 600

　　财务费用　　400

　贷：应收票据　　40 000

5）应收票据贴现的账务处理

企业持有应收票据，如急需资金，可将未到期的商业汇票向其开户银行申请贴现。贴现是票据持有人将未到期的票据在背书后送交银行，银行受理后从票据到期值中扣除按银行贴现率计算确定的贴现利息，然后将剩余款付给持票人的行为。

票据贴现有关公式如下：

票据到期值 = 票据面值×（1+票面利率×票据期限）

贴现息 = 票据到期值×贴现率×贴现期

贴现收入 = 票据到期值–贴现息

贴现天数是指从贴现日起至票据到期日前一天止的实际天数，即贴现日与票据到期日只能计算其中一天，所以也可以采用“算头不算尾”的方法计算贴现天数。

【例 3–4】 企业因急需资金，于 4 月 18 日将持有的 1 张签发日期为 2 月 10 日，期限 6 个月，面值为 50 000 元的不带息票据向银行申请贴现，银行贴现率为 10%。

票据到期值 = 票据面值 = 50 000 元

贴现息 = 50 000×10%×114÷360 = 1 583.33（元）

贴现收入 = 50 000−1 583.33 = 48 416.67（元）

根据业务内容及计算，做如下分录：

借：银行存款 48 416.67

财务费用 1 583.33

贷：应收票据 50 000

【例 3-5】 资料如【例 3-4】，设贴现的票据为带息票据，票面利率 9%，其他条件不变。

票据到期值 = 50 000×（1+9%×6÷12）= 52 250（元）

贴现息 = 52 250×10%×114÷360 = 1 654.58（元）

贴现收入 = 52 250−1 654.58 = 50 595.42（元）

根据业务内容及计算，做如下分录：

借：银行存款 50 595.42

贷：应收票据 50 000

财务费用 595.42

【视野拓展】

企业持应收票据向银行申请贴现有两种形式：一种是不带追索权应收票据贴现，另一种是带追索权应收票据贴现。不带追索权的应收票据贴现一经贴出，就将应收票据的全部风险和未来经济利益全部转让给银行，企业对票据到期无法收回的票款不承担连带责任。带追索权的票据贴现，票据到期时，企业可能成为被追索人而产生“或有负债”，这种负债直到贴现的票据到期，贴现银行收到票款后方可解除。

3.3 应收账款的核算

3.3.1 应收账款的内容

应收账款是指企业因工程结算，销售产品、材料和提供劳务等业务，应向发包单位、购货单位或接受劳务单位收取的款项。应收账款有其特定的范围，是因承建工程、销售活动等形成的债权，不包括应收取的赔款、应收债务人利息等其他应收款项；应收账款是流动资产性质的债权，不包括长期债权；应收账款是指企业应收客户的款项，不包括本企业存出的各种存出保证金和押金、购货预付订金等款项。

3.3.2 应收账款的账户设置

为了核算企业因工程结算、销售产品、提供劳务等经营活动应向发包单位、购货单位或接受劳务单位收取的各种款项，应设置“应收账款”账户。该账户借方登记应收账款的发生，贷方登记应收账款的收回和核销，期末余额在借方，表示期末尚未收回的应收账款。“应收账款”账户可按照债务人设置明细账户进行明细核算。

3.3.3　应收账款的账务处理

【例 3–6】 甲施工企业月末向发包单位开出工程价款结算单，结算当月已完工程价款，金额为 350 000 元，款项尚未收到，做如下分录：

借：应收账款——应收工程款　　350 000

　贷：主营业务收入　　350 000

【例 3–7】 10 天后，收到发包单位支付工程款项 200 000 元，存入银行，其余 150 000 元以银行承兑汇票抵付，做如下分录：

借：银行存款　　200 000

　　应收票据　　150 000

　贷：应收账款——应收工程款　　350 000

3.4　预付账款的核算

预付账款是企业按照规定预付给分包单位的施工款项和预付给供货单位的款项。

3.4.1　预付账款的账户设置

为了核算预付账款，企业应设置“预付账款”账户，该账户借方登记预付给分包单位的款项和预付给供货单位的款项。贷方登记预付账款的结算收回数，期末余额在借方，表示预付分包单位或供应单位的款项。该账户应设置“预付分包单位款”和“预付供应单位款”两个明细账户，并按分包单位和供货单位名称设置明细账进行明细核算。

3.4.2　预付账款的账务处理

【例 3–8】 3 月 10 日，按合同规定，预付分包单位备料款 20 000 元，做如下分录：

借：预付账款——预付分包单位款　　20 000

　贷：银行存款　　20 000

【例 3–9】 3 月 16 日，预付分包单位工程进度款 120 000 元，做如下分录：

借：预付账款——预付分包单位款　　120 000

　贷：银行存款　　120 000

【例 3–10】 3 月 31 日，根据工程处交来的工程价款结算单，结算本月已完工分包工程款 250 000 元，扣抵预付分包单位备料款 20 000 元、预付分包单位工程款 120 000 元后，余款通过银行存款结清，做如下分录：

借：主营业务成本　　250 000

　贷：预付账款——预付分包单位款　　140 000

　　　银行存款　　110 000

【例 3–11】 按规定预付供应单位材料款 46 000 元，做如下分录：

借：预付账款——预付供应单位款　　46 000

　贷：银行存款　　46 000

【例3-12】向供应单位购买材料一批，验收入库，金额54 000元，抵扣预付材料款后，以银行存款支付余款8 000元，做如下分录：

借：材料采购　54 000

　贷：预付账款——预付供应单位款　46 000

　　　银行存款　8 000

3.5 其他应收款的核算

其他应收款是指除应收票据、应收账款、预付账款以外的应收、暂付款项，包括各种应收赔款、存出保证金、备用金、应收的各种罚款以及应向职工收取的各种垫付款项。

3.5.1 其他应收款的账户设置

为了核算其他应收款项，企业应设置“其他应收款”账户，该账户借方登记发生的各种其他应收款项，贷方登记收回的其他应收款项，期末余额在借方，反映尚未收回的其他应收款项。其他应收款可按照其他应收款的项目分类，并按不同的债务人（单位或个人）进行明细核算。

3.5.2 其他应收款的账务处理

【例3-13】职工王刚借差旅费2 000元，企业签发现金支票支付，做如下分录：

借：其他应收款——备用金（王刚）　2 000

　贷：银行存款　2 000

【例3-14】王刚出差回企业报销差旅费1 960元，交回多余现金40元，做如下分录：

借：管理费用　1 960

　　库存现金　40

　贷：其他应收款——备用金（王刚）　2 000

【例3-15】企业以银行存款支付租用包装物押金400元，做如下分录：

借：其他应收款——存出保证金　400

　贷：银行存款　400

【例3-16】企业因仓库失火发生财产损失60 000元，根据保险协议，应向保险公司索赔48 000元，做如下分录：

借：其他应收款——保险公司　48 000

　贷：待处理财产损溢　48 000

收到赔款时，做如下分录：

借：银行存款　48 000

　贷：其他应收款——保险公司　48 000

3.6　坏账损失的核算

3.6.1　坏账损失的确认

坏账是企业无法收回的各种应收款项，包括确实无法收回的应收票据、应收账款、预付账款、其他应收款等。由于坏账而产生的损失称为坏账损失。

应收账款确认为坏账应当符合下列条件之一：

（1）债务人破产，以其破产财产清偿后仍然无法收回的。

（2）债务人死亡，以其遗产清偿后仍无法收回的。

（3）债务人较长时间内（超过三年）未履行其偿债义务，并有足够证据表明无法收回或收回的可能性极小。

3.6.2　坏账损失的账务处理

坏账损失的核算有直接转销法和备抵法两种。

直接转销法是坏账发生时，将实际发生的坏账损失直接计入当期损益的方法。这种方法具有账务处理简单的优点，但是，在资产负债表上应收款项是按照账面价值反映的，而实际收回的款项可能小于其账面价值，可能虚增企业资产和利润。所以，我国会计准则不允许企业采用直接转销法核算坏账损失。

备抵法是企业按期预计坏账损失、提取坏账准备并计入当期损益，实际发生坏账损失时，冲减坏账准备，同时注销相应应收款项金额的方法。备抵法首先要按期估计坏账损失，估计坏账损失的方法有应收账款余额百分比法、账龄分析法和赊销百分比法三种。

1）账户设置

采用备抵法核算坏账损失，企业应设置“坏账准备”和“资产减值损失”账户。

“坏账准备”账户用来核算企业应收款项的坏账准备。该账户贷方登记企业按期提取的坏账准备金额以及已确认为坏账并转销的应收款项以后又收回的金额；借方登记企业实际发生坏账损失时冲减的坏账准备；期末余额在贷方，反映已计提但尚未转销的坏账准备。

“资产减值损失”账户用来核算企业计提各项资产减值准备所形成的损失，该账户借方登记相关资产减值的损失金额；贷方登记相关资产的价值得以恢复时，在原已计提的减值准备金额内，恢复增加的金额；期末，该账户余额转入“本年利润”账户，期末结转后该账户应无余额。

2）账务处理方法

（1）应收账款余额百分比法

应收账款余额百分比法是根据会计期末应收账款的余额乘以估计坏账率来估计当期坏账损失的方法。

【例 3-17】企业于每年年末对应收款项采用应收账款余额百分比法估计坏账损失，计提坏账准备，估计坏账率确定为 5‰，该企业连续 4 年有关应收账款及发生的坏账损失资料如下：

①第一年末企业应收账款余额为 800 000 元，计提坏账准备前“坏账准备”账户贷方

余额为 2 000 元，当年应计提坏账准备为 2 000 元（800 000×5‰–2 000），做如下分录：

借：资产减值损失——计提坏账准备 2 000

贷：坏账准备 2 000

②第二年，该企业发生坏账 1 500 元，做如下分录：

借：坏账准备 1 500

贷：应收账款 1 500

③第二年末，该企业应收账款余额 1 000 000 元，应计提坏账准备为 2 500 元（1 000 000×5‰–2 500），做如下分录：

借：资产减值损失——计提坏账准备 2 500

贷：坏账准备 2 500

④第三年，该企业共确认坏账 1 000 元，做如下分录：

借：坏账准备 1 000

贷：应收账款 1 000

⑤第三年末，该企业应收账款余额 500 000 元，应计提坏账准备为 –1 500 元（500 000×5‰–4 000），做如下分录：

借：坏账准备 1 500

贷：资产减值损失——计提坏账准备 1 500

⑥第四年收回第二年已列入坏账损失的应收账款 1 500 元，做如下分录：

借：应收账款 1 500

贷：坏账准备 1 500

借：银行存款 1 500

贷：应收账款 1 500

⑦第四年末，应收账款余额 900 000 元，应计提坏账准备为 500 元（900 000×5‰–4 000），做如下分录：

借：资产减值损失——计提坏账准备 500

贷：坏账准备 500

（2）账龄分析法

账龄分析法是根据应收账款入账时间的长短来估计坏账损失的方法。一般而言，应收账款入账时间越长，发生坏账的可能性就越大。采用账龄分析法，企业将应收账款按照账龄的长短分档，为各种账龄的应收账款估计损失率，进而估计坏账损失。

【例 3–18】企业采用账龄分析法计提坏账准备，年末按应收账款账龄估计坏账损失，计提坏账准备，相关资料见表 3–1。

表 3–1 **账龄分析法估计坏账损失** 金额单位：元

应收账款账龄	应收账款金额	估计坏账损失比率（%）	坏账损失金额
未到期	50 000	0.5	250
过期 1 个月以内	35 000	1	350
过期 1～3 个月	20 000	3	600
过期 3 个月以上	12 000	5	600
合　计	117 000		1 800

表 3-1 中，当年估计坏账损失金额为 1 800 元，即年末“坏账准备”账户余额应为贷方 1 800 元，假设计提坏账准备前“坏账准备”账户余额为贷方 500 元，则年末应计提坏账准备的金额为 1 300 元（1 800-500），做如下分录：

借：资产减值损失——计提坏账准备 1 300

贷：坏账准备 1 300

若计提坏账准备前，坏账准备账户为借方余额 500 元，则当年末应计提坏账准备为 2 300元（1 800+500），做如下分录：

借：资产减值损失——计提坏账准备 2 300

贷：坏账准备 2 300

（3）赊销百分比法

赊销百分比法是根据赊销金额的一定百分比估计坏账损失的方法。

【例 3-19】 A 公司 2012 年全年赊销总额 500 000 元，根据以往的经验和资料估计，坏账损失率为 3‰。

年末估计坏账损失 = 500 000×3‰ = 1 500（元），编制如下会计分录：

借：资产减值损失——计提坏账准备 1 500

贷：坏账准备 1 500

本章小结

应收项目的主要内容包括应收票据、应收账款、预付账款和其他应收款项。应收项目核算应注意区分应收票据、应收账款、预付账款间的联系与区别，应重点掌握应收票据贴现、计提坏账准备的账务处理方法。

关键概念

应收票据　应收账款　预付账款　其他应收款　贴现　坏账准备

第 4 章　存　货

◆ 学习目标

知识目标：了解存货的定义、性质、范围、分类及计价，明确存货核算的主要经济业务内容，掌握不同类别存货的会计核算方法。

技能目标：掌握存货入账价值的确定、存货计价的方法，熟练掌握应用计划成本和实际成本进行存货收发核算的账务处理方法，掌握周转材料的摊销方法及账务处理，掌握存货盘盈、盘亏的处理以及存货期末计价的方法及处理。

4.1　存货概述

4.1.1　存货的确认

存货是企业在日常活动中持有以备出售的产成品或商品，处在生产过程中的在产品，在生产过程中或提供劳务过程中耗用的材料和物资等。存货属于企业的流动资产，它区别于固定资产等非流动资产的基本特征是：企业持有存货的最终目的是为了出售；存货通常在 1 年或超过 1 年的一个营业周期内被消耗或出售而转换成现金、银行存款或应收账款等。

某项物品要确认为企业的存货，必须同时满足两个条件：①与该存货有关的经济利益很可能流入企业；②该存货的成本能够可靠地计量。在存货确认的两个条件中，与该存货有关的经济利益很可能流入企业是从物品所有权是否转移来考虑的。也就是说，在盘存日期，凡法定所有权属于企业的原材料、未完施工、周转材料等，不论存放地点在哪里或处于何种状态，都应确定为企业的存货，凡是所有权不属于企业的物品，即使存放于企业，也不应确认为企业存货。

4.1.2　存货的分类

存货的构成内容很多，不同存货具有不同的特点和不同的管理要求，为了加强存货的管理以及存货的会计核算，企业应对存货进行科学分类。通常存货有以下三种分类方法：

1）存货按经济内容分类

存货按经济内容可分为原材料、周转材料、未完施工和已完施工等。

（1）原材料

原材料按其在施工生产中所起的不同作用，可分为主要材料、结构件、机械配件、其他材料。

主要材料是指用于工程施工或产品生产并构成工程或产品实体的各种材料，包括黑色金属材料（如钢材）、有色金属材料（如铜材、铝材）、木材、硅酸盐材料（如砖瓦、石灰、砂石等）、小五金材料、电器材料、化工原料（如油漆材料）等。

结构件是指经过吊装、拼砌或安装即能构成房屋建筑物实体的各种金属的、钢筋混凝土的和木质的结构物和构件，如钢窗、木门、钢筋混凝土预制件等。

机械配件是指施工生产过程中使用的施工机械、生产设备、运输设备等设备替换、维修用的各种零件和配件以及为机械设备准备的各种备品备件，如曲轴、活塞、轴承、齿轮、阀门等。

其他材料是指不构成工程或产品实体，但有助于工程或产品形成或便于施工生产进行的各种材料，如燃料、油料、催化剂等。

（2）周转材料

周转材料是指企业能够多次使用，价值逐渐转移但仍保持原有形态，不确认为固定资产的材料，如施工生产中使用的模板、挡板、脚手架、生产工具，以及管理用的管理用具、劳保用品等。

（3）未完施工和已完施工

未完施工也叫未完工程，是指已进行施工，但尚未完成预算定额规定的全部工序和内容的分部分项工程；已完施工也叫已完工程，指已经完成预算定额规定的全部工序和工作内容的分部分项工程。

2）存货按存放的地点分类

存货按存放的地点通常可分为库存存货、在途存货和委托加工存货。库存存货是指已经运到企业并已办理验收入库手续的各种存货。在途存货是指所有权属于企业，但正在运输途中的各种存货。委托加工存货是指企业已经委托外单位加工，但尚未加工完成的各种存货。

3）存货按来源分类

存货按来源通常分为外购存货、自制加工存货和委托外单位加工的存货。外购存货是指企业外部购入的存货，如施工企业外购的主要材料、结构件、机械配件等。自制存货是企业自行加工制造的各种存货，如自制各种预制混凝土构件等。委托外单位加工存货是指企业将外购的材料通过支付加工费委托外单位进行加工的存货。

4.1.3 存货的计量

1）存货的初始计量

存货的初始计量是指如何确定存货的入账价值。企业取得的存货应当按照成本进行计量，即存货的初始计量。

（1）外购存货的入账价值

外购存货应当以实际采购成本作为入账价值。实际采购成本包括买价、运杂费、采购保管费等。买价是指供货单位开出的发票价格。运杂费是存货从采购地点运到工地仓库前所发生的包装、运输、装卸以及合理的运输损耗等费用。采购保管费是指材料供应部门和仓库为存货采购、验收、保管、收发而发生的各种费用。购买存货时支付的税费，多数属于增值税，增值税属于价外税，在专用发票上另行注明，因施工企业结算已完工程的价款时应交的营业税属于价内税，无法将外购存货专用发票上的增值税从中抵扣，所以施工企业购买存货时在专用发票上注明的应交增值税，也应作为外购存货的成本。

(2) 自制存货的入账价值

自制存货的入账价值包括加工过程中消耗的存货的采购成本、加工成本和其他成本。

(3) 委托加工存货的入账价值

委托加工存货的入账价值包括委托加工过程中发出存货的成本、加工过程中支付的加工费用以及往返运输费用。

(4) 投资者投入存货的入账价值

投资者投入存货的入账价值应当按照投资合同或协议约定的价值确定，但合同或协议约定不公允的除外。在合同或协议约定不公允的情况下，按照该项存货的公允价值作为入账价值。

(5) 接受捐赠存货的入账价值

接受捐赠的存货，如果捐赠方提供了有关凭据，按凭据上标明的金额加上应支付的相关税费作为存货的入账价值；如果捐赠方没有提供有关凭据，按照该项存货的公允价值作为入账价值。

(6) 盘盈存货的入账价值

盘盈的存货应按其重置成本作为入账价值。

2）发出存货的计量

施工企业的存货可以采用实际成本或计划成本进行存货的日常核算。采用计划成本进行存货的日常核算，应当单独核算存货实际成本与计划成本之间的差异，正确计算发出存货应负担的成本差异。采用实际成本进行存货日常核算的，应采用先进先出法、加权平均法、移动平均法、个别计价法等确定发出存货成本。

(1) 先进先出法

施工企业的存货是不断发出的，由于存货采购的时间、地点不同及其他一些原因，各批存货即便品种、规格、数量相同，它们的实际成本也未必相同。因此，施工企业必须采用一定的方法，正确计算发出存货的实际成本，以便正确计算工程成本。

先进先出法指以先收入的存货先发出为假定前提，按收入存货的先后顺序及它们的实际成本，确定各批发出存货的实际成本的计价方法。在这种计价方法下，最先发出存货的成本，就按第一批收入存货的单位成本计算，第一批存货发完以后，再按第二批收入存货的单位成本计算，依此类推。如果发出的存货属于两批或两批以上的存货，单位成本又不同，就用两个或两个以上的单位成本确定发出存货的实际成本。这种计价方法的优点是：期末存货的账面价值与市场价值相接近，能及时准确反映存货的资金占用情况；另外，把计价的工作分散在月内进行，有利于均衡工作量，加速月末的结账工作。但这种方法核算手续繁琐，对于每一批存货都要单独登记它的结存数量和单位成本，在存货进出业务频繁，单位成本经常变动的情况下，存货计价的工作量较大。应用先进先出法对存货计价的示例见表4-1。

表 4-1　　材料明细账

材料科目：原材料　　存放地点：四号仓库
材料类别：有色金属　　实物单位．千克
名称及规格：××材料　　金额单位：元

20××年		摘要	收入			发出			结存		
月	日		数量	单价	金额	数量	单价	金额	数量	单价	金额
10	1	期初余额							100	1.50	150
	5	购进	500	1.60	800				100 500	1.50 1.60	150 800
	17	领用				100	1.50	150	500	1.60	800
	29	购进	500	1.62	810				500 500	1.60 1.62	800 810
	30	领用				500 100	1.60 1.62	800 162	400	1.62	648
10	31	本月合计	1 000		1 610	700		1 112	400	1.62	648

（2）加权平均法

加权平均法又称月末一次加权平均法，是以存货的数量作为权数，于月末计算出该种存货的加权平均单位成本，并以此加权平均单位成本计算本月发出存货和月末结存存货实际成本的一种计价方法。其计算公式为：

$$加权平均单位成本=\frac{期初结存存货实际成本+本期收入各批存货实际成本之和}{期初结存存货数量+本期收入各批存货数量之和}$$

本期发出存货实际成本＝本期发出存货数量×加权平均单位成本

本期结存存货实际成本＝本期结存存货数量×加权平均单位成本

采用加权平均法，日常收到存货时按数量、单价和金额记账，对于本期发出的存货，平时只登记数量，不登记单价和金额。这种方法的优点是只有月末才一次计算发出存货和结存存货的实际成本，平时的工作量小、核算简便；缺点是计价工作集中在月末进行，加重月末核算工作量，影响核算的及时性，给存货管理带来不便。采用加权平均法对存货计价的示例见表 4-2。

表 4-2　　材料明细账

材料科目：原材料　　存放地点：四号仓库
材料类别：有色金属　　实物单位：千克
名称及规格：××材料　　金额单位：元

20××年		摘　要	收　入			发　出			结　存		
月	日		数　量	单　价	金　额	数　量	单　价	金　额	数　量	单　价	金　额
10	1	期初余额							100	1.50	150
	5	购进	500	1.60	800				600		
	17	领用				100			500		
	29	购进	500	1.62	810				1 000		
	30	领用				600			400		
10	31	本月合计	1 000		1 610	700	1.60	1 120	400	1.60	640

注：$加权平均单位成本=\frac{150+1\ 610}{100+1\ 000}=1.6$（元）

（3）移动平均法

移动平均法指用上次结存存货数量与本次收入存货数量之和作为权数，计算发出存货的实际成本的一种计价方法。采用这种方法，企业每收到一批存货，就重新计算一次存货的加权平均单位成本，并以此来计算下一次收到存货之前各批发出存货的实际成本。其计算公式为：

$$移动加权平均单位成本=\frac{上次结存存货实际成本+本次收入存货实际成本}{上次结存存货数量+本次收入存货数量}$$

发出存货的实际成本=本次发出存货数量×本次移动加权平均单位成本

移动平均法的优点是存货计价分散在月内进行，能及时算出存货的实际成本；其缺点是每收入一批存货就要计算一次加权平均单位成本，核算工作量较大。采用移动平均法对存货计价的示例见表4-3。

表4-3 **材料明细账**

材料科目：原材料　　存放地点：四号仓库

材料类别：有色金属　　实物单位：千克

名称及规格：××材料　　金额单位：元

20××年		摘要	收入			发出			结存		
月	日		数量	单价	金额	数量	单价	金额	数量	单价	金额
10	1	期初余额							100	1.50	150
	5	购进	500	1.60	800				600	1.58	950
	17	领用				100	1.58	160	500	1.58	790
	29	购进	500	1.62	810				1 000	1.60	1 600
	30	领用				600	1.60	960	400	1.60	640
10	31	本月合计	1 000		1 610	700		1 120	400	1.60	640

注：采用加权平均法和移动平均法对存货计价时，如果计算出的加权平均单位成本不是整数，需四舍五入，为优先保证存货结存成本的正确性，应采用倒挤法计算发出材料的成本。

（4）个别计价法

个别计价法指以某批存货收入的实际单位成本作为该批存货发出时单位成本的一种计价方法。采用这种方法对存货计价，在存货明细账中必须按收入存货的批次详细记录数量、单价、金额，并且在存货保管方面要按收入存货批次分别存放，以便正确辨认各批次存货并计算发出存货的实际成本。个别计价法的优点是使存货的成本流动与实体流动完全一致，能够真实地反映所领用存货的实际成本；其缺点是在收发批次较多的情况下，不易分清收发批次，工作量大。在实际工作中，企业一般难以采用该种方法，只对那些收发业务不多、单位价值较高、易于辨认的存货采用，如珠宝、古玩、贵重饰物等，采用个别计价法对存货计价的示例见表4-4。

表4-4　**材料明细账**

材料科目：原材料　存放地点：四号仓库

材料类别：有色金属　实物单位：千克

名称及规格：××材料　金额单位：元

20××年		摘要	收入			发出			结存		
月	日		数量	单价	金额	数量	单价	金额	数量	单价	金额
10	1	期初余额							100	1.50	150
	5	购进	500	1.60	800				100 500	1.50 1.60	150 800
	17	领用				50 50	1.50 1.60	75 80	50 450	1.50 1.60	75 720
	29	购进	500	1.62	810				50 450 500	1.50 1.60 1.62	75 720 810
	30	领用				50 100 450	1.50 1.60 1.62	75 160 729	350 50	1.60 1.62	560 81
10	31	本月合计	1 000		1 610	700		1 119	350 50	1.60 1.62	560 81

3）存货的期末计量

（1）存货数量盘存

实地盘存制又称定期盘存制，指平时在账上只记录存货的增加不记减少，会计期末通过对全部存货的实地盘点确定期末存货的实有数额，然后分别乘以各盘存存货单价，计算出期末存货的总金额，然后倒挤出本期已耗用或已销售存货成本的方法。

本期发出存货成本=期初存货成本+本期购入存货成本-期末结存存货成本

期末结存存货成本=期末存货数量×单价

永续盘存制又称账面盘存制，指对存货项目分别品名、规格设置明细账，平时在账上逐笔逐日地反映各存货收入、发出和结存的数量、单价、金额，可随时从账上了解其实有数额。

（2）存货期末计价

为了客观地反映期末存货的实际价值，资产负债表日，存货应当按照成本与可变现净值孰低计量，即当存货成本低于可变现净值时，存货按成本计量；当存货成本高于其可变现净值时，存货按可变现净值计量，同时按照存货成本高于可变现净值的差额计提存货跌价准备，计入当期损益。

可变现净值是指在正常生产经营过程中，以存货的估计售价减去至完工时估计将要发生的成本、估计的销售费用及相关税费后的金额。

确定存货可变现净值应考虑以下因素：①存货可变现净值的确凿证据。确定存货的可变现净值应以取得可靠证据为基础。②考虑存货持有的目的。确定存货的可变现净值应考虑存货属于持有以备出售的存货，还是将在生产经营过程或提供劳务过程中耗用的存货。③资产负债表日后事项等。资产负债表日后事项能够确定资产负债表日存货的存在状态，所以不仅要考虑资产负债表日与该存货相关的价格与成本波动，而且要考虑资产负债表日后发生的相关事项。

会计期末，运用成本与可变现净值孰低原则对材料存货进行计量时，需要考虑材料的用途，对于为生产而持有的材料，应将其与所生产的产品的期末价值减损的情况联系起来，如果用于生产的材料可变现净值预计高于成本，则该材料应当按照成本计量；如果该材料价格下降，表明产品的可变现净值低于成本，则该材料应当按可变现净值计量。对于供出售的材料，则只需将材料成本与根据材料本身的估计售价确定的可变现净值相比即可。

4.2 采用实际成本进行材料收发的核算

4.2.1 材料收发的凭证手续

1）材料收入的凭证手续

施工企业为了保证施工生产任务的顺利完成，必须加强对材料采购工作的管理。材料的采购工作，由供应部门负责。供应部门应根据施工计划、生产计划、材料消耗定额和储备定额，结合库存情况制定材料采购计划和用款计划，作为材料采购的依据。材料采购计划中，一般应列有材料的名称、采购数量、单价、金额等项。为了保证材料的及时供应，一般还应与材料供应单位签订材料采购供应合同。在材料采购供应合同中，应当详细记载有关材料的供应条件以及双方承担的责任和义务。合同的内容一般应包括供应材料的名称、数量、规格、交货期限、地点、货款结算方式、违反合同的惩罚办法等。会计部门要协助供应部门正确执行采购计划、用款计划和采购供应合同。

企业对于采购的材料，要根据供应单位的发票、运输机构的提货单、银行的结算凭证和运费账单等，办理货款结算和材料验收入库两方面的手续。

会计部门收到供货单位通过银行转来的发票、运单和有关银行结算凭证，经过审核、编号、登记后，应及时送交供应部门同供应合同核对，并将运单送运输部门以便按时提货。供应部门检查凭证所列的材料名称、规格、数量、单价、质量和发货日期等与供应合同是否相符后，在结算凭证上签署意见，并将有关单据和凭证退还会计部门据以办理货款结算手续。材料到达后，供应部门应组织仓库保管部门，办理材料验收手续，填制一式多联的收料单，在材料验收完毕并经签字后收料单被分送有关部门。其中一联由材料供应部门留存备查；一联送会计部门，据以进行材料收入的核算；一联留存仓库，作登记材料明细账的依据。为了便于分类和汇总，收料单一般采用一单一料的形式，收料单一般格式见表4-5。

表4-5 **收料单**

材料类别： 材料编号：

供应单位： 材料仓库：

发票号码： 年 月 日 编 号：

材料编号	材料名称	材料规格	单位	数量		实际成本		计划成本		备注
				应收	实收	单价	金额	单价	金额	

供应部门负责人： 记账： 收料： 制票：

露天堆放的大堆建筑材料以及直接发往工地的材料，按上述方法由采购员与工地材料保管员办理现场验收手续。

企业自制的材料或施工生产过程中回收的废料、残料验收入库时，通常由制作部门填制一式多联的材料交库单，办理入库手续。材料交库单的格式与收料单相似。委托加工的材料加工完成验收入库，其凭证手续与外购材料相似。

2）材料发出的凭证手续

企业材料的发出主要是施工生产领用，还有可能是对外销售或委托外单位加工等原因，不同原因的领料和发料业务，都应办理相应的凭证手续。

企业工程施工或其他部门领用材料，根据具体情况，可以分别使用领料单、定额领料单、大堆材料耗用计算单、集中配料耗用计算单和领料登记簿等凭证办理材料领发手续。

（1）领料单

领料单是一次有效的领料凭证。每次领用材料物资，领料单位应根据施工用料计划，填制领料单，经领发料双方共同签章后，据以办理领发料手续。它一般适用于没有消耗定额的材料和临时需要的材料的领用。领料单通常采用一单一料制，一般采用一式多联的形式，其中一联领料单位留存备查，一联由仓库留存作为登记材料明细账（卡）的依据，一联由仓库交会计部门作为登记材料物资分类账、编制发料凭证汇总表和核算工程、产品成本的依据。领料单的一般格式见表 4-6。

表 4-6 **领料单**

材料物资账户：原材料　　领料单位：

材料物资类别：有色金属　　用　　途：

材料物资仓库：××材料　　年　　月　　日　　编　　号：

材料物资编号	材料物资名称	规　格	单　位	数　量		实际价格		备注
				请领	实发	单价	金额	

领料单位负责人：　　领料人：　　发料人：　　记账：

（2）定额领料单

定额领料单又称限额领料单，属于在一定时期内多次使用的领料凭证，填制的手续是多次完成的，在有效期内和定额范围内可以连续向仓库领料。定额领料单，一般于每月初在签发施工任务单的同时，由施工生产部门根据施工任务单所列的计划工作量，按照材料消耗定额核定各种材料消耗总量后签发。在领料单内填写核定的材料物资限额、发料仓库、材料物资用途和用料单位等内容。定额领料单一般一式多联，其中，一联由施工生产部门留存，一联交施工队、组作为领料的依据，一联交仓库作为发料的凭证。每次领料时，由仓库保管员在领料单上登记，并由领发料双方共同签章。对于超过定额的领料或因工程返工而需追加领料的，则必须按规定办理审批手续，追加定额数。月末或工程竣工时，仓库保管员将施工队、组所持有的定额领料单收回，并在两份领料单上计算领用数量和金额。其中一份留仓库作为登记材料物资明细账的依据；一份由材料稽核人员核对后带回会计部门，作为核算材料物资发出业务、核算工程或产品成本的依据。对于经常耗用和规定消耗定额的材料物资，可以采用定额领料单办理领料手续。定额领料单的一般格式见表 4-7。

表 4–7　**定额领料单**

工程名称：　　　　　　　　　　　　　　　　　　　　　　　发料仓库：

任务单号：　　　　　　　　　　　　　　　　　　　　　　　领料单位：

工 程 量：　　　　　　　　　　　　　　　　　　　　　　　编　　号：

材料编号	材料名称	规格	计量单位	单位消耗定额	定额用量	追加数量	领料记录						退库数量	实际用量	计划成本		节约(+)
							日期	数量	领发料人签章	日期	数量	领发料人签章			单价	金额	

签发单位：　　　　　　施工员：　　　　　　发料员：　　　　　　领料员：　　　　　　记账：

采用定额领料单，凭证上列有定额用量和实际用量，有利于企业加强定额管理，便于施工队、组控制和了解工程用料情况，分析材料耗用节约或超支的情况，促进领料单位节约使用材料，降低材料消耗；另外，还可以减少领料凭证的填制手续，减少凭证数量。

（3）大堆材料耗用计算单

大堆材料耗用计算单是一种特殊形式的耗料计算凭证。适用于用料时不易清点数量，难以分清受益对象的大堆材料，如砖瓦、灰、砂、石等。由于这些露天堆放的材料物资耗用量大，使用次数频繁，每次领用时无法准确地点数计量，而且在同一工地上的同一大堆材料物资又往往同时用于几项工程，难以严格划分。因此，一般可以按月（或季）通过实地盘点，以“算两头轧中间”的方法定期计算实际耗用量，并按各个成本核算对象的定额耗用量为分配标准，分配计入各成本核算对象。其计算公式：

本期实际耗用数量＝期初结存数量＋本期收入数量－本期调出数量－期末结存数量

$$某成本核算对象本期实际耗用量=该成本核算对象的定额耗用量\times\frac{实际耗用总量}{定额耗用总量}$$

大堆材料耗用计算单一般一式两联，一联交仓库据以办理材料物资出库手续，一联交会计部门作为核算工程成本的依据。

大堆材料耗用计算单的一般格式见表 4–8。

表 4–8　**大堆材料耗用计算单**

年　　月　　　　　　　　　　　　　　金额单位：元

材料名称规格	黄砂（立方米）			碎　石			白　灰			砖		
单价	20											
期初结存	30											
加：本期收入	200											
减：本期调出												
减：期末结存	40											
本期耗用	190											
成本核算对象	黄　砂			碎　石			白　灰			砖		
	定额用量	实耗数量	金额	定额用量	实耗数量	金额	定额用量	实耗数量	金额	定额用量	实耗数量	金额
甲工程	110	104.5	2 090									
乙工程	90	85.5	1 710									
合计	200	190	3 800									

(4) 集中配料耗用计算单

集中配料耗用计算单是指用料时虽能点清数量，但系集中配料或统一下料（如玻璃、油漆、木材等）的材料所使用的一种耗用凭证。凡是集中配料的，一般在领料单上加盖“工程集中配料”戳记，月末由材料管理员或领料班组根据情况，按照材料消耗定额，编制集中配料耗用计算单，交会计部门据以分配计入各成本核算对象。其计算方法与大堆材料基本相同。

(5) 领料登记簿

在施工企业，有些材料领发次数很多，数量零星，而且价值不高。为了简化领料核算手续，对这些材料，平时可以不填制领料单，而由领料人在领料登记簿内登记领用数量并签章证明，据以办理发料。月终仓库根据领料登记簿按领料单位和用途汇总填制领料单，一联留仓库，一联交领料单位，一联交会计部门作为成本核算的依据。领料登记簿一般格式见表4-9。

表4-9　**领料登记簿**

领料单位：　　　　　　　　　　　　　　　　　　　　　发料仓库：

材料类别：　　　　　　　　　　　　　　　　　　　　　计量单位：

材料名称：　　　　　　　　　年　　月

日　期	领用数量	用　途	领料人签章	备　注

各领料单位当月已领用但并未耗用的材料，应于月末办理退料手续，以便正确计算出当月的材料消耗。对于下月不再继续使用的材料，应填写退料单，连同材料一并退还仓库；对于下月仍需继续使用的材料，应当办理假退料手续，即填写本月退料单的同时填写下月领料单，一并送交仓库，材料没有退库，但是办理了本月退料手续和下月领料手续。

退料单的格式与领料单相同，也可以用红字填写领料单代替退料单。

4.2.2　材料收入的总分类核算

1）账户设置

采用实际成本进行材料物资日常核算的企业，为了总括地核算和监督购入材料物资的收发和结存情况，应设置下列会计账户。

(1)“原材料”账户

该账户用来核算企业各种材料（包括主要材料、结构件，机械配件、其他材料等）的实际成本。该账户的借方登记外购、自制、委托外单位加工完成、发包单位转账拨入、其他单位投入、盘盈等原因增加的材料物资的实际成本；月末已经验收入库，但发票账单未到尚未付款或尚未开出、承兑商业汇票的外购材料，也应在该账户的借方暂估入账，下月初用红字予以冲回；贷方登记领用、发出加工、对外销售以及盘亏、毁损等原因减少的材料物资的实际成本，期末余额反映材料物资的实际成本。

该账户应按材料的保管地点（仓库），材料的类别、品种和规格设置材料明细账，进行材料明细核算。

（2）“在途物资”账户

在途物资是指企业已经支付货款或开出、承兑商业汇票但在运输中或已运抵企业尚未验收入库的各种外购材料物资。“在途物资”账户主要用来核算各种在途材料物资的实际成本。该账户的借方登记在途材料物资的实际买价和运杂费等；贷方登记已验收入库的在途材料物资的实际成本；期末余额在借方，表示货款已经支付，但尚未到达或尚未验收入库的各种在途材料物资的实际成本。在该账户下，应按供应单位或采购员设置明细账，进行明细核算。

2）材料购入的账务处理

（1）支付货款，同时收到材料

企业外购材料，一般付款和收料的时间比较接近，即材料采购验收过程和货款结算过程基本同时结束，在这种情况下，应根据银行结算凭证，做收料付款的账务处理，即收到材料支付货款时，借记“原材料”账户，贷记“银行存款”账户。

【例 4-1】 9 月 6 日向光明水泥厂购买水泥 200 吨，货款 76 000 元，运杂费8 000元，共计 84 000 元，货款以银行存款支付，材料已验收入库，做如下分录：

借：原材料——主要材料　　84 000

　贷：银行存款　　84 000

（2）付款在先，收料在后

企业先支付货款，后收到材料，又分两种情况：

一是按合同要求预付购货定金和货款，这时发票账单和材料都没有收到，应通过“预付账款”账户核算。预付货款时，借记“预付账款”账户，贷记“银行存款”账户；收到所购货物时，根据发票账单等列明的金额，借记“原材料”账户，贷记“预付账款”账户；退回多付的货款时，借记“银行存款”账户，贷记“预付账款”账户。

二是收到了发票账单并据以付款，材料尚在运输途中或尚未验收入库，应通过“在途物资”账户核算。支付货款时，借记“在途物资”账户，贷记“银行存款”账户；材料到达企业，经验收入库后，根据入库凭证借记“原材料”账户，贷记“在途物资”账户。

【例 4-2】 9 月 7 日采用汇兑方式，预付跃华钢厂钢材款 50 000 元，根据信汇凭证，做如下分录：

借：预付账款——跃华钢厂　　50 000

　贷：银行存款　　50 000

【例 4-3】 9 月 9 日收到转来的大明钢厂委托收款凭证，发来圆钢 40 吨，每吨 3 100 元，代垫运费 7 000 元，货款及运费用银行存款支付，材料尚未验收入库。根据发票账单及委托收款凭证，做如下分录：

借：在途物资——大明钢厂　　131 000

　贷：银行存款　　131 000

上述在途材料到达企业，经验收入库后，根据材料入库凭证等，做如下分录：

借：原材料——主要材料　　131 000

　贷：在途物资——大明钢厂　　131 000

（3）收料在先，付款在后

企业先收到材料，后支付货款，也有两种情况：一是发票账单已到，企业无力支付货款，应通过“应付账款”账户核算；二是发票账单尚未收到，不便于支付货款，此时可暂不进行账务处理，如果月末发票账单仍未到达，则应按合同价格（或计划价格、预算价格）暂估入账，直接借记“原材料”账户，贷记“应付账款——暂估应付款”账户，下月初用红字记账予以冲回。

【例4-4】9月15日，企业向红星水泥厂购进水泥60吨，每吨400元，运杂费1 700元，发票账单已到，材料已验收入库，货款尚未支付，根据发票账单，做如下分录：

借：原材料——主要材料 25 700

　贷：应付账款——红星水泥厂 25 700

【例4-5】9月20日向海星水泥厂购买水泥60吨，材料已验收入库，月末发票账单尚未到达，货款暂未支付，按合同价每吨380元暂估入账，根据收料凭证，做如下分录：

借：原材料——主要材料 22 800

　贷：应付账款——暂估应付款（海星水泥厂） 22 800

下月初，用红字冲回暂估入账，做如下分录：

借：原材料——主要材料 [22 800]

　贷：应付账款——暂估应付款（海星水泥厂） [22 800]

发票账单到达时，上述水泥货款22 800元，海星水泥厂为本企业代垫运杂费2 000元，货款及运杂费以银行存款支付，根据发票账单及结算凭证做如下分录：

借：原材料——主要材料 24 800

　贷：银行存款 24 800

（4）购入材料短缺或毁损的处理

企业外购材料物资在验收时发现短缺或毁损，应及时查明原因，分清责任，区别不同情况处理。

属于运输途中的合理损耗，按实际收到的数量登记材料存货明细账，按实际采购成本付款，相应地提高入库材料的实际单位成本。

属于供应单位、运输单位或其他过失人的责任造成的短缺或毁损，应向有关单位或个人索赔，将短缺、毁损资金通过“应付账款”或“其他应收款”账户核算。

属于因遭受自然灾害发生的损失和尚未查明原因的途中损耗，先记入“待处理财产损溢”账户，待查明原因后分别处理：①属于应由供应单位、运输单位、保险公司或其他过失人负责赔偿的，将其损失从“待处理财产损溢”账户转入“应付账款”、“其他应收款”账户；②属于自然灾害造成的损失，应将扣除残料价值和保险公司赔偿后的净损失，从“待处理财产损溢”账户转入“营业外支出——非常损失”账户；③查不出原因的损失，记入“管理费用”科目。

【例4-6】25日企业向红光机砖厂购买红砖10万块，每千块190元，运费900元，货款及运费以银行存款支付，红砖运到工地仓库，验收入库存时发现短缺10 000块，经查明属于砖厂发货短缺6 000块，运输部门责任短缺4 000块。

①根据发票账单付款时，做如下分录：

借：在途物资——红光机砖厂 19 900

　贷：银行存款 19 900

②根据收料单，做如下分录：

借：原材料——主要材料 18 000

　贷：在途物资——红光机砖厂 18 000

③根据短缺金额填制索赔凭证，做如下分录：

借：应付账款——红光机砖厂 1 140

　　其他应收款——××运输部门 760

　贷：在途物资——红光机砖厂 1 900

收入材料按实际成本核算的一般程序，如图 4-1 所示。

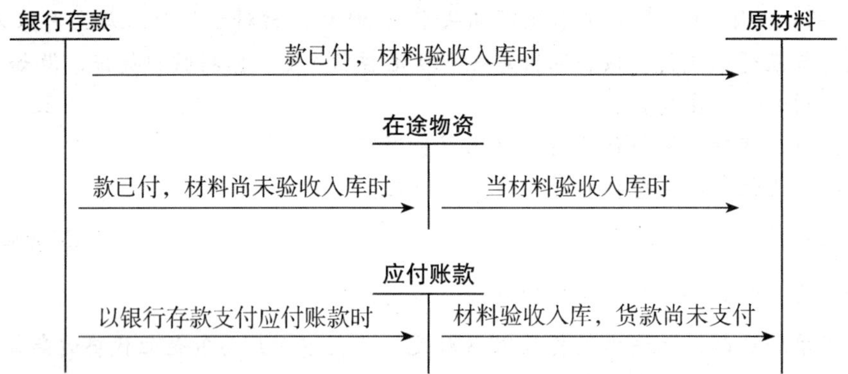

图 4-1　收入材料按实际成本核算的一般程序

4.2.3　材料发出的总分类核算

1）发出材料汇总表的编制

领料单、定额领料单、大堆材料耗用计算单、领料登记簿等发料凭证是进行材料发出总分类核算的依据。由于企业发料次数频繁，凭证数量很多，为了简化核算，平时一般不直接根据每一张发料凭证编制记账凭证，而是在月末，由会计（或仓库）部门对已核价的发料凭证，按材料性质和领料用途进行汇总，编制“发出材料汇总表”作为材料发出总分类核算的依据。发出材料汇总表的格式见表 4-10。

表 4-10　发出材料汇总表

年　月　　单位：元

材料类别 用途	主要材料				结构件	机构配件	其他材料	合计
	钢材	水泥	其他	小计				
工程施工	100 000	70 000	30 000	200 000	60 000			260 000
其中：甲工程	70 000	50 000	20 000	140 000	40 000			180 000
乙工程	30 000	20 000	10 000	60 000	20 000			80 000
机械作业						2 000	300	2 300
其他业务成本		1 000	200	1 200				1 200
管理部门			1 400	1 400			400	1 800
合　计	100 000	71 000	31 600	202 600	60 000	2 000	700	265 300

2）**材料发出的账务处理**

企业发出的材料，应贷记“原材料”账户，对应的借方账户根据领料用途确定。工程施工耗用的材料记入“工程施工”账户；机械作业耗用的材料记入“机械作业”账户；管理部门领用的材料记入“管理费用”账户；对外销售的材料记入“其他业务成本”账户。

【例 4-7】 企业 10 月份各有关部门领用材料见表 4-10，根据发料凭证汇总表，做如下分录：

借：工程施工——甲工程　　180 000
　　　　　　——乙工程　　80 000
　　机械作业　　2 300
　　其他业务成本　　1 200
　　管理费用　　1 800
　贷：原材料——主要材料　　202 600
　　　　　　——结构件　　60 000
　　　　　　——机械配件　　2 000
　　　　　　——其他材料　　700

4.2.4　材料收发的明细核算

材料物资按实际成本进行核算时，除进行上述总分类核算外，为了详细地核算各种材料物资的收发结存情况，还需设置“在途物资明细账”和“材料明细账”组织材料物资的明细核算。

1）**在途物资明细账**

在途材料物资明细账又称在途物资登记簿，一般可以采用“横线登记式”，在明细账中将材料物资的付款、收货等情况，登记在同一行内，以便综合反映货款支付和材料物资到达情况，凡付款栏和收货栏都有记录的，说明该项业务已结束；如果只有付款记录，而无收货记录，则是在途的材料物资。“在途物资明细账”的一般格式见表 4-11。

表 4-11　**在途物资明细账**

年　月

付款日期		凭证号码	供应单位	材料物资名称	计量单位	发票数量	付款金额	收货日期		数量	备注
月	日							月	日		

2）**材料明细账**

材料的明细核算有两种组织形式。一是由材料仓库和会计部门分别设置材料卡片和材料明细账，进行平行核算。材料卡片由仓库登记，只进行数量核算。材料明细账由会计部门登记，同时进行数量和金额的核算。采用这种形式核算，账卡资料能相互核对，有一定的制约作用，但核算工作重复。为了避免重复记账，可以采用另一种组织形式，即“账卡合一”的组织形式，采用这种形式，取消材料卡片，只设置一本既核算数量又核算金额的材料明细账，由材料仓库和会计部门进行联合核算，具体操作上又有两种做法：一种是将材料明细账放在仓库，由仓库人员登记，会计人员定期到仓库进行稽核；另一种是平时仓库人员根据收发凭证，逐笔记录收发数量，并按日结出结存数量，会计人员定期到仓库进行稽核、标价，并负责登记材料的收发结存金额。材料卡片和材料明细账的一般格式见表4-12和表4-13。

表4-12 **材料卡片**

材料类别： 存放地点：
材料名称： 计量单位：
材料编号： 材料规格：

年		凭证编号	摘 要	收入数量	发出数量	结存数量	稽 核	
月	日						日期	签章
			本月合计					

表4-13 **材料明细账**

材料类别： 存放地点：
材料名称： 计量单位：
材料编号： 材料规格：

年		凭证编号	摘 要	收 入			发 出			结 存		
月	日			数量	单价	金额	数量	单价	金额	数量	单价	金额
			本月合计									

“材料明细账”一般由活页卡组成，并按材料类别装订成册。在装订的材料明细账的首页应设置“材料分类汇总卡”，根据收发料凭证定期按金额汇总登记。“材料分类汇总卡”的一般格式见表4-14。

表4-14 **材料分类汇总卡**

材料类别：
材料名称： 仓库号：

年		收 入		发 出		结存金额	材料稽核员
月	日	凭证张数	金额	凭证张数	金额		

仓库所有的收发料凭证，由会计部门的材料会计定期到仓库稽核后取回。每月末，仓库材料负责人员应根据“材料分类汇总卡”的记录，按材料类别汇总，编制按仓库和材料分类的材料收发余额表送会计部门。材料收发余额表的一般格式见表4-15。

表4-15 **材料收发余额表**

仓库： 年 月 日

材料类别	单价（元）	月初余额	本月收入			本月发出			月末余额
			外购	调入	合计	领用	调出	合计	

每月末，会计部门的“材料明细账”的月末余额应与“材料收发余额表”中的月末余额核对相符，若有差错，应及时查明原因，予以更正。

4.3 采用计划成本进行材料收发的核算

采用计划成本进行材料收发核算的企业，材料收入、发出和结存均按预先制订的计划成本进行计价，同时另设置“材料成本差异”账户，核算实际成本与计划成本的差额，月末对材料成本差异进行分摊，将发出材料的计划成本调整为实际成本。计划成本法适用于材料品种繁多、收发业务频繁的企业。

4.3.1 材料收入的总分类核算

1）账户设置

采用计划成本进行材料物资日常收发核算的企业，为了总括地核算和监督材料物资的收发和结存情况，应设置下列账户。

（1）“材料采购”账户

该账户核算企业购入各种材料物资的实际采购成本。发包单位拨入抵作备料款的材料，也在该账户核算。该账户借方登记企业采购材料物资支付的价款，发生的运杂费，分配计入材料物资采购成本的采购保管费以及发包单位拨入抵作备料款的材料成本；贷方登记已经付款或已开出、承兑商业汇票并已验收入库材料物资的计划成本，以及向供应单位、运输单位等收回的材料短缺或其他应冲减采购成本的赔偿款。月末，将入库材料物资实际成本大于计划成本的差额，由该账户的贷方转入“材料成本差异”账户的借方；入库材料实际成本小于计划成本的差额，由该账户的借方转入“材料成本差异”账户的贷方；该账户期末借方余额反映已经付款或开出、承兑商业汇票，但尚未到达或尚未验收入库的在途材料的实际成本。该账户应按材料品种、规格及类别设置明细账进行明细分类核算。

（2）“原材料”账户

该账户用来核算各种材料的计划成本，包括主要材料、结构件、机械配件和其他材料等的计划成本。借方登记已验收入库材料物资的计划成本；贷方核算出库材料物资的计划成本；期末借方余额反映材料物资的计划成本。该账户按材料物资的类别、品种、规格和保管地点设置明细账，进行明细分类核算。

(3)"材料成本差异"账户

该账户用来核算企业各种外购、自制、委托加工入库材料物资（包括低值易耗品、周转材料）的实际成本与计划成本的差异，是"原材料"等账户的调整账户。借方登记入库材料物资实际成本大于计划成本的差异数；贷方登记入库材料物资实际成本小于计划成本的差异数和发出材料应负担的成本差异数（实际成本小于计划成本的差异数用红字登记）；月末余额如在借方，表示各种材料物资的实际成本大于计划成本的差异，即成本超支差异；月末余额如在贷方，表示各种材料物资实际成本小于计划成本的差异，即成本节约差异。该账户应按材料物资的类别、品种和规格进行明细分类核算，并应同"材料采购"明细分类核算的口径一致。

2）材料收入的账务处理

(1) 货款已付，同时收到材料

在发票及结算凭证已经到达，货款已支付，材料已验收入库的情况下，一方面应按结算凭证的实际金额做付款分录，借记"材料采购"账户，贷记"银行存款"等账户；另一方面，应根据收料数量和计划成本做材料入库分录，借记"原材料"账户，贷记"材料采购"等账户。

【例 4-8】 企业向星海水泥厂购进水泥 100 吨，每吨 395 元，运杂费 1 500 元，以银行存款支付，水泥已验收入库，计划成本每吨 400 元。

①根据结算凭证，做如下分录：

借：材料采购——主要材料（水泥）　　41 000
　贷：银行存款　　41 000

②材料验收入库时，根据收料单按计划成本做如下分录：

借：原材料——主要材料　　40 000
　　材料成本差异——主要材料（水泥）　　1 000
　贷：材料采购——主要材料（水泥）　　41 000

(2) 付款在先，收料在后

付款在先、收料在后具体有两种情况：一是发票及结算凭证已经到达，材料货款已付，材料尚未到达或尚未验收入库存，这种情况应在支付货款时先做付款分录，借记"材料采购"账户，贷记"银行存款"等账户，待材料验收入库后再按计划成本做入库分录，借记"原材料"账户，贷记"材料采购"账户；二是按照合同要求预付货款，这时发票账单及材料都没有收到，应通过"预付账款"账户核算，借记"预付账款"账户，贷记"银行存款"账户。

【例 4-9】 企业向红光机砖厂购买红砖 10 万块，货款 19 000 元，运杂费 3 000 元，以银行存款支付，但材料尚未到达，根据结算账单，做如下分录：

借：材料采购——主要材料（红砖）　　22 000
　贷：银行存款　　22 000

假设 5 日后上述材料到达并验收入库，实收 10 万块，每块计划成本 0.23 元，根据收料单及计划成本，做如下分录：

借：原材料——主要材料（红砖）　　23 000

贷：材料采购——主要材料（红砖） 22 000

材料成本差异——主要材料（红砖） 1 000

如果上述材料月末尚未到货，其实际支付的货款和运杂费仍保留在“材料采购”账户中，作为在途材料，待以后月份材料到货并验收入库后，再按计划成本做入库的账务处理。

【例4-10】 企业按合同规定通过银行信汇付给光明水泥厂购水泥款3 000元。根据信汇凭证回单，做如下分录：

借：预付账款——光明水泥厂 3 000

贷：银行存款 3 000

次月，上述水泥到达并验收入库，发票账单已到，货款6 000元，代垫运杂费600元，该批水泥计划成本为6 800元。

①根据发票账单，做如下分录：

借：材料采购——主要材料（水泥） 6 600

贷：预付账款——光明水泥厂 6 600

②根据收料单及计划成本，做如下分录：

借：原材料——主要材料（水泥） 6 800

贷：材料采购——主要材料（水泥） 6 600

材料成本差异——主要材料（水泥） 200

③签发支票一张，金额为3 600元，补付购水泥货款，做如下分录：

借：预付账款——光明水泥厂 3 600

贷：银行存款 3 600

（3）收料在先，付款在后

在材料物资采购业务中，有时出现材料已验收入库，但货款尚未支付情况。这分两种情况：一是发票账单已到，企业因资金不足无力支付货款，应通过“应付账款”或“应付票据”账户核算，借记“材料采购”账户，贷记“应付账款”或“应付票据”账户；二是发票账单尚未到达不便于支付货款，出现这种情况时，在月份内暂不入账，待结算凭证到达后再做账务处理，月末结算凭证仍未到达的，应按计划成本暂估入账，下月初再用红字冲回。

【例4-11】 企业向大明钢厂购入圆钢10吨，每吨3 000元，运杂费1 200元，发票账单已到，材料已验收入库，因资金不足，货款尚未支付，该材料计划成本为3 100元/吨。

根据发票账单，做如下分录：

借：材料采购——主要材料（钢材） 31 200

贷：应付账款——大明钢厂 31 200

根据收料单及计划成本，做如下分录：

借：原材料——主要材料（钢材） 31 000

材料成本差异——主要材料（钢材） 200

贷：材料采购——主要材料（钢材） 31 200

【例4-12】 企业向明星水泥厂购进水泥50吨，材料已验收入库，月末发票账单尚未到达，货款暂未支付，计划成本400元/吨。

①月末，以计划成本暂估入账，做如下分录：

借：原材料——主要材料（水泥） 20 000

　　贷：应付账款——暂估应付款（明星水泥厂） 20 000

②下月初，用红字冲销上述暂估应付款，做如下分录：

借：原材料——主要材料（水泥） [20 000]

　　贷：应付账款——暂估应付款（明星水泥厂） [20 000]

③次月，收到明星水泥厂的发票账单，实际货款及运杂费共计 19 600 元，以银行存款支付。根据发票账单和结算凭证，做如下分录：

借：材料采购——主要材料（水泥） 19 600

　　贷：银行存款 19 600

同时根据收料单和计划成本，做如下分录：

借：原材料——主要材料（水泥） 20 000

　　贷：材料采购——主要材料（水泥） 19 600

　　　　材料成本差异——主要材料（水泥） 400

（4）购入材料短缺或毁损的处理

材料验收入库时发现短缺、毁损、数量不符等情况，应查明原因区分不同情况进行处理。具体处理方法与按实际成本核算相同，在此不再赘述。

【例 4-13】 企业向红光砖厂购进红砖 5 万块，贷款 10 000 元，运杂费 1 200 元，以银行存款支付。红砖运到工地经验收，发现短缺 1 000 块，经查明系红光砖厂发货短缺。红砖计划成本为每块 0.20 元。

①根据发票账单付款时，做如下分录：

借：材料采购——主要材料（红砖） 11 200

　　贷：银行存款 11 200

②材料验收入库，根据收料单及计划成本，做如下分录：

借：原材料——主要材料（红砖） 9 800

　　材料成本差异——主要材料（红砖） 1 200

　　应付账款——红光砖厂 200

　　贷：材料采购——主要材料（红砖） 11 200

（5）购入材料成本差异的确定和结转

按计划成本进行材料物资日常核算的企业，月末应根据采购并验收入库材料物资的实际成本与计划成本计算确定材料成本差异。实际成本大于计划成本，为超支差，应结转到“材料成本差异”账户的借方；实际成本小于计划成本，为节约差，应结转到“材料成本差异”账户的贷方。

【例 4-14】 根据【例 4-8】至【例 4-12】的资料可知，企业当月购入水泥实际成本为 67 200 元，计划成本为 66 800 元，超支差异为 400 元，做如下分录：

借：材料成本差异——主要材料（水泥） 400

　　贷：材料采购——主要材料（水泥） 400

收入材料按计划成本核算的一般程序，如图 4-2 所示。

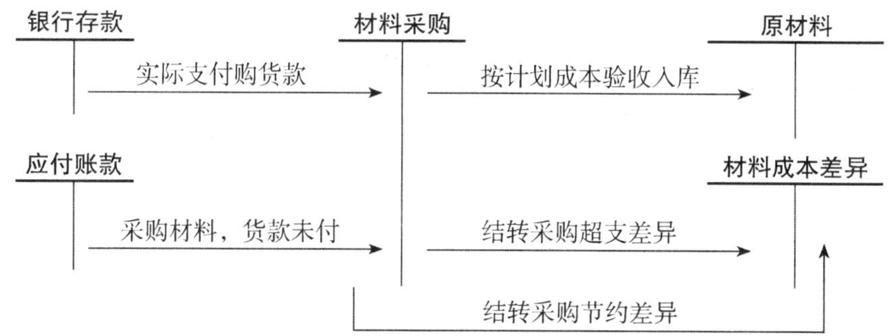

图 4-2　收入材料按计划成本核算的一般程序

4.3.2　材料发出的总分类核算

1）发出材料实际成本的确定

采用计划成本进行材料核算时，日常发出材料按计划成本计价，会计期末需要将发出材料的计划成本调整为实际成本，以便正确反映工程或产品中实际的材料成本。

材料成本差异随着材料收入而形成，如外购材料、委托加工完成材料入库等，同时随着材料的发出而减少，如领用材料、消耗材料等。期初结存和当期形成的材料成本差异，应在当期发出材料和期末结存材料之间进行分配，属于当期发出材料应负担的差异，从“材料成本差异”账户转入相关成本费用账户。

发出材料实际成本 = 发出材料计划成本 + 发出材料应负担的材料成本差异

发出材料计划成本 = 计划单位成本×发出数量

发出材料应负担的材料成本差异 = 发出材料的计划成本×材料成本差异率

材料成本差异率是材料成本差异占材料计划成本的比例，可根据各施工企业的具体情况和要求，按材料品种、类别等计算。材料成本差异率的计算公式为：

$$\text{材料成本差异率} = \frac{\text{月初结存材料成本差异} + \text{本月收入材料成本差异}}{\text{月初结存材料计划成本} + \text{本月收入材料计划成本}} \times 100\%$$

为了及时计算发出材料的实际成本，材料成本差异率也可以按照上月差异率计算，计算公式为：

$$\text{上月材料成本差异率} = \frac{\text{月初结存材料成本差异}}{\text{月初结存材料计划成本}} \times 100\%$$

2）发出材料汇总表的编制

施工企业的材料领用业务频繁，采用计划成本进行材料物资日常核算时，为了简化手续，一般在月末根据领用材料计划成本和应分摊的材料成本差异，合并编制发出材料汇总表，据以进行发出材料的账务处理。发出材料汇总表的一般格式见表 4-16。

3）发出材料的账务处理

采用计划成本进行材料物资日常核算的企业，根据领用材料的计划成本和用途，借记“工程施工”、“机械作业”、“管理费用”、“其他业务成本”等账户，贷记“原材料”账户；按领用材料应负担的材料成本差异，借记“工程施工”、“机械作业”、“管理费用”、“其他业务成本”等账户，贷记“材料成本差异”账户（若为节约差用红字登记）。

表 4-16 发出材料汇总表

年　月　　　　单位：元

用途＼材料类别	钢材		水泥		其他主材		小计		结构件		机构配件		其他材料		合计	
	计划成本	差异（差异率2%）	计划成本	差异（差异率1%）	计划成本	差异（差异率1.5%）	计划成本	差异	计划成本	差异（差异率2%）	计划成本	差异（差异率10%）	计划成本	差异（差异率1.2%）	计划成本	差异
工程施工	20 000	400	10 000	100	4 000	60	34 000	560	9 000	180					43 000	740
其中:甲工程	12 000	240	6 000	60	3 000	45	21 000	345	5 000	100					26 000	445
乙工程	8 000	160	4 000	40	1 000	15	13 000	215	4 000	80					17 000	295
机械作业											2 000	200	1 000	12	3 000	212
其他业务成本			2 000	20			2 000	20							2 000	20
管理费用													2 000	24	2 000	24
合计	20 000	400	12 000	120	4 000	60	36 000	580	9 000	180	2 000	200	3 000	36	50 000	996

【例 4-15】根据表 4-16“发出材料汇总表”，有关材料发出的账务处理如下：

①根据发出材料汇总表中的计划成本，做如下分录：

借：工程施工——甲工程　　26 000
　　　　　　——乙工程　　17 000
　　机械作业　　3 000
　　其他业务成本　　2 000
　　管理费用　　2 000
　贷：原材料——主要材料　　36 000
　　　　　　——结构件　　9 000
　　　　　　——机械配件　　2 000
　　　　　　——其他材料　　3 000

②根据发出材料汇总表中领用材料应负担的材料成本差异，做如下分录：

借：工程施工——甲工程　　445
　　　　　　——乙工程　　295
　　机械作业　　212
　　其他业务成本　　20
　　管理费用　　24
　贷：材料成本差异——主要材料　　580
　　　　　　　　　——结构件　　180
　　　　　　　　　——机械配件　　200
　　　　　　　　　——其他材料　　36

4.3.3 材料收发明细核算

采用计划成本进行材料物资日常核算的施工企业，为了核算和监督各种材料的采购成本以及材料的实际成本与计划成本的差异，企业应设置“材料采购明细账”、“材料明细账”和“材料成本差异明细账”进行明细核算。

1）**材料采购明细账**

材料采购明细账反映采购的各种材料的实际成本、入库材料的计划成本及超支或节约额。为了简化核算，材料采购明细账可按材料类别设置，采用横线登记法，根据审核后的材料采购、收入凭证序时登记。借方按照付款转账的日期顺序、付款凭证或转账凭证的编号顺序，以实际成本逐笔进行登记；贷方根据收料单等有关凭证按借方记录的同批材料，以计划成本在同一行的“计划成本”栏进行横线登记；实际成本与计划成本的差异，在“成本差异”栏内登记（实际成本小于计划成本的差异用红字）；转出的其他金额（如向供应单位、运输单位索赔的短缺或毁损等），在贷方的“其他”栏内登记。月份终了时，对于已按发票账单付款，或开出商业汇票，但尚未验收入库的在途材料（即只有借方记录，没有贷方记录的业务）应逐笔逐行抄转至下月份“材料采购明细账”同一批材料大类、细类或品种的账页内，以便下月材料到达验收入库时，进行相应的账务处理。

同一批材料，在月份内分次到货的，可以等到收料凭证到齐后，在贷方的有关栏内汇总登记。如果月份终了时，收料凭证尚未到齐，除根据已收到的收料凭证将入库材料作以上记录外，还应将该批尚未到达的在途材料抄列清单，结转下月。

月份终了，应分别计算借方和贷方的本月合计数，并确定其材料成本差异额，填制转账凭证，结转到材料成本差异明细账。材料采购明细账一般格式见表 4-17。

表 4-17　　**材料采购明细账**

明细账户：　　　　年　　月　　　　第　　页

<table>
<tr><th colspan="2">年</th><th rowspan="3">发票账单号</th><th rowspan="3">凭证编号</th><th rowspan="3">供应单位</th><th colspan="5">借方</th><th rowspan="3">收料日期</th><th colspan="7">贷方</th><th rowspan="3">合计</th></tr>
<tr><th rowspan="2">月</th><th rowspan="2">日</th><th rowspan="2">材料名称</th><th colspan="4">实际成本</th><th rowspan="2">计划成本</th><th colspan="6">其他</th></tr>
<tr><th>买价</th><th>运杂费</th><th>其他</th><th>合计</th><th>成本差异</th><th>日期 月</th><th>日期 日</th><th>凭证编号</th><th>摘要</th><th>金额</th></tr>
<tr><td></td><td></td><td></td><td></td><td></td><td></td><td></td><td></td><td></td><td></td><td></td><td></td><td></td><td></td><td></td><td></td><td></td><td></td><td></td></tr>
<tr><td></td><td></td><td></td><td></td><td></td><td></td><td></td><td></td><td></td><td></td><td></td><td></td><td></td><td></td><td></td><td></td><td></td><td></td><td></td></tr>
</table>

2）**材料明细账**

采用计划成本进行材料物资日常核算的企业，材料明细账的设置与按实际成本计价核算企业的明细账基本相同。材料明细账按材料品种、规格开设，采用收入、发出、结存三栏式，并根据材料收发凭证序时逐笔登记各种材料的收发、结存的数量和金额。不同的是材料物资日常核算按计划成本计价，材料明细账反映的金额都是按计划单位成本计算的材料计划成本。材料明细账的一般格式见表 4-18。

表 4-18　　**材料明细账**

材料类别：　　　　存放地点：

材料名称：　　　　计划成本：

材料编号：　　　　材料规格：

<table>
<tr><th colspan="2">年</th><th rowspan="2">凭证号</th><th rowspan="2">摘　要</th><th rowspan="2">收入数量</th><th rowspan="2">发出数量</th><th colspan="2">结　存</th><th rowspan="2">稽　核</th></tr>
<tr><th>月</th><th>日</th><th>数量</th><th>金额</th></tr>
<tr><td></td><td></td><td></td><td></td><td></td><td></td><td></td><td></td><td></td></tr>
<tr><td></td><td></td><td></td><td></td><td></td><td></td><td></td><td></td><td></td></tr>
</table>

3）材料成本差异明细账

材料成本差异明细账反映材料成本差异及分配情况，根据材料采购明细账和发出材料汇总表进行登记，它应与材料采购明细账的口径一致，一般可采用借方、贷方、余额三栏式。材料成本差异明细账一般格式见表4-19。

表4-19　**材料成本差异明细账**

明细科目（或材料类别）：

年		凭证号	摘要	借方	贷方	借或贷	余额
月	日						

【去了解】

施工企业材料收发采用实际成本与计划成本进行日常核算时，两者在账户设置与账务处理上有何区别?

4.4　委托加工物资的核算

施工企业因施工生产需要，有时将某种材料委托外单位加工改制成另一种材料，如委托外单位将原木加工成挡板、模板等，这种业务叫委托加工业务。委托其他企业加工的材料叫委托加工材料或委托加工物资。加工后的材料物资不仅改变了原来的实物形态和用途，而且由于发生了加工费和往返运杂费，增加了材料的价值。因此，企业应对委托加工材料进行单独核算，以正确反映和监督委托加工材料的发出、收回以及与加工单位的往来结算，并正确计算材料委托加工后的实际成本。

委托加工业务由供应部门负责办理，一般应与加工单位签订合同，规定有关加工材料的具体内容和手续。供应部门从仓库领用加工用的材料时，应填制委托加工领料单。委托外单位加工的材料加工完成后，供应部门应根据有关凭证，填制委托加工材料收料单作为验收入库的依据。

委托加工材料的实际成本，一般包括：加工中耗用材料物资的实际成本；支付的加工费用；支付的委托加工材料物资往返运杂费。

4.4.1　账户设置

为了核算施工企业委托外单位加工的各种材料物资，企业应设置“委托加工物资”账户。“委托加工物资”账户用来核算企业委托外单位加工材料物资时发出的材料物资成本，发生的加工费和运输费等费用，以及加工完成收回的材料物资的成本情况。该账户借方登记委托加工物资发生的实际成本；贷方登记加工完成验收入库材料物资的实际成本和回收剩余材料物资的实际成本；期末余额在借方，反映企业委托外单位加工尚未完成的材料物资的实际成本。

“委托加工物资”账户可以按照委托加工合同、受托加工单位及加工材料物资的品种等设置明细账，进行明细核算。

4.4.2　委托加工物资的账务处理

【例1-16】 企业发出钢材一批，委托外单位加工成线材，发出钢材的计划成本为8 200元，应负担的材料成本差异率为1%，根据发料凭证做如下分录：

分录	借方	贷方
借：委托加工物资——××合同	8 282	
贷：原材料——主要材料		8 200
材料成本差异——主要材料（钢材）		82

【例4-17】 企业以现金支付发出上述委托加工材料运杂费150元，以银行存款支付加工单位加工费用300元，根据有关凭证做如下分录：

分录	借方	贷方
借：委托加工物资——××合同	450	
贷：库存现金		150
银行存款		300

【例4-18】 上述委托加工材料完成验收入库，其计划成本8 700元，委托加工材料实际成本大于计划成本32元，根据收料凭证做如下分录：

分录	借方	贷方
借：原材料——主要材料（线材）	8 700	
材料成本差异——主要材料（线材）	32	
贷：委托加工物资——××合同		8 732

假设该批线材计划成本为8 800元，实际成本小于计划成本68元，根据收料凭证做如下分录：

分录	借方	贷方
借：原材料——主要材料（线材）	8 800	
贷：委托加工物资——××合同		8 732
材料成本差异——主要材料（线材）		68

4.5　周转材料的核算

4.5.1　周转材料的概念及分类

1）周转材料的概念

周转材料指企业在施工生产过程中多次周转使用并基本保持其原有形态而其价值逐渐转移的各种材料。

周转材料虽然在不同程度上保持材料的形态，但就其在施工中所起的作用，具有劳动资料的性质，即能够多次参加施工过程，而不改变其实物形态，其价值是逐渐转移到工程成本和产品成本中去的。由于周转材料的种类繁多、用量较大、价值较低、使用期较短、使用频繁、经常需要补充和更换，所以它具有材料的特征。基于上述特征，在周转材料的管理和核算上，应该将固定资产和材料的方法结合使用，即对于周转材料的计价、收发、结存和实物清查盘点，比照材料的管理和核算方法进行；对于周转材料使用中的价值转移，比照固定资产的办法，采取摊销的方法。

2）周转材料的分类

周转材料按其在施工生产过程中的用途可分为以下几类：

(1) 模板

模板是指浇灌混凝土使用的木模、组合钢模以及配合模板使用的支撑材料、滑模材料、构件等。按固定资产管理的固定钢模和现场固定的大型钢模板不包括在内。

(2) 挡板

挡板是指土方工程使用的挡土板等，包括支撑材料在内。

(3) 架料

架料是指搭设脚手架用的竹竿、木杆、竹木跳板、钢管脚手架及其附件等。

(4) 低值易耗品

低值易耗品是指不能作为固定资产管理和核算的各种用具物品，如工具、管理用具、玻璃器皿等。

(5) 其他

指除以上各类外，作为流动资产管理的其他周转材料，如塔吊使用的轻轨、枕木等(不包括属于塔吊的钢轨)。

周转材料按其使用情况可分为在库周转材料和在用周转材料。

4.5.2　周转材料的摊销

由于周转材料在生产过程中能够多次周转使用，因此，它的价值应随其不断损耗逐渐转移、摊销计入工程成本或有关费用。在实际工作中，为了使会计核算更具有实际意义，周转材料的摊销方法，应视周转材料价值的多少、耐磨程度、使用期限长短等具体因素进行确定。周转材料的摊销方法一般有以下几种，企业可根据使用周转材料的具体情况，选择使用。

(1) 一次摊销法

一次摊销法指在领用周转材料时，将其全部价值一次计入工程成本或有关费用。这种方法一般适用于易腐、易糟或价值较低、使用期限较短的周转材料，如安全网、玻璃器皿等。

(2) 五五摊销法

五五摊销法是在领用周转材料时摊销其成本的50%，报废时再摊销其成本的50%的方法。采用这种方法，如果报废的周转材料残值较小，可以不预计残值，将周转材料的全部成本在领用和报废时，各摊销50%；如果残值较大，应按周转材料成本减其残值后的余额在领用和报废时各摊销50%。这种方法适用于工具、管理用具等的摊销。

(3) 分期摊销法

分期摊销法指根据周转材料的预计使用期限、原值、预计残值确定每期摊销额，将其价值分期计入工程成本或有关费用。其计算公式为：

$$\text{周转材料每月摊销额}=\frac{\text{周转材料原价}\times(1-\text{残值占原值的百分比})}{\text{预计使用月数}}$$

这种方法适用于脚手架、跳板、塔吊轻轨、枕木等周转材料的摊销。

(4) 分次摊销法

分次摊销法指根据周转材料的预计使用次数、原值、预计残值确定每次摊销额，将其价值分次计入工程成本或有关费用。其计算公式为：

$$周转材料每次摊销额=\frac{周转材料原价\times（1-残值占原值的百分比）}{预计使用次数}$$

本期摊销额=每次摊销额×本期使用次数

这种方法适用于预制钢筋混凝土构件时所使用的定型模板、挡板等周转材料的摊销。

（5）定额摊销法

定额摊销法指根据实际完成的实物工作量和预算定额规定的周转材料消耗定额确定本期周转材料摊销额，计入本期工程成本或有关费用。其计算公式为：

周转材料本期摊销额=本期完成的实物工作量×单位工作量周转材料消耗定额

这种方法适用于各种周转材料的摊销。

对各种周转材料的具体摊销方法，由企业根据具体情况确定，一经确定，一般不能随意改变，如果改变，应在会计报表附注中加以说明。

由于施工企业的周转材料大都在露天使用、堆放，受自然影响损耗较大，而且施工过程中安装拆卸周转材料的技术水平和施工生产工艺的高低对周转材料的使用寿命也有着直接影响。因此，在实际工作中，周转材料无论采用哪一种摊销方法，平时计算的摊销额，一般不可能与实际价值损耗完全一致，所以，在年度终了或工程竣工时，需要对周转材料进行盘点，根据实际损耗情况调整已计提的摊销额，以保证工程成本和有关费用的准确性。

（1）企业清查盘点中发现短缺、报废周转材料，应及时办理报废手续，并办理补提摊销额的手续

报废、短缺周转材料应补提摊销额=应提摊销额-已提摊销额

应提摊销额 = 报废、短缺周转材料成本-残料价值（短缺的周转材料无残值）

$$已提摊销额=报废、短缺周转材料成本\times\frac{该类在用周转材料已提摊销额}{该类在用周转材料成本}$$

（2）对竣工或不使用退回的周转材料，应及时办理退库手续，并确定其成色补提摊销额

退回周转材料应补提摊销额=应提摊销额-已提摊销额

应提摊销额=退回周转材料成本×［1-退回时确定的成色即新旧程度（%）］

$$已提摊销额=退回周转材料成本\times\frac{该类在用周转材料已提摊销额}{该类在用周转材料成本}$$

对于转移到其他工程的周转材料，也应及时办理转移手续，并比照上述的方法，确定转移时的成色，补提摊销额。

4.5.3　周转材料的账务处理

1）账户设置

为了核算和监督周转材料的购入、领用、摊销和结存情况，企业应设置“周转材料”账户，该账户借方登记企业库存和在用的各种周转材料的计划成本或实际成本；贷方登记周转材料的摊销、盘亏、报废等减少的价值；期末余额在借方，反映在库周转材料的计划成本或实际成本，以及在用周转材料的摊余价值。

周转材料应当按周转材料的类别、品种、规格以及在库、在用、摊销等情况分别设置明细账，进行周转材料的明细核算。

2）账务处理

企业以购入、自制、委托外单位加工等方式取得的周转材料即收入周转材料的账务处理，与原材料收入的账务处理完全相同，现主要说明周转材料领用和摊销的账务处理方法。

（1）领用一次摊销的周转材料

领用一次摊销的周转材料，应将本次领用周转材料的实际成本按用途一次转入有关成本、费用账户。按计划成本组织核算的，同时应分摊领用周转材料应分摊的材料成本差异。

【例 4-19】 企业管理用具采用计划成本组织核算，本月管理部门领用管理用具一批，计划成本 2 000 元，本月管理用具材料成本差异率 2%。做如下分录：

借：管理费用　　2 040
　贷：周转材料——在库周转材料（管理用具）　　2 000
　　材料成本差异　　40

【例 4-20】 本月甲工程施工领用一次摊销的安全网一批，实际成本 3 000 元，做如下分录：

借：工程施工——甲工程　　3 000
　贷：周转材料——在库周转材料（安全网）　　3 000

（2）领用五五摊销的周转材料

领用五五摊销的周转材料，应在领用和报废时各摊销其价值的 50%。五五摊销法下，需要使用“在用周转材料”和“周转材料摊销”等明细账户。

【例 4-21】 企业工具用具采用实际成本组织核算，本月施工生产领用工具用具实际成本 10 000 元，假设报废时回收残料收入现金 800 元。采用五五摊销法，根据有关凭证，编制会计分录如下：

①领用时转作在用周转材料，并摊销其价值的 50%，做如下分录：

借：周转材料——在用周转材料（工具用具）　　10 000
　贷：周转材料——在库周转材料（工具用具）　　10 000
借：工程施工　　5 000
　贷：周转材料——周转材料摊销（工具用具）　　5 000

②报废时摊销另外的 50%，并注销在用周转材料及其摊销额，做如下分录：

借：工程施工　　5 000
　贷：周转材料——周转材料摊销（工具用具）　　5 000
借：周转材料——周转材料摊销（工具用具）　　10 000
　贷：周转材料——在用周转材料（工具用具）　　10 000

③报废时回收残料收入的现金冲减有关费用，做如下分录：

借：库存现金　　800
　贷：工程施工　　800

（3）领用分期摊销的周转材料

【例 4-22】 企业本月乙工程施工，领用分期摊销的脚手架料一批，实际成本 60 000 元，预计残料率 5%，预计使用 30 个月，其账务处理如下：

①领用脚手架料时，做如下分录：

借：周转材料——在用周转材料（架料） 60 000

贷：周转材料——在库周转材料（架料） 60 000

②每月摊销周转材料时，做如下分录：

$$每月摊销额 = 60\ 000\times\frac{1-5\%}{30}=1\ 900（元）$$

借：工程施工——乙工程 1 900

贷：周转材料——周转材料摊销（架料） 1 900

（4）周转材料退库与报废

【例4-23】 上述工程完工，在用架料账面已提摊销额38 000元，对在用架料进行清理，其中报废架料实际成本10 000元，残料入库，估计价值1 000元，其余50 000元办理退库，估计成色30%。

$$退库架料应提摊销额=50\ 000\times（1-30\%）=35\ 000（元）$$

$$退库架料已提摊销额=50\ 000\times\frac{38\ 000}{60\ 000}=31\ 667（元）$$

$$退库架料应补提摊销额=35\ 000-31\ 667=3\ 333（元）$$

根据计算结果，补提摊销额，做如下分录：

借：工程施工 3 333

贷：周转材料——周转材料摊销（架料） 3 333

周转材料退库，做如下分录：

借：周转材料——在库周转材料（架料） 50 000

贷：周转材料——在用周转材料（架料） 50 000

$$报废架料应提摊销额=10\ 000-1\ 000=9\ 000（元）$$

$$报废架料已提摊销额=10\ 000\times\frac{38\ 000}{60\ 000}=6\ 333（元）$$

$$报废架料应补提摊销额=9\ 000-6\ 333=2\ 667（元）$$

根据计算结果，补提摊销额，做如下会计分录：

借：工程施工——乙工程 2 667

贷：周转材料——周转材料摊销（架料） 2 667

残料验收入库，转销报废架料实际成本，做如下分录：

借：原材料 1 000

周转材料——周转材料摊销（架料） 9 000

贷：周转材料——在用周转材料（架料） 10 000

4.6 存货清查和减值的核算

4.6.1 存货清查

1）存货清查的意义和方法

施工企业的存货品种规格多、数量大、收发业务频繁。在收发保管过程中，由于种种原因，如计算误差、计量误差、自然损耗、管理不善、自然灾害等原因，常常会发生账实不符的现象，因此，对存货进行定期的、系统的清查盘点是十分必要的。

存货清查是对企业各种存货进行实地盘点，将账存数和实存数进行相互核对，以查明账实是否相符的一种方法。通过存货清查，可以查明各项存货的实存数，确定账实差异以及产生差异的原因；可以发现存货管理上存在的问题，健全存货保管和核算制度；也可以查明存货储备利用情况以确保生产需要，同时对积压存货作出处理，挖掘存货的潜力。

由于施工企业各种存货实物形态、体积重量、堆放方式、堆放地点等不同，企业应因地制宜，采用灵活多样的清查方法。常用的方法有实地盘点和技术推算两种。所谓实地盘点，就是对各种存货逐一清点或通过计量仪器来确定其实存数量。技术推算就是对那些大量的成堆的存货，采用量方、计尺等技术方法，通过测算来确定其实存数量。

存货的清查是一项细致的工作，一般由企业组织的清查小组进行。在存货清查盘点前，必须将各种存货明细账登记齐全、核对清楚，切实做到记录准确，以便据以同实物相核对。清查盘点时，应根据各种存货的特点，分别采用点数、过磅、丈量等计量方法，确定各种存货的实存数量和质量，发现存货实存数与账存数不相符时，应查明其原因。一般是在编制年度决算报告前，对存货进行全面的清查；对大堆的材料，至少应每月清查一次；对其他材料要进行经常的轮流盘点或重点盘点；各种材料仓库则应按制度进行年度、季度、月度的盘点，甚至每旬、每日都要进行盘点。清查盘点后，将各种存货实存数量与存货明细账的结存数量相核对，确定盘盈、盘亏和毁损的存货数量，编制存货清查盘点报告表，上报有关部门审批后，据以调整存货明细账的结存数，使账存数与实存数一致。存货清查盘点报告表的一般格式见表4-20。

表4-20 **存货清查盘点报告表**

仓库：　　　　　　　　　　　　年　　月　　日

编号	材料名称、规格	计量单位	单价	数量		盘盈		盘亏		盘亏原因	备注
				实存	账存	数量	金额	数量	金额		

清查小组负责人：　　　　　仓库负责人：　　　　　保管员：

2）存货清查的账务处理

为了核算和监督企业财产清查过程中查明的各种财产盘盈、盘亏和毁损的价值，企业应设置“待处理财产损溢”账户。该账户借方登记企业财产清查过程中查明的各种财产物资的盘亏、毁损的金额，以及按规定权限经批准转销的财产物资的盘盈金额；贷方登记各种财产物资的盘盈金额，以及按规定权限经批准转销的各种财产物资盘亏、毁损的金额；企业财产物资的盘盈、盘亏和毁损应当查明原因，在期末结账前处理完毕，期末处理后，“待处理财产损溢”账户应无余额。“待处理财产损溢”账户按盘盈、盘亏和毁损的资产种类和项目进行明细核算。

（1）存货盘盈

清查中盘盈的各种存货，批准前，借记“原材料”、“周转材料”等账户，贷记“待处理财产损溢”账户；待查明原因，按管理权限经批准后，借记“待处理财产损溢 ”账户，贷记有关账户，对于无法查明原因的，一般应冲减管理费用。

【例 4-24】 企业在存货清查中，盘盈甲材料 200 千克，同类材料的市场价格为 6 元/千克，经查明系收发计量不准造成的。

①盘盈时，做如下分录：

借：原材料——甲材料　　1 200

　贷：待处理财产损溢——待处理流动资产损溢　　1 200

②待批准后，做如下分录：

借：待处理财产损溢——待处理流动资产损溢　　1 200

　贷：管理费用　　1 200

（2）存货盘亏、毁损

企业存货清查中发现盘亏、毁损的存货，未经批准前，应将盘亏存货的实际成本转入“待处理财产损溢”账户，贷记“原材料”、“周转材料”等账户；待查明原因，按管理权限经批准后，分别下列情况处理：

①属于自然损耗产生的定额内损耗，经批准后转作管理费用。

②由于管理不善等原因造成的短缺、毁损，扣除过失人赔偿后，净损失计入管理费用。

③由于自然灾害或意外事故造成的存货毁损，扣除残料价值和保险赔偿后，净损失计入营业外支出。

【例 4-25】 因大雨毁损材料一宗，其成本为 5 000 元，保险公司已同意赔偿3 000 元。

①损失发生时，做如下分录：

借：待处理财产损溢——待处理流动资产损溢　　5 000

　贷：原材料　　5 000

②批准转销时，做如下分录：

借：其他应收款——保险公司　　3 000

　　营业外支出——非常损失　　2 000

　贷：待处理财产损溢——待处理流动资产损溢　　5 000

4.6.2　存货减值

1）存货跌价准备的提取方法

资产负债表日，企业应当重新确定存货的可变现净值。当存货成本高于其可变现净值时，即存货发生了减值，企业应按照存货成本高于可变现净值的差额计提存货跌价准备。为生产而持有的材料等，用其生产的产成品的可变现净值高于成本的，该材料仍然应当按照成本计量；材料价格的下降表明产成品的可变现净值低于成本的，该材料应当按照可变现净值计量。

企业存货发生下列情形之一时，企业应当考虑计提存货跌价准备：

①市价持续下跌，且在可预见的未来无回升的希望。

②企业使用该项原料生产的产品的成本大于产品销售价格。

③企业因产品更新换代，原有材料已不适应新产品的需要，该原材料的市场价格又低于其账面成本。

④因企业所提供的商品或劳务过时或消费者偏好改变而使市场的需求发生变化，导致

市场价格逐渐下跌。

⑤其他足以证明该项存货已经发生减值的情形。

根据《企业会计准则第1号——存货》规定，存货跌价准备应当按照单个存货项目计提，即在一般情况下，企业应当将每个存货项目的成本与可变现净值逐一进行比较，取其较低者计量存货，并将成本高于可变现净值的差额作为计提的存货跌价准备。对于数量繁多、单价较低的存货，也可以按照存货类别计提存货跌价准备。

2）计提存货跌价准备的账务处理

为了核算提取的存货跌价准备，企业应设置“存货跌价准备”账户。该账户贷方登记企业按规定计提的存货跌价准备；借方登记发出存货时结转的存货跌价准备，以及计提跌价准备的存货价值以后又得以恢复时，恢复增加的金额；期末余额在贷方，反映企业已计提但尚未转销的存货跌价准备。“存货跌价准备”账户应按照存货项目或类别进行明细核算。

【例4-26】 企业按照单个存货项目计提存货跌价准备，甲存货年末确定的可变现净值为430 000元，该存货账面实际成本为460 000元，账面没有计提存货跌价准备。有关存货跌价准备的计算和会计分录如下：

年末应计提存货跌价准备金额=460 000-430 000=30 000（元）

借：资产减值损失——存货跌价损失　　30 000

　贷：存货跌价准备——甲存货　　30 000

【例4-27】 企业乙存货年末确定的可变现净值为400 000元，该项存货账面实际成本为440 000元，账面原已计提存货跌价准备18 000元，有关存货跌价准备的计算和会计分录如下：

年末应补提存货跌价准备金额 =（440 000-400 000）-18 000=22 000（元）

借：资产减值损失——存货跌价损失　　22 000

　贷：存货跌价准备——乙存货　　22 000

3）存货跌价准备转回的账务处理

如果企业以前减记存货价值的影响因素已经消失，则减记的金额应当予以恢复，并在已计提的存货跌价准备金额内转回，转回的金额计入当期损益。

【例4-28】 假设【例4-26】中，甲存货第二年6月30日确定的可变现净值为456 000元，该项存货账面实际成本为460 000元，账面已计提存货跌价准备30 000元。有关存货跌价准备转回的计算和会计分录如下：

期末应计提存货跌价准备金额=460 000-456 000=4 000（元）

期末转回的存货跌价准备金额=30 000-4 000=26 000（元）

借：存货跌价准备——甲存货　　26 000

　贷：资产减值损失——存货跌价损失　　26 000

【例4-29】 假设【例4-27】中，乙存货第二年6月30日确定的可变现净值为450 000元，账面实际成本为440 000元，账面已提存货跌价准备40 000元。乙存货可变现净值高于账面实际成本，只能在原已提的存货跌价准备金额40 000元内转回。做如下分录：

借：存货跌价准备——乙存货　　40 000

　贷：资产减值损失——存货跌价损失　　40 000

本章小结

存货是企业在日常活动中持有以备出售的产成品或商品、处在生产过程中的在产品、在生产过程中或提供劳务过程中耗用的材料和物资等，包括原材料、周转材料、委托加工的存货等。存货取得应按实际成本入账，存货实际成本根据存货的不同来源渠道加以确定；按计划成本进行存货核算的企业，存货计划成本与实际成本的差额应单独组织核算。企业发出存货，按实际成本进行存货日常收发核算的，应当采用先进先出法、加权平均法、移动平均法、个别计价法等确定发出存货的实际成本；按计划成本进行日常核算的，应按期结转发出材料应负担的材料成本差异，将发出存货计划成本调整为实际成本。周转材料是施工企业具有特殊用途的存货，在施工过程中起到劳动资料的作用，其价值损耗采用摊销的方法计入有关成本费用。企业需要定期对存货进行清查，至少每年清查一次，确保存货账实相符。清查中发现账实不符的，应查明原因，并根据企业管理权限，经批准后作出账务处理。资产负债表日，存货应当按照成本与可变现净值孰低计量，存货成本高于可变现净值的，应当计提存货跌价准备，并计入当期损益。

关键概念

存货　原材料　周转材料　委托加工物资　先进先出法　加权平均法　移动平均法　可变现净值

第 5 章　固定资产

◆ 学习目标

知识目标：了解固定资产的性质、特征与分类，明确固定资产核算主要经济业务内容，掌握固定资产业务应设置的账户及账务处理。

技能目标：掌握固定资产取得的核算方法，固定资产折旧的计算及账务处理，固定资产后续支出的内容及账务处理，固定资产处置、清查以及期末计价的处理方法。

5.1　固定资产概述

5.1.1　固定资产的确认

1）固定资产的定义

固定资产是指企业为生产商品、提供劳务、出租或经营管理而持有的，使用寿命超过一个会计年度的有形资产。

实际工作中，企业某些符合固定资产定义的资产，如工具、管理用具、玻璃器皿、劳动保护用品等，为简化核算没有作为固定资产管理，而作为周转材料列入流动资产管理和核算。

2）固定资产的特征

（1）固定资产是为生产商品、提供劳务、出租或经营管理而持有的

其中，出租的固定资产指用以出租的机器设备类固定资产，不包括以经营方式出租的建筑物，以经营方式出租的建筑物属于投资性房地产。可见，企业持有的固定资产是企业的劳动工具或手段，而不是用于直接出售的产品，这是固定资产区别于存货的标志。

（2）固定资产的使用寿命超过一个会计年度

固定资产的使用寿命是指企业使用固定资产的预计期间，或者固定资产所能生产产品或提供劳务的数量。固定资产使用寿命超过一个会计年度，意味着固定资产属于长期资产，随着使用和磨损，通过计提折旧的方式逐渐减少其账面价值。

（3）固定资产为有形资产

固定资产能够多次参加生产经营过程，并且不改变其实物形态，固定资产具有实物特征是其区别于无形资产的标志。有些无形资产可能同时符合固定资产的其他特征，如为生产商品、提供劳务而持有，使用寿命超过一个会计年度，但因为其没有实物形态，所以不属于固定资产。

3）固定资产的确认

固定资产在符合定义的前提下，应同时满足以下两个条件，企业才能加以确认。

（1）与该固定资产有关的经济利益很可能流入企业

固定资产包含的经济利益很可能流入企业，主要依据与该固定资产所有权相关的风险和报酬是否转移到了企业。有时某项固定资产的所有权虽然不属于企业，但企业能够控制该项固定资产所包含的经济利益流入企业，可以认为与所有权相关的风险和报酬实质上已转移到了企业，根据实质重于形式原则应作为企业固定资产加以确认，如融资租入固定资产。

（2）该固定资产的成本能够可靠地计量

固定资产的成本能够可靠地计量，是固定资产确认的一项基本条件。为取得该固定资产而发生的支出如不能可靠地计量，企业则不应确认。企业在确定固定资产成本时，有时需要根据所获得的最新资料，对固定资产成本进行合理的估计，如企业对于已达到预定使用状态的固定资产，在尚未办理竣工决算前，需要根据工程预算、工程造价或工程实际发生的成本等资料按暂估价确认，待办理竣工决算后再进行调整。

企业对固定资产进行确认时，应当按照固定资产的定义和确认条件，考虑企业的具体情形加以判断。对于企业所持有的工具、管理用具等低值易耗品，施工中使用的模板、挡板、架料等周转材料，尽管该类资产具有固定资产的某些特征，如使用寿命超过一个会计年度，也能给企业带来经济利益，但由于其数量多、单价低，按照固定资产管理会加大管理成本，不符合成本效益原则，在实务中，通常确认为存货，列入流动资产管理。

为了明确固定资产的范围，企业应当根据固定资产的定义和确认条件，结合本企业实际情况，制定适合本企业的固定资产目录及分类方法，每类或每项固定资产的使用寿命、预计净残值、折旧方法等制度性文件，作为企业固定资产核算的依据。

5.1.2　固定资产的分类

企业固定资产多种多样、规格不一，为了加强管理、便于组织核算，须对其进行科学、合理的分类。固定资产可以按不同的标准进行分类。

1）按经济用途分类

企业的固定资产按经济用途划分，可以分为生产经营用固定资产和非生产经营用固定资产两大类。生产经营用固定资产是指直接用于或服务于生产经营过程的各种固定资产，如施工生产用的施工机械、运输设备、房屋及建筑物等。非生产用固定资产是指不直接服务于生产经营过程的各种固定资产，如职工宿舍、食堂、浴室等。

这种分类有利于考核和分析固定资产的构成和使用情况，促使企业合理配置和利用固定资产，充分发挥其效用。

2）按使用情况分类

固定资产按使用情况划分，可分为在用固定资产、未使用固定资产和不需用固定资产三类。在用固定资产是指正在使用中的生产经营用和非经营用固定资产。未使用固定资产是指已经完工或已购建但尚未使用的新增固定资产，以及因进行改建、扩建等原因暂时停止使用的固定资产。不需用固定资产是指本企业多余或不使用而需要另行处置的各种固定资产。

这种分类有利于反映企业固定资产的使用情况，便于分析固定资产的利用率。

3）按所有权归属分类

企业固定资产按所有权归属划分，可以分为自有固定资产和租入固定资产。自有固定资产是指企业拥有产权的固定资产，包括由国家或其他单位投资、赠送或企业自行购建的固定资产。租入固定资产是指按照租赁合同租入并按规定期限支付租金而形成的固定资产，租入固定资产在租赁期内企业只享有使用权，不拥有所有权，租入固定资产有经营租入和融资租入两种租赁形式。

这种分类便于分析、考核企业固定资产的实有数额及企业自有固定资产满足生产经营需要的程度。

5.1.3 固定资产的初始计量

固定资产应当按照成本进行初始计量。固定资产成本，也叫固定资产原始价值（简称原价），是企业固定资产达到预定可使用状态前实际发生的全部合理、必要的支出。固定资产原价可以反映企业固定资产的总体规模和生产能力，也是计提固定资产折旧的依据。由于固定资产来源不同，其成本构成的内容也有所差异。

1）外购固定资产的成本

企业外购固定资产的成本，包括购买价款、相关税费、使固定资产达到预定可使用状态前所发生的可归入该项资产的运输费、装卸费、安装费和专业人员服务费等。企业收到税务机关退还的所购买固定资产相关的增值税款，应当冲减固定资产的成本。

如果企业以一笔款项购入多项没有单独标价的资产，这些资产均符合固定资产的定义，并单独确认为固定资产，应当按照各项固定资产公允价值的比例对总成本进行分配，分别确认各项固定资产的成本。

外购固定资产是否达到预定可使用状态，需要根据具体情况分析判断。如果购入不需要安装固定资产，购入后即可发挥作用，达到预定可使用状态；如果购入需要安装的固定资产，只有安装调试后达到设计要求或合同规定的标准，该项固定资产才可发挥作用，达到预定可使用状态。

企业购入固定资产通常应在正常信用条件期限内付款，如果超过正常信用条件（通常在3年以上）支付价款，如采用分期付款方式购买固定资产，合同中规定的付款期限较长，超过正常的信用条件，则该项合同实质上具有融资性质，购入固定资产成本不能以各期付款额之和确定，而应以各期付款额现值之和确定。固定资产各期实际支付的价款之和与购买价款的现值之间的差额，按照有关规定应予资本化的部分计入固定资产成本，其余部分应当在信用期内确认为财务费用，计入当期损益。

2）自行建造固定资产的成本

企业自行建造固定资产包括自营建造和出包建造两种方式，无论采用何种方式都应按照实际发生的支出确定其工程成本。

企业自行建造固定资产的成本，由建造该项资产达到预定可使用状态前所发生的必要支出构成。包括工程物资成本、人工成本、缴纳的相关税费、应予资本化的借款利息及应分摊的间接费用等。

企业自营方式建造的固定资产，其成本包括直接材料、直接人工、直接机械施工费、应摊销的间接费等。企业以出包方式建造的固定资产，其成本包括建筑工程支出、安装工程支出、需分摊计入固定资产价值的待摊支出等。

3）投资者投入固定资产的成本

投资者投入的固定资产的成本，应当按照投资合同或协议约定的价值加上应支付的相关税费来确定，但合同或协议约定价值不公允的除外，投资合同或协议约定价值不公允的，应当按照该项资产的公允价值确定固定资产的成本。

4）其他方式取得的固定资产的成本

以非货币性交易换入固定资产的成本，一般应当按照公允价值和支付的相关税费来确定；如果以换出资产的账面价值，加上支付的相关税费，作为换入资产成本的，应当按照有关规定将支付（或收到）的补价计入（或减少）换入固定资产的成本。

采用融资租赁方式租入的固定资产，按照租赁开始日租赁资产的公允价值与最低租赁付款额的现值两者中较低者，作为租赁固定资产的成本。

接受捐赠的固定资产，捐赠方提供了有关凭证的，按凭证上标明的金额，加上支付的相关税费，作为固定资产的成本；捐赠方没有提供有关凭证的，以公允价值作为固定资产的成本。

企业合并中取得的固定资产、盘盈的固定资产，应当以公允价值作为固定资产的成本。

5.2 固定资产取得的核算

5.2.1 账户设置

为了核算固定资产的增加、减少、磨损以及减值等情况，施工企业应设置下列有关账户。

1）“固定资产”账户

该账户核算固定资产原价的增减变动及结存情况。借方登记增加固定资产的原价；贷方登记减少固定资产的原价；期末余额在借方，反映现有固定资产的原价。该账户应按单个固定资产设置固定资产卡片并按类别设置明细账进行核算。

2）“累计折旧”账户

该账户核算企业固定资产的累计折旧。贷方登记提取的累计折旧、增加固定资产转入的累计折旧；借方登记减少固定资产转出的累计折旧；期末余额在贷方，反映期末固定资产的累计折旧。

该账户只进行总分类核算，不进行明细核算。若需查明某项固定资产的已提折旧，可以根据固定资产卡片所记载的该项固定资产的原价、折旧率和使用年数等资料进行计算。

3）“在建工程”账户

该账户核算企业进行各项固定资产购建工程，包括自行建造固定资产、固定资产修理、购入需安装设备的安装工程以及建造临时设施等各种购建工程所发生的实际支出。借方登记各项购建工程的实际发生的支出；贷方登记结转已完工在建工程的实际成本，期末余额在借方，表示企业尚未完工交付使用的固定资产购建工程的实际成本。该账户应按工程项目进行明细核算。

4）**“工程物资”账户**

该账户核算施工企业为在建工程准备的各种物资的实际成本，包括为工程准备的材料、尚未交付安装设备的实际成本，以及建设期间根据项目计算购入的、为生产准备的工具及器具等的实际成本。借方登记企业购入的为在建工程准备的物资的实际成本和专用发票注明的增值税额；贷方登记工程领用的工程物资，工程完工后将为生产准备的工具及器具交付生产使用时结转的实际成本；期末余额在借方，反映为工程购入但尚未领用的专项材料的实际成本、购入需要安装设备的实际成本以及为生产准备但尚未交付使用的工具及器具的实际成本。

5.2.2　固定资产取得的账务处理

1）**购入不需安装的固定资产**

企业购入不需要安装的固定资产，由固定资产管理部门和使用部门验收后直接投入使用，企业应按照实际支付的买价、税费、运输装卸费用等作为固定资产的入账价值，借记“固定资产”账户，贷记“银行存款”等账户。如果一笔款项购入多项没有单独标价的固定资产时，应按各项固定资产的公允价值的比例对总价值进行分配，以确定各项固定资产的入账价值。

【例 5-1】某施工企业购入不需安装的施工机械一台，买价 65 000 元，支付运输及相关税费 8 000 元，款项 73 000 元以银行存款支付。根据有关凭证，做如下分录：

	借方	贷方
借：固定资产	73 000	
贷：银行存款		73 000

2）**购入需安装的固定资产**

企业购入需安装的固定资产的价款及安装过程中发生的安装费用，先通过“在建工程”账户核算，安装工程完工后，根据其全部成本，结转至“固定资产”账户。

【例 5-2】某施工企业购入动力传导设备一台，以银行存款支付买价和运杂费 625 000 元，以自营方式交付安装，安装中领用材料实际成本 35 000 元，发生人工费用 5 000 元，设备安装完毕交付生产部门使用。

①支付购入设备价款时，做如下分录：

	借方	贷方
借：在建工程——动力传导设备	625 000	
贷：银行存款		625 000

②安装中领用材料和发生人工费，做如下分录：

	借方	贷方
借：在建工程——动力传导设备	40 000	
贷：原材料		35 000
应付职工薪酬		5 000

③设备安装完毕，交付使用时，做如下分录：

	借方	贷方
借：固定资产	665 000	
贷：在建工程——动力传导设备		665 000

3）自营方式建造的固定资产

企业自营建造固定资产，应该按照建造该项固定资产达到预定可使用状态前所发生的必要支出，包括工程领用物资成本、人工成本、应予资本化的借款费用、应缴纳的相关税费及应分摊的其他间接费用等确定其工程成本，工程达到预定可使用状态后，按其发生的实际成本结转固定资产成本。

【例 5-3】 某施工企业自建办公楼一幢，建造中领用专项工程物资 560 000 元，以银行存款支付施工机械租赁费 14 000 元，应付施工人员工资 40 000 元，为工程借款而发生的利息 30 000 元。一年后，自建办公楼完工交付使用。

①施工中领用工程物资，做如下分录：

借：在建工程——自建办公楼 560 000

贷：工程物资 560 000

②支付机械租赁费，做如下分录：

借：在建工程——自建办公楼 14 000

贷：银行存款 14 000

③结转应付施工人员工资，做如下分录：

借：在建工程——自建办公楼 40 000

贷：应付职工薪酬 40 000

④发生借款利息时，做如下分录：

借：在建工程——自建办公楼 30 000

贷：应付利息 30 000

⑤办公楼完工交付使用，结转实际建造成本，做如下分录：

借：固定资产 644 000

贷：在建工程——自建办公楼 644 000

4）出包方式建造的固定资产

出包建造固定资产是指固定资产的建造、安装工程由外单位承包施工。采用出包方式建造固定资产时，需与承包单位签订承包合同，并按合同规定预付备料款和部分工程款，由承包单位组织施工。工程完工交付时，按支付给承包单位的工程价款作为该项固定资产的成本。

【例 5-4】 某施工企业建造办公楼一幢，工程出包给其他施工单位施工，合同造价 1 600 000元，按规定由本企业预付 40% 的工程款，其余款项待工程完工交付时结清。

①预付承建单位工程款时，做如下分录：

借：预付账款——预付工程款 640 000

贷：银行存款 640 000

②7 月 30 日根据完工进度结算已完工程进度款 800 000 元，扣除预付工程款160 000 元，余款以银行存款支付，做如下分录：

借：在建工程——办公楼 800 000

贷：预付账款——预付工程款 160 000

银行存款 640 000

③10 月 30 日结算已完工程进度款 800 000 元，扣除预付工程款 480 000 元，扣除

60 000元的工程保修费，余款用银行存款支付，做如下分录：

借：在建工程——办公楼　　800 000

　贷：预付账款——预付工程款　　480 000

　　　其他应付款　　60 000

　　　银行存款　　260 000

④该工程完工结转其实际成本 1 600 000 元，做如下分录：

借：固定资产——房屋　　1 600 000

　贷：在建工程——办公楼　　1 600 000

5）接受投资的固定资产

对于接受固定资产投资的企业，在办理了固定资产转移手续后，应按投资合同或协议约定的价值加上支付的相关税费作为固定资产的入账价值。

【例 5–5】 A 建筑公司接受 B 公司投入施工机械一台，该机械在 B 公司的账面原值为 90 000 元，已提折旧 10 000 元，经双方确认价值为 80 000 元，根据有关凭证做如下分录：

借：固定资产　　80 000

　贷：实收资本　　80 000

6）接受捐赠的固定资产

企业接受其他单位或个人捐赠的固定资产，捐赠方提供了有关凭据的，按凭据上标明的金额加上支付的相关税费作为固定资产的入账价值；捐赠方没有提供有关凭据的，以公允价值作为固定资产的入账价值。收到固定资产时，借记“固定资产”账户，贷记“营业外收入”账户。

【例 5–6】 企业接受捐赠设备一台，根据捐赠方提供的凭据，设备价款 35 000 元，设备运至企业以银行存款支付运输费用 1 000 元，该设备到达验收时，做如下分录：

借：固定资产　　36 000

　贷：营业外收入　　35 000

　　　银行存款　　1 000

5.2.3　固定资产的明细分类核算

为了反映和监督各类不同用途、不同性能的固定资产的增减变化情况，企业应当设置“固定资产卡片”和“固定资产登记簿”，进行固定资产明细分类核算。

1）固定资产卡片

固定资产卡片按照每一个独立的固定资产项目分别设置，每一个固定资产项目设置一张卡片。

按照固定资产项目设置的固定资产卡片，既是管理固定资产的档案，又是固定资产核算的基础账簿。凡是增加的固定资产，都应当根据有关交接凭证，开立固定资产卡片。固定资产的内部转移、大修理、技术改造以及其他处置情况，都应根据有关凭证在卡片内进行登记。

固定资产卡片应当详细登记固定资产类别、编号、名称、规格型号、主要技术特征、使用或保管单位、开始使用日期、原价、预计使用寿命、预计残值、预计处置费用、折旧率、修理、处置等资料。固定资产卡片的一般格式见表 5–1 和表 5–2。

表 5-1　　固定资产卡片（正面）

固定资产卡片编号：

<table>
<tr><td colspan="3">固定资产名称：</td><td colspan="3">原价：</td><td colspan="3">预计处置费用：</td></tr>
<tr><td colspan="3">固定资产类别：</td><td colspan="3">预计使用寿命：</td><td colspan="3">预计残值：</td></tr>
<tr><td colspan="3">建造单位：</td><td colspan="3">年折旧额：</td><td colspan="3">年折旧率：</td></tr>
<tr><td colspan="3">建造年月：</td><td colspan="3">技术特征规格：</td><td colspan="3">收入时已使用年限：</td></tr>
<tr><td colspan="3">交接凭证号：</td><td colspan="3">验收日期：</td><td colspan="3">开始使用日期：</td></tr>
<tr><td colspan="3">大修理记录</td><td colspan="3">内部转移记录</td><td colspan="3">停用记录</td></tr>
<tr><td>日期</td><td>凭证</td><td>摘要</td><td>日期</td><td>凭证</td><td>使用单位</td><td>存放地点</td><td>停用日期</td><td>启用日期</td></tr>
<tr><td></td><td></td><td></td><td></td><td></td><td></td><td></td><td></td><td></td></tr>
<tr><td></td><td></td><td></td><td></td><td></td><td></td><td></td><td></td><td></td></tr>
</table>

表 5-2　　固定资产卡片（背面）

固定资产卡片编号：

<table>
<tr><td colspan="5">原价变动记录</td><td colspan="4">附属设备</td></tr>
<tr><td>日期</td><td>凭证</td><td>增加</td><td>减少</td><td>变动后记录</td><td>名称</td><td>规格</td><td>数量</td><td>金额</td></tr>
<tr><td></td><td></td><td></td><td></td><td></td><td></td><td></td><td></td><td></td></tr>
</table>

<table>
<tr><td>出售记录</td><td>报废记录</td><td>备　注</td></tr>
<tr><td>出售日期：</td><td>报废清理日期：</td><td rowspan="5"></td></tr>
<tr><td>凭证字号：</td><td>凭证字号：</td></tr>
<tr><td>出售方式：</td><td>报废清理原因：</td></tr>
<tr><td>购买单位：</td><td>原价：</td></tr>
<tr><td>原价：</td><td>累计已提折旧：</td></tr>
<tr><td>累计已提折旧：</td><td>已计提减值准备：</td><td>设卡日期：</td></tr>
<tr><td>已计提减值准备：</td><td>变价收入：</td><td>注销日期：</td></tr>
<tr><td>出售价格：</td><td>清理费用：</td><td>卡片登记人：</td></tr>
</table>

2）固定资产登记簿

固定资产登记簿是按照固定资产类别设置的明细账，通常采用多栏式账页，按照固定资产保管、使用单位设置专栏，用金额综合反映各类固定资产增加、减少、结存情况。固定资产登记簿应根据有关固定资产确认、计量和处置的会计凭证，序时、逐笔进行登记。固定资产登记簿一般格式见表 5-3。

表 5-3　　固定资产登记簿

固定资产类别：房屋建筑物

年		凭证号	摘　要	第一施工队			第二施工队			管理部门			合　计		
月	日			增加	减少	余额	增加	减少	余额	增加	减少	余额	增加	减少	余额

为了保证会计记录的正确性，做到账账相符，账卡相符，企业会计部门应当定期核对固定资产登记簿和固定资产总分类账户的记录，并与固定资产管理部门和使用部门定期核对固定资产卡片，保证会计记录的正确性和完整性。

5.3　固定资产折旧的核算

5.3.1　固定资产折旧的含义

固定资产多次参加生产经营过程而保持原有实物形态，在长期生产经营过程中它们必然会发生损耗，其价值将随损耗而逐渐地、部分地转移到产品成本或费用开支中，并通过产品完工结算取得的收入而得到补偿，这部分随着固定资产的损耗而逐渐转移的价值称为固定资产折旧。固定资产损耗分为有形损耗和无形损耗。有形损耗也称物质损耗，是指固定资产在使用过程中由于使用和自然力影响引起的在使用价值和价值上的损失；无形损耗也称精神损耗，是指由于科学技术进步、劳动生产率的提高等因素使得固定资产提前更新而产生的价值损失。

折旧是一种在计提期间没有实际支付的费用，但这种费用是前期已发生且其收益在资产投入使用后的有效期内实现。正确计提折旧，不仅实现固定资产的自身价值补偿和实物更新，同时把固定资产的成本分配于各个受益期，实现期间收入与费用的正确配比。

5.3.2　影响固定资产折旧的因素

施工企业的固定资产，由于使用和自然的侵蚀等因素，其价值会因逐渐发生损耗而减少。这部分损耗的价值，应算作固定资产使用期间的费用，将它计入有关工程和产品的成本。由于固定资产损耗而转移到工程和产品中去的价值，叫“折旧”。企业在固定资产使用寿命内，应按照规定的方法对应计提的折旧额进行系统的分摊。应计提的折旧额是企业应当计提折旧的固定资产原价扣除预计净残值后的金额。

影响固定资产折旧的因素有：固定资产原价、固定资产预计净残值、固定资产使用寿命。

1）固定资产原价

固定资产原价，即取得固定资产时的原始成本。固定资产原价是按照固定资产确认条件和固定资产的初始计量原则确定的。

2）**固定资产预计净残值**

固定资产预计净残值是指固定资产报废时预计可以收回的残余价值扣除预计清理费用后的净额。

固定资产预计净残值=固定资产预计处置收入-固定资产预计处置费用

$$预计净残值率=\frac{固定资产预计净残值}{固定资产原价}\times 100\%$$

在我国，预计净残值一般根据固定资产原价乘以预计净残值率计算。

预计净残值=固定资产原价×预计净残值率

3）**固定资产使用寿命**

固定资产使用寿命是指固定资产从投入使用开始到终止报废时止所经历的年限。固定资产使用寿命是计算固定资产年折旧额的主要因素，也称为固定资产折旧年限。

确定固定资产使用寿命时，主要考虑有形损耗和无形损耗两个因素。

有形损耗是指固定资产由于使用和自然力的影响而引起的使用价值和价值的损失，如机器设备在使用中产生的磨损、房屋建筑物受到的自然侵蚀等。这类损耗决定了固定资产的最大使用寿命，即物理寿命。

无形损耗是指由于科学技术进步、劳动生产率提高等原因引起固定资产价值的贬值，它决定了固定资产的实际使用寿命。

5.3.3　固定资产的折旧范围

除下列情况外，企业应对所有固定资产计提折旧。

①已提足折旧仍在继续使用的固定资产。

②按规定单独计价作为固定资产入账的土地。

在确定计提折旧的范围时，还应注意以下几点：

①固定资产应当按月计提折旧，但为了简化核算，当月增加的固定资产，当月不计提折旧，从下月起计提折旧；当月减少的固定资产，当月仍计提折旧，从下月起不计提折旧。

②固定资产提足折旧后，不论是否继续使用，均不再计提折旧，提前报废的固定资产也不再补提折旧。

③已达到预定可使用状态，但尚未办理竣工决算的固定资产，应当按照估计价值确定其成本，并计提折旧；待办理竣工决算后再按实际成本调整原来的暂估价值，但不需要调整原已计提的折旧额。

④融资租入的固定资产采用与自有固定资产一致的折旧政策。能够合理确定租赁期届满时将会取得租赁资产所有权的，应当在租赁资产尚可使用年限内计提折旧；无法合理确定租赁期届满时能否取得租赁资产所有权的，应当在租赁期与租赁资产尚可使用年限两者中选择较短者计提折旧。

⑤因更新改造而停止使用的固定资产，符合固定资产确认条件的，应转入在建工程，停止计提折旧，待更新改造完工后重新确定折旧方法和折旧年限。不符合固定资产确认条件的，不转入在建工程，照提折旧。

5.3.4　固定资产折旧的方法

为了将固定资产成本合理分配于各个受益期，实现收入与费用的正确配比，保证企业将来有能力重置固定资产，必须正确计算每期折旧额。

企业应当根据与固定资产有关的经济利益的预期实现方式，合理选择固定资产的折旧方法，同时按照有关法律、行政法规的规定报送有关各方备案。固定资产折旧方法一经确定，不应随意变更。固定资产折旧方法的改变，应当作为会计估计变更，报送有关各方备案，并在财务报表附注中予以披露。

固定资产折旧的方法有平均年限法、工作量法、双倍余额递减法、年数总和法等。

1）平均年限法

平均年限法是指按固定资产使用年限平均计算折旧的一种方法。由于按照这种方法计算提取折旧额，在各个年份或月份都是相等的，折旧的累计数呈直线上升的趋势，因此这种方法又称直线法。采用这种方法，固定资产在一定时期内计提折旧额的大小，主要取决于两个基本因素，即固定资产的原值和预计使用年限。此外，固定资产报废清理时所取得的残值收入和支付的各项清理费用的多少对固定资产在一定时期内计提折旧额的大小也有一定影响，因此采用这种方法计提折旧时，还应考虑固定资产的残值收入和清理费用这两个因素。固定资产的残值收入是固定资产清理时的残料变价收入，这部分残值，应在计算折旧时预先估计，从固定资产原价中减去；固定资产清理费用是指固定资产清理时发生的拆卸、搬运等费用，这些费用是使用固定资产必要的追加耗费，应预先估计并连同原价一起由使用期间的工程或产品成本平均负担。固定资产预计残值收入扣除固定资产预计清理费用后的净额为固定资产的预计净残值。

综上所述，平均年限法的折旧额可用下列公式计算：

$$固定资产年折旧额=\frac{固定资产原值-（预计残值收入-预计清理费用）}{固定资产预计使用年限}$$

$$=\frac{固定资产原值-预计净残值}{固定资产预计使用年限}$$

$$固定资产月折旧额=固定资产年折旧额\div 12$$

在实际工程中，为了反映固定资产在一定期间损耗程度和便于计算折旧，每月应计提折旧额一般是根据固定资产的原值乘以月折旧率计算确定的。固定资产折旧率是指一定时间内固定资产折旧额与固定资产原值之比，其计算公式为：

$$固定资产年折旧率=\frac{固定资产原值-预计净残值}{固定资产预计使用年限\times 固定资产原值}\times 100\%$$

$$=\frac{1-预计净残值率}{固定资产预计使用年限}$$

$$固定资产月折旧率=固定资产年折旧率\div 12$$

$$固定资产月折旧额=固定资产原值\times 固定资产月折旧率$$

【例5-7】 施工企业某项固定资产原值为100 000元，预计使用年限为10年，预计残值收入为2 000元，预计清理费用为1 000元，则该项固定资产的折旧率和折旧额的计算如下：

$$固定资产年折旧率=\frac{100\ 000-（2\ 000-1\ 000）}{100\ 000\times 10}\times 100\%=9.9\%$$

$$固定资产月折旧率=9.9\%\div 12=0.825\%$$

$$固定资产月折旧额=100\ 000\times 0.825\%=825（元）$$

2）工作量法

工作量法是按照固定资产的实际工作量计算折旧的一种方法。工作量法下固定资产折旧额计算公式如下：

$$单位工作量折旧额=\frac{固定资产原值-预计净残值}{预计工作总量}$$

（1）按照行驶里程计算折旧的公式

$$单位里程折旧额=\frac{固定资产原值-预计净残值}{规定的总行驶里程数}$$

某运输设备当月折旧额 =该运输设备当月实际行驶里程数×单位里程折旧额

（2）按照工作小时计算折旧的公式

$$单位工作小时折旧额=\frac{固定资产原值-预计净残值}{规定的总工作小时数}$$

某固定资产当月折旧额=该项固定资产当月实际工作小时数×单位工作小时折旧额

（3）按台班计算折旧的公式

$$单位台班折旧额=\frac{固定资产原值-预计净残值}{预计折旧年限内的工作台班数}$$

某固定资产当月折旧额=该项固定资产当月实际工作台班数×单位台班折旧额

【例 5-8】 某施工企业挖掘机，原价870 000元，预计净残值率 4%，预计净残值 34 800元（870 000×4%），预计使用寿命内工作台班数为 4 000 个，9 月份实际工作 21 个台班。根据有关资料，该挖掘机 9 月份折旧额计算如下：

单位台班折旧额=（870 000-34 800）÷4 000=208. 8（元）

9 月应计提折旧额=208. 8×21=4 384. 8（元）

3）双倍余额递减法

双倍余额递减法是在不考虑固定资产残值的情况下，根据每期期初固定资产的账面净值和双倍的直线法折旧率计算固定资产折旧的一种方法。双倍余额递减法下固定资产年折旧率和折旧额的计算公式如下：

$$固定资产年折旧率=\frac{2}{固定资产预计使用年限}\times100\%$$

固定资产年折旧额=年初固定资产账面价值×固定资产年折旧率

固定资产月折旧额=固定资产年折旧额÷12

双倍余额递减法仅适用于单个固定资产计提折旧。因为这种方法不考虑固定资产的残值，因此，在应用这种方法时不能使固定资产的账面价值降低到它的预计净残值以下。采用双倍余额递减法计提折旧的固定资产，应当在固定资产折旧年限到期前两年内，将固定资产期初账面价值扣除预计净残值的差额平均摊销。

【例 5-9】 施工企业某项固定资产原值为 16 000 元，预计使用 5 年，预计净残值 400 元，采用双倍余额递减法计提折旧，各年折旧额见表 5-4。

表 5-4　**固定资产折旧计算表（双倍余额递减法）**　金额单位：元

年份	年初账面价值	年折旧率（%）	年折旧额	累计折旧额	年末账面价值
1	16 000	40	6 400	6 400	9 600
2	9 600	40	3 840	10 240	5 760
3	5 760	40	2 304	12 544	3 456
4	3 456		1 528	14 072	1 928
5	1 928		1 528	15 600	400

4）年数总和法

年数总和法也叫年限合计法，是将固定资产原值减去净残值后的净额乘以一个逐年递减的分数计算确定固定资产折旧额的一种方法。逐年递减分数的分子代表固定资产尚可使用的年数，分母代表使用年数的逐年数字之总和，假定使用年限为 n 年，分母即为 1+2+3+…+n =n（n+1）/2，其折旧的计算公式如下：

$$年折旧率=\frac{折旧年限-已使用年限}{折旧年限\times（折旧年限+1）}\div 2\times 100\%$$

月折旧率=年折旧率÷12

月折旧额=（固定资产原值-预计净残值）×月折旧率

【**例 5-10**】施工企业某项固定资产原值 16 000 元，预计使用 5 年，预计净残值 400 元，采用年数总和法计算各年折旧额，见表 5-5。

表 5-5　　**固定资产折旧计算表（年数总和法）**　　金额单位：元

年份	应计提折旧额	年折旧率	年折旧额	累计折旧额	年末账面价值
0					16 000
1	15 600	5/15	5 200	5 200	10 800
2	15 600	4/15	4 160	9 360	6 640
3	15 600	3/15	3 120	12 480	3 520
4	15 600	2/15	2 080	14 560	1 440
5	15 600	1/15	1 040	15 600	400

上述 4 种折旧方法中，平均年限法和工作量法都属于匀速折旧法，即折旧费的提取，相对于固定资产使用寿命或完成的工作量来说，是成正比例的。双倍余额递减法和年数总和法是加速折旧法，即在固定资产使用寿命内，前期计提较多的折旧费，后期则少计提折旧费。采用加速折旧可以使固定资产的原始成本在预计折旧年限内加快得到补偿。

5.3.5　固定资产折旧的账务处理

为了反映和监督企业固定资产折旧的增减变动以及累计折旧的情况，企业应设置“累计折旧”账户。每月计提的固定资产折旧，应按固定资产的使用部门借记“工程施工”、“机械作业”、“管理费用”等账户，贷记“累计折旧”账户。

在实际工作中，固定资产折旧的核算，是通过编制固定资产折旧计算表进行的。该表可以由会计部门编制，也可由各使用部门编制、由会计部门进行审核汇总后作为累计折旧总分类核算的依据。

【**例 5-11**】某施工企业当月固定资产折旧计算表见 5-6。

表 5-6　　**固定资产折旧计算表**

年　月　　金额单位：元

固定资产类别	月折旧额	按使用对象分配		
		工程施工——间接费用	机械作业	管理费用
房屋建筑物	1 200	350		850
施工机械	4 800		4 800	
运输设备	1 200		1 200	
其他固定资产	1 000	100		900
合　计	8 200	450	6 000	1 750

根据表 5-6 所列示的固定资产折旧额，做如下分录：

借：工程施工——间接费用　　450
　　机械作业　　6 000
　　管理费用　　1 750
　贷：累计折旧　　8 200

5.4　固定资产后续支出的核算

固定资产的后续支出是指固定资产使用过程中发生的更新改造支出、修理费用等。固定资产后续支出中，更新改造等后续支出，符合固定资产确认条件的，应予资本化，计入固定资产成本；不符合固定资产确认条件的固定资产修理费用等，应当在发生时计入当期损益；企业经营租赁方式租入固定资产发生改良支出，应予资本化，作为长期待摊费用，合理进行分摊。

5.4.1　固定资产费用化后续支出

固定资产投入使用后，在长期的使用过程中，由于各组成部分的耐用程度或使用条件不同，可能导致固定资产的局部损坏。为了维护固定资产的正常运转和正常使用，充分发挥其使用效能，必须对固定资产进行必要的维护和修理。

固定资产的日常维护和修理或大修理只是确保固定资产的正常工作状态，并不会引起固定资产性能的改变或固定资产未来经济利益的增加，因此，发生的修理费用支出，一般不符合固定资产确认条件，应一次性计入当期损益。

【例 5-12】 企业委托某机械厂对某施工机械进行维护和修理，维修完工按合同规定以银行存款支付修理费用 4 600 元。根据有关凭证，做如下分录：

借：管理费用　　4 600
　贷：银行存款　　4 600

【例 5-13】 企业本月自行对办公楼进行大修理，领用材料 16 000 元，应付修理人员薪酬 2 000 元，根据有关凭证，做如下分录：

借：管理费用　　18 000
　贷：原材料　　16 000
　　　应付职工薪酬　　2 000

5.4.2　固定资产资本化后续支出

企业通过对房屋进行改建、扩建而使其更加坚固耐用，延长了房屋的使用寿命；通过对设备的改建、扩建，提高了其单位时间内产品的产出数量，提高了机器设备等固定资产的生产能力。这些后续支出提高了固定资产原定的创利能力，这些支出符合固定资产确认条件的，应当资本化，称为资本化后续支出，应当计入固定资产成本。

在对固定资产发生的可资本化后续支出进行会计处理时，企业应将该固定资产的原价、已计提折旧和减值准备转销，将固定资产账面价值转入在建工程，并停止计提折旧。固定资产发生的可资本化的后续支出，通过“在建工程”科目转入“固定资产”科目，并按重新确定的固定资产原价、使用寿命、预计净残值和折旧方法计提折旧。

【例 5–14】 企业委托 B 公司对某大型机械进行更新改造。该机械原价 200 000 元，已提折旧 50 000 元。改造过程中以银行存款支付改造费用 85 000 元。该项支付符合固定资产确认条件，应予资本化，计入原固定资产成本。根据有关凭证，做如下分录：

①结转固定资产账面价值，做如下分录：

借：在建工程——施工机械　　150 000

　　累计折旧　　50 000

　贷：固定资产——施工机械　　200 000

②支付改造费用时，做如下分录：

借：在建工程——施工机械　　85 000

　贷：银行存款　　85 000

③改造完工计入固定资产成本，做如下分录：

借：固定资产——施工机械　　235 000

　贷：在建工程——施工机械　　235 000

企业发生的一些固定资产后续支出，可能涉及替换原有固定资产的某些组成部分，当发生的后续支出符合固定资产确认条件时，应将其计入固定资产成本，同时将被替换部分的账面价值扣除，以避免替换部分的成本和被替换部分的成本同时计入固定资产成本，导致固定资产成本的虚高。

5.4.3　经营租赁方式租入固定资产改良支出

以经营租赁方式租入固定资产，企业没有所有权，不列入企业自有固定资产管理，也不计提折旧。这类固定资产发生的改良支出应予资本化，作为长期待摊费用进行合理摊销。

【例 5–15】 企业委托甲公司对租入的一台机械设备进行改造，改造完工按合同以银行存款支付费用 54 000 元，按照固定资产的租赁期间和发生费用情况，计划分 16 个月摊销。

①支付的改造费用资本化，做如下分录：

借：长期待摊费用　　54 000

　贷：银行存款　　54 000

②每月摊销费用 3 375 元（54 000÷16）计入当期损益，做如下分录：

借：管理费用　　3 375

　贷：长期待摊费用　　3 375

5.5　固定资产处置的核算

固定资产处置，主要是指企业对不适用或不需用的固定资产对外出售，对因长期使用不断磨损不能继续使用的固定资产进行报废清理，对因无形损耗等原因提前报废清理，以及对因自然灾害或意外事故造成损毁的固定资产进行清理等。

5.5.1　固定资产处置的核算程序

企业处置固定资产，应设置“固定资产清理”账户。该账户借方登记企业因出售、转让、报废和毁损等原因转入处置的固定资产的账面价值以及在清理过程中发生的清理费用；贷方登记清理固定资产的变价收入以及应由保险公司或过失人承担的赔偿款项等。该账户余额在借方，反映尚未清理完毕的固定资产价值以及清理净损益。

企业出售、报废和毁损的固定资产，会计处理一般经过以下几个步骤：

（1）固定资产转入清理的处理

企业将因出售、转让、报废或毁损等处置的固定资产转入清理账户，即注销被清理的固定资产原价、累计已提折旧、累计已提减值准备时，将处置固定资产的账面价值转入“固定资产清理”账户的借方。

（2）发生的清理费用的处理

在固定资产清理的过程中，将固定资产处置过程中发生的清理费用以及应缴纳的相关税费记入“固定资产清理”账户的借方。

（3）出售收入和残料收入等的处理

固定资产出售收入、报废毁损固定资产的残料价值和变价收入等固定资产处置收入，记入“固定资产清理”账户的贷方。

（4）保险赔偿的处理

企业计算或收到应由保险公司或过失人赔偿的报废、毁损固定资产的款项时，应冲减清理支出，记入“固定资产清理”账户的贷方。

（5）清理净损益的处理

固定资产清理的净损失，转入“营业外支出”账户；清理的净收益转入“营业外收入”账户。

5.5.2　固定资产出售

企业将因技术进步等原因而不再适用的固定资产和由于调整经营方针而不需用固定资产对外出售时，固定资产的售价与其账面价值之间的差额为处置损益。

【例 5-16】企业出售机械设备一台，原价 65 000 元，已提折旧 24 000 元，已提固定资产减值准备 5 000 元，双方协商作价 26 000 元，款项已收到并存入银行。账务处理如下：

①固定资产转入清理，做如下分录：

借：固定资产清理	36 000	
累计折旧	24 000	
固定资产减值准备	5 000	
贷：固定资产		65 000

②收到出售价款，做如下分录：

借：银行存款	26 000	
贷：固定资产清理		26 000

③结转固定资产处置损益，做如下分录：

借：营业外支出——处置非流动资产损失　　10 000
　贷：固定资产清理　　10 000

5.5.3 固定资产报废

固定资产因磨损丧失生产能力不能继续使用，或继续使用经济上不合算时，应及时办理报废手续，转入清理。

【例5-17】 企业运输设备一台因使用年限已满不能继续使用，予以报废处理。该运输设备账面原价为270 000元，累计已提折旧265 000元。清理过程中，支付清理费用2 600元，残料变价收入4 000元。账务处理如下：

①固定资产转入清理时，做如下分录：

借：固定资产清理　　5 000
　　累计折旧　　265 000
　贷：固定资产　　270 000

②支付清理费用时，做如下分录：

借：固定资产清理　　2 600
　贷：银行存款　　2 600

③收到残料变价收入时，做如下分录：

借：银行存款　　4 000
　贷：固定资产清理　　4 000

④结转清理净损益，做如下分录：

借：营业外支出——处置非流动资产损失　　3 600
　贷：固定资产清理　　3 600

5.5.4 固定资产毁损

固定资产毁损是指由自然灾害或责任事故造成的非正常报废。

【例5-18】 企业一辆小轿车，原价300 000元，已提折旧100 000元，在一次重大交通事故中报废，处理事故过程中以现金支付清理费用3 000元，残料变价收入6 000元已存入银行；经保险公司核定，同意赔偿损失120 000元，款项已存入银行，账务处理如下：

①将报废车辆转入清理，做如下分录：

借：固定资产清理　　200 000
　　累计折旧　　100 000
　贷：固定资产　　300 000

②支付清理费用，做如下分录：

借：固定资产清理　　3 000
　贷：库存现金　　3 000

③残料变价收入存入银行，做如下分录：

借：银行存款　　6 000
　贷：固定资产清理　　6 000

④收到保险公司赔款，做如下分录：

借：银行存款　　120 000

　贷：固定资产清理　　120 000

⑤结转固定资产净损益，做如下分录：

借：营业外支出——非常损失　　77 000

　贷：固定资产清理　　77 000

5.5.5　固定资产对外捐赠

对外捐赠固定资产，固定资产账面净值通过“固定资产清理”账户转出，固定资产账面净值加上为捐赠支付的相关税费，记入“营业外支出”账户。

【例 5-19】 企业将一台闲置设备对外捐赠给 B 公司，该设备原价 40 000 元，已提折旧 5 000 元，为捐赠支付运输费 2 000 元。账务处理如下：

借：固定资产清理　　35 000

　　累计折旧　　5 000

　贷：固定资产　　40 000

借：固定资产清理　　2 000

　贷：银行存款　　2 000

借：营业外支出——捐赠支出　　37 000

　贷：固定资产清理　　37 000

5.6　固定资产清查和减值的核算

5.6.1　固定资产清查

为了保证固定资产的完整无缺，做到账实相符，必须建立固定资产清查盘点制度，定期或至少每年对固定资产清查盘点一次。如果清查中发现固定资产的损溢，应及时查明原因，作出相应的账务处理。

1）固定资产盘亏

对于盘亏的固定资产，企业应当及时办理固定资产报批手续，并将固定资产卡片从原来的归类中抽出单独保管。报经批准处理前，注销盘亏固定资产的账面原价、累计已提折旧和计提的固定资产减值准备，并将盘亏的固定资产账面价值记入“待处理财产损溢——待处理固定资产损溢”账户。按管理权限报经批准后，转作“营业外支出——盘亏损失”账户。

【例 5-20】 某施工企业盘点时盘亏搅拌机一台，账面原值 20 000 元，已提减值准备 500 元，已使用 5 年，年折旧率 10%。

①根据固定资产盘亏报告单做如下分录：

借：待处理财产损溢——待处理固定资产损溢　　9 500

　　累计折旧　　10 000

　　固定资产减值准备　　500

贷：固定资产 20 000

②经批准后，将盘亏损失列作营业外支出，做如下分录：

借：营业外支出——盘亏损失 9 500

贷：待处理财产损溢——待处理固定资产损溢 9 500

2）**固定资产盘盈**

对于盘盈的固定资产，经查明确属企业所有的，应根据盘存表填制固定资产交接凭证，为盘盈的固定资产开立固定资产卡片，调整固定资产账面价值；同时，将盘盈的固定资产作为前期差错，通过“以前年度损益调整”账户处理。

【例5-21】 企业在固定资产清查中，发现账外电动机一台，该设备公允价值为20 000元，根据有关盘盈资产审核表，做如下分录：

借：固定资产 20 000

贷：以前年度损益调整 20 000

5.6.2 固定资产减值

固定资产减值是指固定资产在使用过程中，由于市价持续下跌，或技术陈旧、损坏、长期闲置等原因导致的可收回金额低于其账面价值。由于固定资产减值产生的损失，称为固定资产减值损失。企业固定资产存在减值迹象时，应当估计其可收回的金额，并按照估计的可收回金额低于账面价值的差额，计提固定资产减值准备。

存在下列情况之一时，说明固定资产存在减值迹象：

①固定资产的市价当期大幅度下跌，其跌幅明显高于因时间推移或正常使用而预计的下跌。

②企业所处的经济环境，如市场、技术、经济或法律环境，或者产品营销市场在当前或近期发生重大变化，并对企业产生负面影响。

③同期市场利率大幅度提高，进而很可能影响企业计算固定资产可收回金额的折现率，并导致固定资产可收回金额大幅度降低。

④固定资产陈旧过时或发生实体损坏等。

⑤固定资产预计使用方式发生重大不利变化，如企业计划终止或重组该资产所属的经营业务而提前处置资产等情形，从而对企业产生负面影响。

⑥企业内部报告的证据表明资产的经济绩效已经低于或者将低于预期。

⑦其他可能表明资产已发生减值的情况。

已计提减值准备的固定资产，应当按照该固定资产的账面价值以及尚可使用寿命重新计算确定折旧率和折旧额；已全部计提减值准备的固定资产，不再计提折旧。

5.6.3 固定资产减值的账务处理

为了核算企业固定资产发生减值时产生的减值损失和计提的资产减值准备，应在“资产减值损失”账户下设置“固定资产减值损失”明细账户，并设置“固定资产减值准备”账户。

“资产减值损失——固定资产减值损失”明细账户借方登记企业按照规定确认的各项固定资产减值损失；固定资产减值损失一经确认，以后期间不得转回，该明细账户平时没有贷方记录；“资产减值损失”账户期末余额应转入“本年利润”账户。

“固定资产减值准备”账户，用来核算企业计提的固定资产减值准备。该账户贷方登记企业发生固定资产减值时，计提的固定资产减值准备；借方登记处置固定资产时结转的已计提减值准备；期末余额在贷方，反映企业计提的固定资产减值准备的余额。

固定资产减值准备应当按照单项资产计提。

【例 5-22】 企业 B 项固定资产经确认存在减值迹象，该项固定资产账面原价 100 000 元，账面累计已提折旧 40 000 元，没有计提固定资产减值准备，经测算预计可收回金额 32 000 元。做如下分录：

借：资产减值损失——固定资产减值损失　　28 000

　贷：固定资产减值准备　　28 000

5.7　临时设施的核算

5.7.1　临时设施的内容

由于建筑安装工程在固定的地点进行施工，施工企业为了保证施工和管理工作的正常进行，往往需要在建筑工地建造各种临时性生产和生活设施。这些临时性生产和生活服务设施叫做临时设施。临时设施在施工生产中起劳动手段的作用，但与其他固定资产比较，它具有为某一特定施工项目使用的特征，当项目完工时，临时设施也就随之拆除或转让。

临时设施包括：施工现场临时办公室、作业棚、机具棚，临时铁路专用线，临时道路、围墙，临时给水、排水、供电、供热设施；临时预制构件及加工材料场所；临时厕所、休息室、化灰池、茶炉、储水池、沥青锅灶；临时性简易周转房以及临时性的职工宿舍、食堂、浴室、医务室等设施。

5.7.2　临时设施的核算

1）账户设置

根据《企业会计准则——应用指南》规定，企业可以根据本单位的实际情况自行增设、分拆、合并某些会计科目。由于临时设施是施工企业一类常用的特殊资产，为了加强该类资产的管理与核算，企业可以设置“临时设施”、“临时设施摊销”、“临时设施清理”等账户。

（1）“临时设施”账户

该账户核算企业购建的各种临时设施。该账户借方登记为保证正常进行施工和管理而购建的各种临时性设施的实际成本；贷方登记企业出售、拆除、报废、不需用或不能使用的各种临时设施的实际成本。该账户应按临时设施的种类和使用部门（工地）设置明细分类账户进行明细核算。

（2）“临时设施摊销”账户

该账户核算各种临时设施在使用过程中发生的价值损耗。该账户贷方登记施工企业按月计提的临时设施摊销额，借方登记企业出售、拆除、报废、毁损和盘亏的各种临时设施时转出的已提摊销额；期末余额在贷方，反映期末临时设施的累计摊销。

（3）“临时设施清理”账户

该账户核算企业因出售、拆除、报废和毁损等转入清理的临时设施的账面价值，以及在清理过程中发生的清理费用和清理收入。该账户借方登记出售、拆除、报废和毁损临时设施的净值以及发生的清理费用；贷方登记出售临时设施的价款收入，以及清理过程中取得的残料收回价值或变价收入。临时设施进行清理后，清理的净损益转入营业外收支。

不单独设置“临时设施”、“临时设施摊销”、“临时设施清理”账户的企业，可将发生的临时设施业务分别在“固定资产”、“累计折旧”、“固定资产清理”账户中进行核算。

2）账务处理

（1）临时设施购建

【例5-23】施工企业因承包工程需要，在施工现场附近购置简易房屋两间，作为施工管理临时办公室，用银行存款支付购置价款120 000元，房屋已交付使用，做如下分录：

借：临时设施　　120 000

　贷：银行存款　　120 000

【例5-24】施工企业搭建一临时库房，领用材料8 000元，发生人工费用2 000元，以银行存款支付其他费用1 840元，本月材料成本差异2%，搭建完工后随即交付使用。

①搭建时发生各项支出，做如下分录：

借：在建工程——临时设施工程　　12 000

　贷：原材料　　8 000

　　应付职工薪酬　　2 000

　　材料成本差异　　160

　　银行存款　　1 840

②完工交付使用时，做如下分录：

借：临时设施——临时库房　　12 000

　贷：在建工程——临时设施工程　　12 000

（2）临时设施摊销

施工企业的各种临时设施，应根据具体的服务方式，合理确定摊销期，并在摊销期内将其价值摊入到工程成本中。由于临时设施是为某一特定工地的施工项目服务，所以其摊销期一般为某一特定工地项目的施工工期。

【例5-25】假定【例5-24】中搭建的临时库房预计净残值率为4%，预计工程受益期限为30个月，则该临时库房摊销额的计算及摊销的账务处理如下：

月摊销额=12 000×（1-4%）÷30=384（元）

借：工程施工　　384

　贷：临时设施摊销　　384

（3）临时设施清理

企业出售、拆除、报废的临时设施应转入清理。转入清理的临时设施，按临时设施账面价值，借记“临时设施清理”账户，按已提摊销数，借记“临时设施摊销”账户，按其账面原值，贷记“临时设施”账户。出售、拆除过程中发生的变价收入和残料价值，借记“银行存款”、“原材料”账户，贷记“临时设施清理”账户；发生的清理费用，借记“临时设施清理”账户，贷记“银行存款”等账户。清理后若发生净损失，借记“营业外支出”账户，贷记“临时设施清理”账户；若产生净收益，借记“临时设施清理”账户，贷记“营业外收入”账户。

【例 5–26】施工企业由于承包工程竣工将临时库房拆除，该库房原价12 000元，已提摊销额 10 000 元，在拆除中支出费用 500 元，残料作价 800 元入库。

①将拆除的临时库房转入清理，做如下分录：

借：临时设施清理　　2 000

　　临时设施摊销　　10 000

　贷：临时设施——临时库房　　12 000

②发生清理费用，做如下分录：

借：临时设施清理　　500

　贷：银行存款　　500

③残料收回作价入库，做如下分录：

借：原材料　　800

　贷：临时设施清理　　800

④结转清理后的净损失，做如下分录：

借：营业外支出　　1 700

　贷：临时设施清理　　1 700

临时设施购建、摊销、清理业务的核算流程如图 5–1 所示。

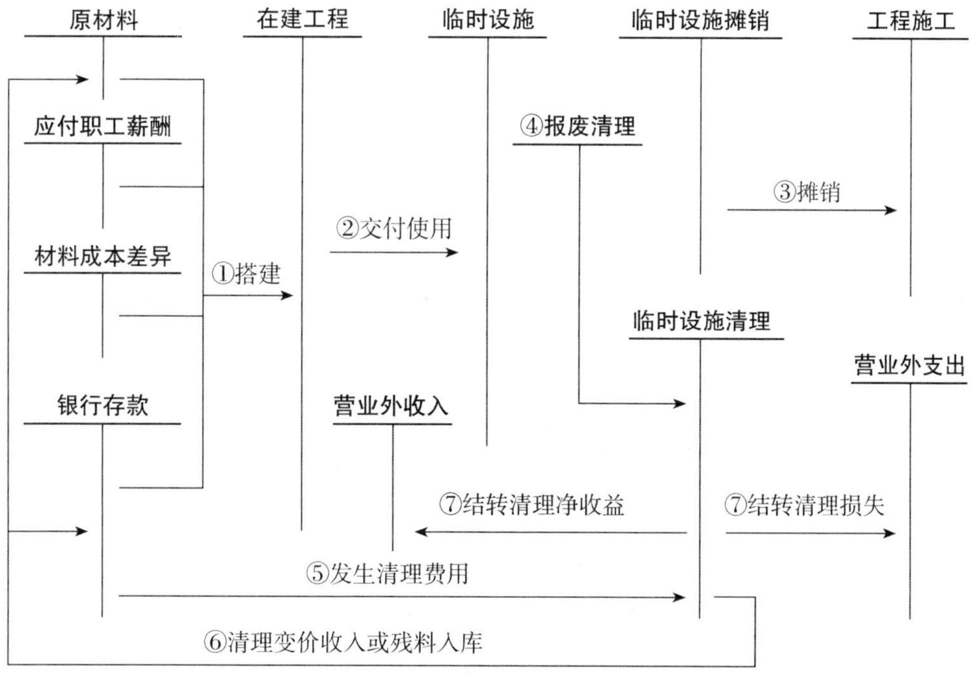

图 5–1　临时设施购建、摊销、清理业务的核算流程

本章小结

固定资产是施工企业为工程施工、提供劳务、出租或经营管理而持有的，使用寿命超过一个会计年度的有形资产。固定资产具有使用年限长、价值逐渐转移的特征，企业应根据固定资产的特征，对固定资产进行准确计量，并加强其实物管理，正确组织价值核算。固定资产核算包括固定资产增加、固定资产折旧、固定资产后续支出、固定资产处置、固定资产清理和固定资产减值等方面。固定资产取得应根据不同来源渠道进行相应的账务处理；固定资产折旧应掌握计算折旧的不同方法及账务处理；固定资产后续支出应正确区分资本化后续支出和费用化的后续支出，资本化的后续支出应增加固定资产成本，费用化的后续支出应直接计入当期损益；固定资产处置包括固定资产对外出售，报废、毁损的固定资产进行清理等，应注意固定资产处置的账务处理程序。企业应定期对固定资产进行清查，以确保账实相符，对于确认已发生减值的固定资产，应按规定计提固定资产减值准备。临时设施是施工企业施工生产特有的一类资产，临时设施核算包括临时设施的购建、摊销、清理等内容，应正确理解临时设施的内容，掌握临时设施的核算方法。

关键概念

固定资产　固定资产初始计量　固定资产折旧　平均年限法　工作量法　双倍余额递减法　年数总和法　固定资产后续支出　固定资产处置　固定资产减值　固定资产减值损失　临时设施

第 6 章　投　资

◆ 学习目标

知识目标：了解投资的定义、分类和特征，掌握各项金融资产和长期股权投资的确认和计量，能准确区分交易性金融资产、持有至到期投资、长期股权投资并了解其核算方法。

技能目标：掌握交易性金融资产的特征和账务处理；掌握持有至到期投资收益的确认和溢折价摊销的实际利率法；掌握不同情形下长期股权投资成本的确认；掌握成本法和权益法的账务处理。

6.1　投资概述

6.1.1　投资的定义

投资是指企业为了获得收益或实现资本增值向被投资单位投放资金的经济行为。投资有广义和狭义之分，广义的投资包括企业对外投资和对内投资，对外投资是将资金投放于企业外部接受投资的单位，包括股权投资和债权投资等；对内投资是将资金投放于企业内部生产要素，如固定资产投资、无形资产投资等。狭义的投资仅指企业的对外投资。本章所阐述的投资是指企业对外的投资。

企业对外投资具有以下特点：

（1）资产形式的特殊性

对外投资是企业资产存在的一种特殊形式，是企业将已有的资产让渡给企业外部接受投资的单位而换取的另一项资产。对外投资的这种特殊资产与企业正常生产经营中所持有的货币资金、原材料、固定资产、无形资产等生产要素有明显的区别。企业应优先考虑对生产要素的投资，有闲置多余资产时，为了取得更多收益才考虑对外投资。让渡资产使用权以取得收益是企业对外投资的特殊存在形式。

（2）收益形式的特殊性

企业对外投资的目的是为了获取收益，它所获得的收益与企业生产经营活动所产生的利润一起构成企业的营业利润。但对外单位的股权投资收益和债权投资收益都是通过让渡资产使用权取得的，表现形式为股利、利息、转让收益等。

（3）收益的不确定性

对外投资的收益是通过让渡资产使用权取得的，接受投资单位在使用该项资产的过程中，其生产经营活动、收益实现情况、收益分配政策等，投资单位都难以控制，因而其收益存在更大的不确定性。

6.1.2 投资的分类

按照投资目的的不同，企业对外投资一般可分为交易性金融资产、持有至到期投资和长期股权投资。

（1）交易性金融资产

交易性金融资产是指企业为了在近期内出售而持有的金融资产，包括企业以赚取差价为目的而从证券市场上购入的股票、债券和基金等。

交易性金融资产的特征是企业以交易为目的，而不以控制被投资单位为目的，一般有活跃的交易市场，很容易变现，其投资的公允价值能够随时获得。在会计核算上，交易性金融资产的初始计量和后续计量基础均为公允价值，且其变动差额计入当期损益。

（2）持有至到期投资

持有至到期投资是指到期日固定、回收金额固定或可确定，且企业有明确意图和能力持有至到期的非衍生金融资产，如企业从证券市场购入的准备持有至到期的政府债券和公司债券。

（3）长期股权投资

长期股权投资是指企业以影响或控制被投资单位的财务或经营决策、获取长远经济利益为目的的权益性投资，包括对子公司的投资、对合营企业的投资、对联营企业的投资和其他权益性投资。

6.2 交易性金融资产的核算

6.2.1 交易性金融资产的概念及特点

交易性金融资产是指企业为了在近期内出售而持有的金融资产，包括企业以赚取差价为目的而从证券市场上购入的股票、债券和基金等。交易性金融资产的特征是企业以交易为目的，而不以控制被投资单位为目的，持有期限短，一般有活跃的交易市场，很容易变现，其投资的公允价值能够随时获得。

作为交易性金融资产，应当同时符合以下两个条件：

①能够在公开市场交易并且有明确的市价，如各种上市交易的股票、债券、基金、权证等。

②持有该资产是作为剩余资金的存放形式，并保持其流动性和获利性，是利用短期投资机会赚取价差收入。

企业会计准则应用指南中，把企业以交易为目的所持有的债券投资、股票投资、基金投资等，称为交易性金融资产。

6.2.2 账户设置

1）“交易性金融资产”账户

该账户核算企业以交易为目的所持有的债券投资、股票投资、基金投资等交易性金融资产的公允价值。企业持有的直接指定为以公允价值计量且其变动计入当期损益的金融资产，也在本账户核算。该账户借方登记交易性金融资产的取得成本和公允价值变动损益；贷方登记出售交易性金融资产时结转的成本和公允价值变动损益；资产负债表日，交易性金融资产公允价值高于账面价值的差额记入该账户的借方，公允价值低于账面价值的差额记入该账户的贷方。该账户期末余额在借方，反映企业期末持有的交易性金融资产的公允价值，该账户可按交易性金融资产的类别和品种，分别以“成本”、“公允价值变动”等进行明细核算。

2）“公允价值变动损益”账户

该账户核算企业交易性金融资产、交易性金融负债，以及采用公允价值模式计量的投资性房地产等公允价值变动形成的应计入当期损益的利得或损失。该账户贷方登记资产负债表日，企业持有的交易性金融资产公允价值高于账面价值的差额；借方登记交易性金融资产公允价值低于账面价值的差额；出售交易性金融资产时，应从该账户的贷方（或借方）将原计入该金融资产的公允价值变动损益转出；期末应将该账户的余额转入“本年利润”账户，期末结转后，该账户应无余额。该账户可以按照交易性金融资产、交易性金融负债、投资性房地产等进行明细核算。

3）“投资收益”账户

该账户核算企业确认的投资收益或投资损失。该账户贷方登记企业实现的投资收益；借方登记企业发生的投资损失；期末该账户的余额应转入“本年利润”账户，期末结转后，该账户应无余额。该账户可按交易性金融资产、持有至到期投资等投资项目进行明细核算。

6.2.3 交易性金融资产的取得

企业取得交易性金融资产时，应以支付现金资产或转移非现金资产取得交易性金融资产的时间作为入账时间。企业为了近期内出售而通过证券市场取得的债券投资、股票投资、基金投资等交易性金融资产，应按照该金融资产取得的公允价值作为初始计量成本，记入“交易性金融资产——成本”账户；取得交易性金融资产所支付的价款中包含了已宣告但尚未发放的现金股利或已到付息期尚未领取的债券利息，不计入初始计量成本，应单独确认为应收项目，记入“应收股利”或“应收利息”账户。

取得交易性金融资产所发生的相关交易费用在发生时应计入投资收益，交易费用是指直接归属于购买、发行或处置金融工具新增的外部费用，包括支付给代理机构、咨询公司、券商等的手续费、佣金及其他必要支出。

企业取得交易性金融资产，按其公允价值，借记“交易性金融资产——成本”账户，按其发生的交易费用，借记“投资收益”账户，按已到付息期但尚未领取的利息或已宣告但尚未发放的现金股利，借记“应收利息”或“应收股利”账户，按实际支付的金额，贷记“其他货币资金”等账户。

【例6-1】3月30日，企业从二级市场购买A公司股票50 000股，当日公允价值为每股3.80元，购买价格为每股3.90元，其中A公司已宣告但尚未发放的现金股利每股0.10元，另支付交易费用3 500元，款项198 500元已通过企业“其他货币资金——存出投资款”专户支付。4月10日收到A公司现金股利5 000元。

①购入股票时，做如下分录：

借：交易性金融资产——A公司股票（成本）　　190 000

　　应收股利　　5 000

　　投资收益——交易性金融资产收益　　3 500

　贷：其他货币资金——存出投资款　　198 500

②收到现金股利时，做如下分录：

借：其他货币资金——存出投资款　　5 000

　贷：应收股利　　5 000

【例6-2】7月4日，企业为赚取差价，从证券市场购入B公司当年1月1日发行的期限为1年、一次还本付息、票面利率为9%的债券，面值400 000元，购买日该债券公允价值为410 000元，另支付交易费用720元，价款及交易费用410 720元，已通过“其他货币资金——存出投资款”专户支付，做如下分录：

借：交易性金融资产——B公司债券（成本）　　410 000

　　投资收益——交易性金融资产收益　　720

　贷：其他货币资金——存出投资款　　410 720

【例6-3】7月8日，企业为赚取差价，从证券市场购入C公司当年1月1日发行的期限3年、一次还本、半年付息一次、票面利率为9%的债券，面值为500 000元，购买日债券公允价值为500 000元，支付价款为522 500元（其中已到期付息期尚未领取的利息22 500元），相关交易费用860元，款项523 360元，已通过企业“其他货币资金——存出投资款”专户支付。债券的利息于7月10日收到。

①购入债券时，做如下分录：

借：交易性金融资产——C公司债券（成本）　　500 000

　　投资收益——交易性金融资产收益　　860

　　应收利息——C公司　　22 500

　贷：其他货币资金——存出投资款　　523 360

②收到利息时，做如下分录：

借：其他货币资金——存出投资款　　22 500

　贷：应收利息——C公司　　22 500

6.2.4 交易性金融资产的持有收益

企业交易性金融资产持有期间被投资单位宣告发放现金股利或分期付息的债券在资产负债表日按债券票面利率计算利息时，应当确认为投资收益。

交易性金融资产持有期间被投资单位宣告发放的现金股利或在资产负债表日按照债券票面利率计提的利息，借记“应收股利”或“应收利息”账户，贷记“投资收益”账户。收到上述现金股利或债券利息时，借记“其他货币资金”账户，贷记“应收股利”

或“应收利息”账户。

【例6-4】企业持有的3月30日购入的A公司股票50 000股，6月30日A公司宣告发放现金股利每股0.12元，7月10日收到A公司支付的现金股利存入证券存款专户。

①A公司宣告发放现金股利，做如下分录：

借：应收股利——A公司　　6 000

　贷：投资收益——交易性金融资产收益　　6 000

②收到现金股利时，做如下分录：

借：其他货币资金——存出投资款　　6 000

　贷：应收股利——A公司　　6 000

【例6-5】12月31日，企业持有7月份购入的C公司债券，确认下半年应计提利息为22 500元，并于下一年1月收到C公司支付的债券利息，存入证券存款专户。

①资产负债表日计提利息，做如下分录：

借：应收利息——C公司　　22 500

　贷：投资收益——交易性金融资产收益　　22 500

②收到C公司支付债券利息，做如下分录：

借：其他货币资金——存出投资款　　22 500

　贷：应收利息——C公司　　22 500

对于到期一次还本付息的债券，不需要计算未到期月份的应计利息。

6.2.5　交易性金融资产的期末计量

交易性金融资产在取得时是按公允价值入账的，反映了企业取得交易性金融资产的实际成本，但交易性金融资产的公允价值是不断变化的，根据企业会计准则的规定，交易性金融资产的价值应按资产负债表日的公允价值反映，公允价值变动的差额计入当期损益。

【例6-6】4月30日，企业持有的A公司股票每股市价为4.10元，企业A公司股票的账面价值为190 000元，期末公允价值总额为205 000元，公允价值大于账面价值的差额为15 000元，应确认为公允价值变动收益，做如下分录：

借：交易性金融资产——A公司股票（公允价值变动）　　15 000

　贷：公允价值变动损益——交易性金融资产损益　　15 000

【例6-7】5月31日，企业持有的A公司股票每股市价为3.70元，企业A公司股票的账面价值为205 000元（其中成本190 000元，公允价值变动为15 000元），期末公允价值总额为185 000元，公允价值小于账面价值的差额20 000元，应确认为公允价值变动损失，做如下分录：

借：公允价值变动损益——交易性金融资产损益　　20 000

　贷：交易性金融资产——A公司股票（公允价值变动）　　20 000

【例6-8】7月31日，企业持有的7月4日购入的B公司债券的公允价值为413 000元，B公司债券的账面成本为410 000元，公允价值高于账面成本的差额3 000元，应确认为公允价值变动收益，做如下分录：

借：交易性金融资产——B公司债券（公允价值变动）　　3 000

　贷：公允价值变动损益——交易性金融资产损益　　3 000

6.2.6 交易性金融资产的处置

交易性金融资产处置时，其损益已经实现，实现的损益通过“投资收益”账户核算。实现的损益由处置该项交易性金融资产时的处置收入与其账面价值的差额，以及已经作为公允价值变动损益入账的金额两部分组成。

企业出售交易性金融资产应当转出交易性金融资产的账面价值，结转原已计入该项金融资产的公允价值变动损益，将实际收到的价款与交易性金融资产（以及公允价值变动损益）账面价值的差额，记入“投资收益”账户。如果交易性金融资产是部分处置的，应按处置的交易性金融资产占该项交易性金融资产总额的比例计算。

【例6-9】6 月 18 日，企业通过证券市场将持有的 A 公司股票 50 000 股全部卖出，每股价格 4. 25 元，相关交易费用 640 元。出售价款扣除相关交易费用后的金额 211 860 元，已存入证券存款专户，做如下分录：

	借方	贷方
借：其他货币资金——存出投资款	211 860	
交易性金融资产——A 公司股票（公允价值变动）	5 000	
贷：交易性金融资产——A 公司股票（成本）		190 000
公允价值变动损益——交易性金融资产损益		5 000
投资收益——交易性金融资产收益		21 860

【例6-10】假设企业 6 月 18 日出售的 A 公司股票 50 000 股，每股价格为 3. 70 元，其他条件不变，出售价款扣除交易费用后的金额为 184 360 元，做如下分录：

	借方	贷方
借：其他货币资金——存出投资款	184 360	
交易性金融资产——A 公司股票（公允价值变动）	5 000	
投资收益——交易性金融资产收益	5 640	
贷：交易性金融资产——A 公司股票（成本）		190 000
公允价值变动损益——交易性金融资产损益		5 000

【例6-11】8 月 20 日，企业将持有的 B 公司债券全部卖出，售价为 424 000 元，相关交易费用 780 元，出售价款扣除相关交易费用后的金额 423 220 元，已存入证券存款专户，做如下分录：

	借方	贷方
借：其他货币资金——存出投资款	423 220	
公允价值变动损益——交易性金融资产损益	3 000	
贷：交易性金融资产——B 公司债券（成本）		410 000
——B 公司债券（公允价值变动）		3 000
投资收益——交易性金融资产收益		13 220

6.3 持有至到期投资的核算

6.3.1 持有至到期投资的概念及特点

持有至到期投资是指到期日固定、回收金额固定或可确定，且企业有明确意图和能力持有至到期的非衍生金融资产。通常情况下，能够划分为持有至到期投资的金融资产，主要是债权性投资，比如企业从二级市场上购入的固定利率国债、浮动利率公司债券等。持有至到期投资不包括下列金融资产：初始确认时被指定为以公允价值计量且其变动计入当期损益的非衍生金融资产；初始确认时被指定为可供出售的非衍生金融资产、贷款和应收款项；企业没有明确意图将持有至到期的金融资产。例如企业购入股权投资，因没有固定的到期日，不符合持有至到期投资的条件，不能划分为持有至到期投资。

持有至到期投资具有以下特征：

①到期日固定、回收金额固定或可确定。

②企业有明确的意图将该金融资产持有至到期。投资者在取得投资时意图就很明确，除非遇到一些企业所不能控制、预期不会重复发生且难以合理预计的事件，否则将持有至到期。

③企业有能力将该金融资产持有至到期。企业有足够的财务资源，并不受外部因素影响将投资持有至到期。

6.3.2　账户设置

1）“持有至到期投资”账户

该账户核算企业持有至到期投资的价值变动和摊余成本。该账户借方登记企业取得持有至到期投资的成本，以及一次还本付息债券投资期末计提的应计利息；贷方登记到期收回持有至到期投资结转的本金、利息调整和应计利息；该账户期末余额在借方，反映企业持有至到期投资的摊余成本。该账户按照持有至到期投资的类别和品种，分别“成本”、“利息调整”、“应计利息”等进行明细核算。

2）“持有至到期投资减值准备”账户

该账户核算企业持有至到期投资发生减值时计提的减值准备。该账户贷方登记持有至到期投资发生的减值；借方登记已计提减值准备的持有至到期投资价值在原已计提减值准备的金额内得以恢复的金额；该账户期末余额在贷方，反映企业已计提但尚未转销的持有至到期投资减值准备。该账户可按持有至到期投资的类别和品种进行明细核算。

6.3.3　持有至到期投资的取得

企业取得持有至到期投资应当按取得时的公允价值和相关交易费用之和作为初始确认金额。如果支付的价款中包含已到付息期但尚未领取的利息，不计入初始投资成本，应当确认为应收项目，在收到利息时，直接冲减该应收项目。

企业取得持有至到期投资，应按投资的面值记入“持有至到期投资——成本”账户，实际支付的价款（不包括已到付息期尚未领取的利息）与债券面值的差额记入“持有至到期投资——利息调整”账户，价款中包括已到付息期但尚未领取的利息记入“应收利息”账户。

【例6-12】1月1日，企业购入甲公司发行的面值800 000元，期限3年，票面利率6%，到期一次还本付息的债券作为持有至到期投资，实际支付购买价款800 000元，做如下分录：

借：持有至到期投资——甲公司债券（成本） 800 000
　贷：银行存款 800 000

【例6-13】1月1日，企业购入乙公司当日发行的面值600 000元，期限5年，票面利率6%，每年12月31日付息，到期还本的债券作为持有至到期投资，实际支付的购买价款630 000元，做如下分录：

借：持有至到期投资——乙公司债券（成本） 600 000
　　　　　　　　——乙公司债券（利息调整） 30 000
　贷：银行存款 630 000

【例6-14】1月1日，企业购入丙公司上年1月1日发行的债券面值800 000元，期限5年，票面利率5%，每年12月31日付息，到期还本的债券作为持有至到期投资，实际支付价款818 500元，该价款中包括已到付息期尚未支付的利息40 000元，做如下分录：

①购入债券时，做如下分录：

借：持有至到期投资——丙公司债券（成本） 800 000
　　应收利息 40 000
　贷：银行存款 818 500
　　　持有至到期投资——丙公司债券（利息调整） 21 500

②收到债券利息时，做如下分录：

借：银行存款 40 000
　贷：应收利息 40 000

6.3.4 持有至到期投资的利息收入

持有至到期投资在确认时，应当计算确定其实际利率，并在该持有至到期投资预期存续期间或适用的更短期间内保持不变。

实际利率是指将金融资产或负债在预期存续期间或适用的更短期间内的未来现金流量，折现为该金融资产或负债当前账面价值所使用的利率。与实际利率相对应的是名义利率，也称票面利率。名义利率在金融资产或负债的存续期间内是不变的。

持有至到期投资在持有期间应当按照摊余成本和实际利率计算确认利息收入，计入投资收益。

持有至到期投资如为分期付息，一次还本的债券投资，应于资产负债表日按票面利率计算确定的应收未收利息，记入“应收利息”账户，按持有至到期投资摊余成本和实际利率计算确定的利息收入记入“投资收益”账户，其差额记入“持有至到期投资——利息调整”账户。

持有至到期投资如为一次还本付息的债券投资，应于资产负债表日按票面利率计算确定的应收未收利息，记入“持有至到期投资——应计利息”账户，按照持有至到期投资摊余成本和实际利率计算确定的利息收入，记入“投资收益”账户，其差额记入“持有至到期投资——利息调整”账户。

【例6-15】沿用【例6-13】资料，企业持有乙公司债券采用实际利率法确认利息收入，根据资料计算该债券实际利率为4.85%，在持有期间各年确认的利息收入见表6-1。

表 6-1　　**乙公司债券持有至到期利息收入计算表**　　单位：元

年份	债券期初摊余成本	按面值和票面利率计算的利息收入	按摊余成本和实际利率计算的利息收入	利息调整	债券期末摊余成本
	①	②=600 000×6%	③=①×4.85	④=③-②	⑤=①+④
第一年	630 000	36 000	30 555	-5 445	624 555
第二年	624 555	36 000	30 291	-5 709	618 846
第三年	618 846	36 000	30 014	-5 986	612 860
第四年	612 860	36 000	29 724	-6 276	606 584
第五年	606 584	36 000	29 416※	-6 584	600 000
合 计	—	180 000	150 000	-30 000	—

※ 计算结果有尾数差，最后一年调整。

根据上表计算的期末应收利息，确认的实际利息收入，以及收到乙公司支付利息的账务处理如下：

①第一年

借：应收利息——乙公司　　36 000

　贷：投资收益　　30 555

　　　持有至到期投资——乙公司债券（利息调整）　　5 445

借：银行存款　　36 000

　贷：应收利息——乙公司　　36 000

②第二年

借：应收利息——乙公司　　36 000

　贷：投资收益　　30 291

　　　持有至到期投资——乙公司债券（利息调整）　　5 709

借：银行存款　　36 000

　贷：应收利息——乙公司　　36 000

③第三年

借：应收利息——乙公司　　36 000

　贷：投资收益　　30 014

　　　持有至到期投资——乙公司债券（利息调整）　　5 986

借：银行存款　　36 000

　贷：应收利息——乙公司　　36 000

④第四年

借：应收利息——乙公司　　36 000

　贷：投资收益　　29 724

　　　持有至到期投资——乙公司债券（利息调整）　　6 276

借：银行存款　　36 000

　贷：应收利息——乙公司　　36 000

⑤第五年

借：应收利息——乙公司 36 000

贷：投资收益 29 416

持有至到期投资——乙公司债券（利息调整） 6 584

借：银行存款 36 000

贷：应收利息——乙公司 36 000

企业一般应采用实际利率法确认利息收入，但若实际利率与票面利率差别较小，也可以按票面利率计算利息收入，计入投资收益。资产负债表日，企业按票面利率计算确认的应收未收利息，借记“应收利息”或“持有至到期投资——应计利息”账户，按持有至到期投资摊余成本和票面利率计算确定的利息收入，贷记“投资收益”账户，按其差额，借记或贷记“持有至到期投资——利息调整”账户。

【例6-16】沿用【例6-12】资料，企业购入甲公司一次还本付息债券，按票面利率计算利息收入，年末根据资料编制计提利息收入的会计分录如下：

借：持有至到期投资——甲公司债券（应计利息） 48 000

贷：投资收益 48 000

6.3.5 持有至到期投资的减值

资产负债表日，企业应对持有至到期投资的账面价值进行检查，有客观证据表明其发生了减值的，应当根据其账面价值与预计未来现金流量现值之间的差额，确认为减值损失，计提减值准备，已计提减值准备的持有至到期投资价值以后又得以恢复，应在原已计提的减值准备金额内，按恢复增加的金额，分别调整“持有至到期投资减值准备”和“资产减值损失”账户。

【例6-17】企业持有的A公司发行的面值为800 000元，期限3年，票面利率6%，到期一次还本付息的公司债券，年末进行减值测试时确认减值损失40 000元，做如下分录：

借：资产减值损失——持有至到期投资减值损失 40 000

贷：持有至到期投资减值准备 40 000

【例6-18】假设以后年度进行测试时，发现已计提减值准备的甲公司债券价值又得以恢复，在原已计提的减值准备金额40 000元内转回，做如下分录：

借：持有至到期投资减值准备 40 000

贷：资产减值损失——持有至到期投资减值损失 40 000

6.3.6 持有至到期投资的处置

企业处置持有至到期投资时，应将所取得的价款与该投资账面价值之间的差额计入投资收益。其中，投资的账面价值指投资的账面余额减去已计提的减值准备后的差额。

【例6-19】假设企业1月1日购买的甲公司发行的面值为800 000元，期限3年，票面利率6%，到期一次还本付息的公司债券到期，通过银行收到本金和利息944 000元，该债券利息144 000元已计提，做如下分录：

借：银行存款 944 000

贷：持有至到期投资——甲公司债券（成本） 800 000
——甲公司债券（应计利息） 144 000

【例6-20】9月1日，企业将购入的丙公司债券提前出售，取得转让收入846 000元，转让日，丙公司债券账面摊余成本为778 500元，其中成本为800 000元，利息调整（贷方余额）为21 500元，做如下分录：

借：银行存款 846 000
持有至到期投资——丙公司债券（利息调整） 21 500
贷：持有至到期投资——丙公司债券（成本） 800 000
投资收益 67 500

【视野拓展】

企业将所持有的债券划分为持有至到期投资，并不意味着必须将该类债券持有至到期。如果企业持有意图或能力发生了变化，在持有至到期投资期前，可以将其出售，也可以重分类为可供出售金融资产。企业将持有至到期投资重分类为可供出售金融资产时，应以公允价值进行后续计量，其账面价值与公允价值之间的差额计入所有者权益，在可供出售的金融资产发生减值或终止确认时转出，计入当期损益。企业将持有至到期投资重分类为可供出售金融资产时，应在重分类日按投资的公允价值，借记“可供出售金融资产”账户，按投资的账面余额贷记“持有至到期投资——成本”、“持有至到期投资——应计利息”账户，贷记或借记“持有至到期投资——利息调整”账户，按其差额，贷记或借记“资本公积——其他资本公积”账户。已计提减值准备的，还应同时结转减值准备。

6.4 长期股权投资的核算

6.4.1 长期股权投资概述

1）长期股权投资的含义

长期股权投资是指企业以影响或控制被投资单位的财务和经营决策，为获取长远经济利益为目的，准备长期持有的权益性投资。纳入长期股权投资核算的主要包括以下投资：

（1）企业持有的能够对被投资单位实施控制的权益性投资，主要是指对子公司的投资。

控制是指有权决定一个企业的财务和经营决策，并能据此从该企业的经营活动中获取利益。控制包括以下两种情形：一是投资企业拥有被投资单位50%以上的表决权资本，包括直接或间接拥有被投资单位50%以上的表决权资本。二是投资企业虽未拥有被投资单位50%以上的表决权资本，但通过其他方式可以对被投资单位实施有效的控制，如通过与其他投资者协议拥有被投资单位50%以上的表决权；或根据章程和协议有权控制被投资单位的财务和经营决策；或有权任免被投资单位董事会等类似权力机构的多数成员；或在被投资单位董事会或类似权力机构上有半数以上投票权。

（2）企业持有的能够与其他合营方一同对被投资单位实施共同控制的权益性投资，

主要是指对合营企业的投资。

共同控制是指按照合同约定对某项经济活动共有的控制，其实质是通过合同约定建立起来的、合营各方对合营企业共有的控制。

（3）企业持有的能够对被投资单位施加重大影响的权益性投资，主要是对联营企业的投资。

重大影响是指对一个企业的财务和经营政策有参与决策的权利，但并不能控制或与其他方共同控制这些政策的制定。

（4）企业持有的对被投资单位不具有控制、共同控制或重大影响，且在活跃市场中没有报价、公允价值不能可靠计量的权益性投资。

2）长期股权投资的取得方式

长期股权投资的取得有多种方式，主要包括支付现金取得、以发行权益性证券取得、以投出资产（如固定资产、无形资产、存货等）取得，以及在企业合并中形成等。

3）长期股权投资的初始计量

长期股权投资可以通过支付现金、发行权益性的证券、投出资产以及通过企业合并等方式取得，在不同的取得方式下，长期股权投资初始成本的确定方法有所不同。

以现金取得的长期股权投资，应当按照实际支付的价款作为初始投资成本。为取得长期股权投资发生的直接相关费用、税费及其他必要支出，应计入长期股权投资的初始投资成本，但取得长期股权投资时实际支付的价款中包含已宣告但尚未发放的现金股利或利润，不计入长期股权投资初始投资成本，应列作应收项目。

以发行权益性证券取得长期股权投资，应当按照发行权益性证券的公允价值作为初始投资成本。与发行权益性证券有关的税费及其他相关支出，应当冲减权益性证券的溢价收入，权益性证券溢价收入不足冲减的，应冲减盈余公积和未分配利润。

以投出资产取得的长期股权投资，如果该项交换具有商业实质，且交换涉及的资产的公允价值能够可靠地计量，应当以公允价值和应支付的相关税费作为长期股权投资的初始投资成本，公允价值与换出资产账面价值的差额计入当期损益。如果该项交换不具有商业实质，或交换涉及的资产的公允价值不能可靠地计量，应当按照换出资产的账面价值和应支付的相关税费作为长期股权投资的初始投资成本。

企业合并形成的长期股权投资，应区分同一控制下企业合并与非同一控制下控股合并。同一控制下企业合并，合并方以支付现金、转让非现金资产或承担债务的方式作为合并对价的，应当在合并日按照取得被合并方所有者权益账面价值的份额作为长期股权投资的初始投资成本，长期股权投资的初始投资成本与支付的现金、转让的非现金资产及所承担的债务账面价值之间的差额，调整资本公积。非同一控制下控股合并中，购买方应按照确定的企业合并成本作为长期股权投资的初始投资成本。企业合并成本包括购买方付出的资产、发生或承担的负债、发行的权益性证券的公允价值以及为进行企业合并发生的各项直接相关费用之和。

4）长期股权投资的核算方法

长期股权投资的核算方法有成本法和权益法两种。

（1）成本法

成本法是指长期股权投资的价值通常按初始投资成本计量，除追加或收回投资外，一般不对长期投资的账面进行调整的一种会计处理方法。企业持有的对子公司的投资和对被投资单位不具有共同控制或重大影响，且在活跃市场没有报价、公允价值不能可靠计量的长期股权投资，应当采用成本法核算。

（2）权益法

权益法是指长期股权投资最初以投资成本计量，以后则根据投资企业应享有被投资单位所有者权益份额的变动，对长期股权投资的账面价值进行相应调整的一种会计处理方法。对合营企业的投资与对联营企业的投资，应当采用权益法核算。

6.4.2　成本法的核算

1）成本法核算的一般程序

（1）初始投资或追加投资时，按照初始投资或追加投资时的成本增加长期股权投资的账面价值。

（2）被投资单位宣告分派的利润或现金股利中，投资企业按应享有的部分，确认为当期投资收益。

（3）如果被投资单位无力支付现金股利或分配利润，投资企业不做任何账务处理。

采用成本法核算的企业，应设置“长期股权投资”账户，用来核算长期股权投资的成本。该账户借方登记取得股权投资时发生的投资成本；贷方登记处置长期股权投资时转销的投资成本；期末余额在借方，反映期末尚未收回的长期股权投资成本。该账户可以按照被投资单位设置明细账进行明细核算。

2）长期股权投资取得的核算

除企业合并形成长期股权投资以外，以支付现金、投出资产取得的长期股权投资，按照确定的初始投资成本，借记“长期股权投资”账户，按享有被投资单位已宣告但尚未发放的现金股利或利润，借记“应收股利”账户，按照实际支付的买价及手续费、税费等，贷记“银行存款”等账户。

【例 6-21】 经批准，企业以银行存款 800 000 元，投资于本企业合资子公司乙公司。根据资料做如下分录：

借：长期股权投资——乙公司　　800 000
　贷：银行存款　　800 000

【例 6-22】 企业以支付现金方式取得甲公司 5% 的股权，作为长期股权投资，实际支付价款（包含相关费用）6 500 000 元，购买价款中包含已宣告但尚未发放的现金股利 500 000 元。

①购入股票时，做如下分录：

借：长期股权投资——甲公司　　6 000 000
　　应收股利　　500 000
　贷：银行存款　　6 500 000

②收到甲公司现金股利时，做如下分录：

借：银行存款　　500 000
　贷：应收股利　　500 000

3）**持有期间被投资单位分配现金股利或利润的核算**

采用成本法核算，企业持有被投资单位长期股权投资期间，如果被投资单位宣告分派现金股利，应确认为投资收益。

【例6-23】沿用【例6-22】资料，设甲公司当年没有实现可供分配的净利润，宣告将上年度实现的净利润追加分配400 000元给投资者，本企业应享有的份额20 000元（400 000×5%），股利通过银行收到，做如下分录：

借：应收股利——甲公司　20 000
　贷：投资收益——长期股权投资收益　20 000
借：银行存款　20 000
　贷：应收股利——甲公司　20 000

【例6-24】企业通过银行收到乙公司分派现金股利100 000元，不需要冲减初始投资成本，根据资料做如下分录：

借：应收股利——乙公司　100 000
　贷：投资收益——长期股权投资收益　100 000
借：银行存款　100 000
　贷：应收股利——乙公司　100 000

4）**长期股权投资处置的核算**

企业处置长期股权投资时，应按实际取得的价款与长期股权投资账面价值的差额确认投资收益。如果已计提长期股权投资减值准备，应同时结转已计提的减值准备。

【例6-25】企业将列作长期股权投资的甲公司股权转让，该股权的账面余额为5 980 000元，没有计提减值准备，转让价款为6 120 000元，款项已通过银行收到，同时以银行存款支付相关税费15 000元。做如下分录：

借：银行存款　6 105 000
　贷：长期股权投资——甲公司　5 980 000
　　　投资收益——长期股权投资收益　125 000

6.4.3 权益法的核算

1）**权益法核算的一般程序**

（1）初始投资或追加投资时，按照初始投资成本或追加投资的投资成本，作为长期股权投资的账面价值。

（2）比较初始投资成本与取得投资时应享有被投资单位可辨认净资产公允价值的份额，对于初始投资成本小于应享有被投资单位可辨认净资产公允价值份额的，应调整增加长期股权投资的账面价值，两者的差额计入取得投资当期的损益；初始投资成本大于取得投资时应享有被投资单位可辨认净资产公允价值份额的，不要求对长期股权投资的成本进行调整。

（3）持有投资期间，随着被投资单位所有者权益的变动相应调整增加或减少长期股权投资的账面价值。

（4）被投资单位宣告分派利润或现金股利时，投资企业按持股比例计算应分得的部分，冲减长期股权投资的账面价值。

采用权益法核算，“长期股权投资”账户的账面余额，反映的是投资企业在被投资单位所有者权益总额中所享有的份额，而不是初始投资成本。在“长期股权投资”账户下应设置“成本”、“损益调整”、“其他权益变动”明细账户，分别反映长期股权投资的初始成本以及因被投资单位所有者权益发生增减变动而对长期股权投资账面价值进行调整的金额。

“长期股权投资——成本”账户核算长期股权投资的初始成本，以及在长期股权投资的初始成本小于取得投资时应享有被投资单位可辨认净资产公允价值份额的情况下，按其差额调整初始投资成本后形成的新的投资成本。

“长期股权投资——损益调整”账户核算投资企业应享有或应分担的被投资单位实现的净损益的份额，以及被投资单位分派的现金股利或利润中投资企业应享有的份额。

“长期股权投资——其他权益变动”账户核算被投资单位除净损益以外所有者权益的其他变动中，投资企业享有或承担的份额。

2）长期股权投资取得的核算

企业取得长期股权投资时，按照确定的初始投资成本入账。如果长期股权投资的初始投资成本大于取得投资时应享有被投资单位可辨认净资产公允价值份额的，不调整已确认的初始投资成本，按初始投资成本记入“长期股权投资——成本”账户；如果长期股权投资的初始投资成本小于取得投资时享有被投资单位可辨认净资产公允价值份额的，应当按享有被投资单位可辨认净资产公允价值的份额记入“长期股权投资——成本”账户，实际支付的价款与企业确定的初始投资成本的差额列作营业外收入，计入当期损益。

【例 6-26】 企业于 1 月取得 A 公司 35% 的股权，支付价款 6 000 000 元，企业投资时，被投资单位净资产账面价值为 1 500 万元，被投资单位可辨认净资产的公允价值与账面价值相同，企业对该项投资采用权益法核算，做如下分录：

借：长期股权投资——A 公司（成本）　　6 000 000

　贷：银行存款　　6 000 000

【例 6-27】 假设【例 6-26】中，A 公司可辨认净资产的公允价值为 2 000 万元，企业投资时，享有 A 公司可辨认净资产公允价值的份额为 700 万元（2 000×35%）。根据资料做如下分录：

借：长期股权投资——A 公司（成本）　　7 000 000

　贷：银行存款　　6 000 000

　　　营业外收入　　1 000 000

3）长期股权投资持有期间投资收益的核算

权益法下，企业取得长期股权投资后，资产负债表日应按照被投资单位实现的净利润或发生的净亏损计算出企业应享有或应分担的份额，确认投资损益，同时相应调整长期股权投资的账面价值。被投资单位宣告发放现金股利或利润时，视同被投资单位净利润的减少，减少长期股权投资的价值。被投资单位宣告发放股票股利，企业不做账务处理，但应于除权日注明所增加的股数，以反映股份的变化情况。

【例 6-28】 沿用【例 6-26】资料，年末 A 公司实现净利润 600 000 元，宣告发放的现金股利为 480 000 元，企业已通过银行收到 A 公司分配的现金股利。

①按持股比例计算确认投资收益，做如下分录：

借：长期股权投资——A公司（损益调整）　　210 000

　贷：投资收益——长期股权投资收益　　210 000

②登记宣告发放的现金股利，做如下分录：

借：应收股利——A公司　　168 000

　贷：长期股权投资——A公司（损益调整）　　168 000

③收到现金股利时，做如下分录：

借：银行存款　　168 000

　贷：应收股利——A公司　　168 000

【例6-29】 沿用【例6-26】资料，A公司第二年度发生净亏损240 000元，没有进行利润分配，企业应承担亏损额84 000元（240 000×35%），根据资料做如下分录：

借：投资收益——长期股权投资收益　　84 000

　贷：长期股权投资——A公司（损益调整）　　84 000

4）被投资单位所有者权益其他变动的核算

采用权益法核算时，投资企业对于被投资单位除净损益以外所有者权益的其他变动，如增资扩股、接受捐赠等，在持股比例不变的情况下，应按照持股比例与被投资单位除净损益以外所有者权益的其他变动中归属于本企业的部分，相应调整长期股权投资的账面价值，同时增加或减少资本公积。

【例6-30】 沿用【例6-26】资料，A公司因本年增发股份产生股本溢价300 000元，企业按持股比例计算应享有的份额为105 000元（300 000×35%），根据资料做如下分录：

借：长期股权投资——A公司（其他权益变动）　　105 000

　贷：资本公积——其他资本公积　　105 000

【例6-31】 沿用【例6-26】资料，被投资单位接受B公司捐赠设备一台，该设备公允价值为100 000元，企业按持股比例计算应享有的份额为35 000元（100 000×35%），根据资料做如下分录：

借：长期股权投资——A公司（其他权益变动）　　35 000

　贷：资本公积——其他资本公积　　35 000

5）长期股权投资处置的核算

企业处置长期股权投资时，除了按实际取得的价款与长期股权投资账面价值的差额确认为投资收益、已计提长期股权投资减值准备的同时结转已计提的减值准备以外，还应按处置长期股权投资的比例结转原已记入“资本公积——其他资本公积”账户的金额。

【例6-32】 企业将持有的列作长期股权投资的A公司股权转让，该股权投资账面余额6 098 000元（其中：成本6 000 000元、损益调整贷方余额42 000元、其他权益变动借方余额140 000元），未计提减值准备，原记入“资本公积——其他资本公积”账户的金额为140 000元，转让价款为6 100 000元，支付相关税费2 400元，扣除相关税费后，款项已通过银行收到。做如下分录：

借：银行存款　　6 097 600

　　资本公积——其他资本公积　　140 000

　　长期股权投资——A公司（损益调整）　　42 000

贷：长期股权投资——A 公司（成本）　　6 000 000
　　——A 公司（其他权益变动）　　140 000
　　投资收益——长期股权投资收益　　139 600

【去了解】
长期股权投资核算方法有成本法和权益法两种，两种核算方法有何联系和区别？

6.4.4 长期股权投资的减值

每年年末，企业应对长期股权投资的账面价值进行检查，如有客观证据表明该项长期股权投资的预计可收回金额小于其账面价值时，应当确认减值损失，计提减值准备。长期股权投资减值损失一经确认，在以后期间不得转回。

企业应设置“长期股权投资减值准备”账户，用来核算计提的长期股权投资减值准备。该账户贷方登记企业发生长期股权投资减值时，计提的长期股权投资减值准备；借方登记处置长期股权投资时，结转的已计提的长期股权投资减值准备；期末余额在贷方，反映已计提但尚未转销的长期股权投资减值准备。

【例 6-33】 资产负债表日，企业持有的列作长期股权投资的 A 公司股权存在减值迹象，该长期股权投资账面余额为 850 000 元，没有计提减值准备，经测试，预计可收回金额为 765 000 元，确认减值损失为 85 000 元，做如下分录：

借：资产减值损失——长期股权投资减值损失　　85 000
　贷：长期股权投资减值准备——A 公司　　85 000

【例 6-34】 企业将列作长期股权投资的 A 公司股权出售，该项长期股权投资账面余额 850 000 元，已计提减值准备 85 000 元，转让价款 780 000 元，支付相关税费 2 500 元，扣除相关税费后，款项已通过银行收到。做如下分录：

借：银行存款　　777 500
　　长期股权投资减值准备——A 公司　　85 000
　贷：长期股权投资——A 公司（成本）　　850 000
　　　投资收益——长期股权投资收益　　12 500

本章小结

投资是企业为了获取收益或实现资本增值向被投资单位投放资金的经济行为。企业对外投资，按投资的不同目的可将企业的投资分为交易性金融资产、持有至到期投资和长期股权投资等。交易性金融资产是为了近期出售而持有的金融资产，包括持有的以交易为目的的债券投资、股票投资和基金投资等。持有至到期投资是指到期日固定、收回金额固定或可以确定，企业有明显意图和能力持有至到期的非衍生金融资产，包括购买的国债和公司债券等。长期股权投资是企业以影响或控制被投资单位的财务和经营决策，为获取长远经济利益为目的的，准备长期持有的权益性投资。

投资的核算应注意区分不同的投资类别，就投资取得的初始计量、持有期间投资收益、投资处置做出相应的账务处理。长期股权投资的核算有成本法和权益法，应区分两种不同核算方法的联系与区别。企业在资产负债表日，应对各种投资的账面价值进行检查，有客观证据表明发生了减值的，应确认减值损失，计提资产减值准备。

关键概念

投资　交易性金融资产　持有至到期投资　长期股权投资　公允价值变动损益　成本法　权益法

第 7 章　无形资产及其他资产

◆ 学习目标

知识目标：了解无形资产的概念、特征，掌握无形资产的确认与计量，以及无形资产的摊销、处置和减值。

技能目标：掌握无形资产取得、摊销、处置、减值等的账务处理方法。

7.1　无形资产概述

7.1.1　无形资产的概念及特征

无形资产是指企业拥有或控制的没有实物形态的、可辨认的、非货币性资产。相对于其他资产，无形资产具有以下特征：

1）无形资产不具有实物形态

无形资产通常表现为某种权利、某项技术或某种获取超额利润的综合能力，它们不具有实物形态，看不见，摸不着，比如土地使用权、非专利技术等。虽然无形资产不具有实物形态是区别于其他资产的特征之一，但某些无形资产的存在有赖于实物载体，如计算机软件需要储存在磁盘中，但这并不改变无形资产本身不具有实物形态的特征。

2）无形资产具有可辨认性

要作为无形资产核算，该资产必须是能够区别于其他资产可单独辨认的，如企业持有的专利权、商标权、特许权、土地使用权等。符合以下条件之一的，则认为其具有可辨认性：

（1）能够从企业中分离或者划分出来，并能单独用于出售或转让等，而不需要同时处置在同一获利活动中的其他资产，则说明无形资产可辨认。某些情况下无形资产可能需要与有关合同一起用于出售、转让，在这种情况下，也被视为可辨认无形资产。

（2）产生于合同性权利或其他法定权利，无论这些权利是否可以从企业或其他权利和义务中转移或分离。如一方通过与另一方签订特许合同而获得的特许使用权，通过法律程序申请获得的商标权、专利权等。

3）无形资产属于非货币性资产

非货币性资产是指企业持有的货币资金和将以固定或确定的金额收取的资产以外的其他资产。无形资产由于没有发达的交易市场，一般不容易转化为现金，在持有过程中为企业带来未来经济利益的情况不确定，属于非货币性资产。

7.1.2 无形资产的内容

无形资产通常包括专利权、非专利技术、商标权、著作权、特许权、土地使用权等。

1）**专利权**

专利权是指国家专利主管机关依法授予发明创造专利申请人，对其发明创造在法定期限内所享有的专有权利，包括发明专利权、实用新型专利权和外观设计专利权。

在某项专利权的有效期内，专利权人享有独占其专利的权利，他人欲使用该专利，须向专利人购买专利或购买专利使用权，否则侵犯了专利权。专利权受法律保护的时间是有限的，超过法定期限后，任何专利都失去法律保护。《中华人民共和国专利法》规定，发明专利的法定有效时间为20年，实用新型和外观设计专利的法定有效时间为10年。

2）**非专利技术**

非专利技术也称专有技术，是指不为外界所知、在生产经营活动中采用的、不享有法律保护的、可以带来经济利益的各种技术和诀窍。非专利技术一般包括工业专有技术、商业贸易专有技术、管理专有技术等。

非专利技术没有申请专利权，不受法律保护，它通过自我保密的方式来达到独占的目的，如果非专利技术企业保密得当，可以长期保持其优势。

3）**商标权**

商标权是指用来辨认特定商品或劳务的标记。它是企业拥有的专门在某种指定商品上使用特定的名称、图案、标记的权利。商标是消费者辨别商品或服务的质量、性能和品位的重要标志，著名商标能给企业带来巨额经济利益，体现了商标的价值。

商标按是否注册可以分为注册商标和非注册商标。经商标局核准注册的商标为注册商标，商标注册人享有商标专用权，受法律保护；未申请注册的商标，不能获得商标权，也不受法律保护。商标权的内容包括独占使用权和禁止使用权。我国《商标法》规定，商标的有效期为10年，期满可以继续申请延长注册期。

4）**著作权**

著作权又称版权，指作者对其创作的文学、科学和艺术作品依法享有的某些特殊权利。著作权包括作品署名权、发表权、修改权和保护作品的完整权，还包括复制权、发行权、出租权、展览权、表演权、放映权、广播权、信息网络传播权、摄制权、改编权、翻译权、汇编权以及应当由著作权人享有的其他权利。我国有关法律规定，公民的作品，其发表权、使用权和获得报酬权的保护期为作者终生及死亡后50年；法人或者非法人单位的作品，其发表权、使用权和获得报酬权的保护期为作品首次发表后50年。

5）**特许权**

特许权又称为经营特许权、专营权，是指企业在某一地区经营或者销售某种特定商品的权利，或是一家企业接受另一家企业使用其商标、商号、技术秘密等的权利。特许权通常有两种形式，一种是由政府机构授权，准许企业使用或在一定地区享有经营某种业务的特权，如水电、邮电通讯等专营权、烟草专卖权等；另一种指企业间依照签订的合同，有限期或无限期使用另一家企业的某些权利，如连锁分店使用总店的名称等。

6）**土地使用权**

土地使用权是指国家准许某一企业在一定期限内对国有土地享有开发、利用、经营的权利。我国土地实行公有制，任何单位和个人不得侵占、买卖或者以其他形式非法转让。企业取得土地使用权的方式大致有行政划拨、外购和投资者投资取得等方式。

企业依法取得土地使用权后，其使用权可以依法转让。取得土地使用权时花费了支出，应将该支出作为无形资产核算；取得土地使用权没有花费任何支出，这时就不能将其作为无形资产核算。这里分两种情况：

①根据《中华人民共和国城镇国有土地使用权出让和转让暂行条例》，向政府土地管理部门申请土地使用权，企业要支付一笔出让金，在这种情况下，企业应予以资本化，作为无形资产核算。

②企业原先通过行政划拨获得土地使用权，没有入账核算，在将该无偿取得的土地使用权有偿转让、出租、抵押、作价入股和投资时，应按规定将补交的土地出让价款予以资本化，作为无形资产核算。

企业已出租的土地使用权和持有并准备增值后转让的土地使用权作为企业的投资性房地产核算。

7.1.3　无形资产的分类

企业无形资产可以从不同的角度和标准进行分类。

1）按取得方式划分

（1）外来无形资产

外来无形资产是指企业外购的无形资产，投资者作为资本投入的无形资产，企业接受捐赠的无形资产，以及通过其他外部渠道取得的无形资产。

（2）自行开发的无形资产

自行开发的无形资产是指企业自行研制开发形成的无形资产以及在生产经营过程中由于经营良好而自然累积的无形资产。有些须由国家有关部门经法定程序批准授予，如专利权、商标权等；有些则无须由国家有关部门授权，如非专利技术等。

2）按使用寿命划分

（1）使用寿命有限的无形资产

使用寿命有限的无形资产是指在相关法律中规定最长有效期限的无形资产，如专利权、商标权、著作权、土地使用权和特许权等。

（2）使用寿命不确定的无形资产

使用寿命不确定的无形资产是指在相关法律中没有规定有效期限，或使用寿命难以估计的无形资产，如非专利技术。

3）按经济内容划分

无形资产按其反映的经济内容可分为专利权、非专利技术、商标权、著作权、特许权、土地使用权等。

7.1.4　无形资产的确认

无形资产的确认是指将符合无形资产确认条件的项目，作为企业的无形资产加以记录并列入企业资产负债表的过程。确认无形资产，应当同时符合以下两个条件：

1）与该无形资产有关的经济利益很可能流入企业

要确定无形资产产生的经济利益是否很可能流入企业，应当对无形资产在预计使用寿命内可能存在的各种经济因素做出合理估计，并且应当有明确证据支持。在进行判断时，需要考虑相关的因素有是否存在相关的新技术、新产品替代，企业是否有足够的人力资源、管理队伍、相关硬件设备、相关原材料等来配合无形资产为企业创造经济利益。

2）该资产的成本能够可靠计量

成本能够可靠计量是无形资产确认的一项基本条件。如企业自创的商誉符合无形资产定义，但自创商誉过程中发生的支出却难以计量，因而不能作为企业的无形资产予以确认。

7.1.5 无形资产的初始计量

无形资产通常按实际成本计量，即以取得无形资产并使之达到预定用途而发生的全部支出作为无形资产的成本。由于无形资产的来源不同，其成本构成也不尽相同。

1）外购无形资产

外购无形资产成本包括购买价款、相关税费以及直接归属于使该项无形资产达到预定用途所发生的其他支出。直接归属于使该项无形资产达到预定用途所发生的其他支出，包括使无形资产达到预定用途所发生的专业服务费用、测试无形资产是否能够正常发挥作用的费用等，但不包括为引入新产品进行宣传发生的广告费、管理费用及其他间接费用，也不包括在无形资产达到预定用途后发生的费用。

企业取得的自用的土地使用权，通常按照取得时所支付的价款及其相关税费确认为无形资产。一般情况下，当土地使用权用于自行开发建造厂房等地上建筑物时，相关的土地使用权账面价值不转入在建工程成本。有关的土地使用权与地上建筑物分别按照其应摊销或应折旧年限进行摊销、提取折旧。

2）自行开发的无形资产

企业自行开发的无形资产的成本，包括直接归属于使该项资产达到预定用途所发生的各项支出，如开发该项无形资产时耗费的材料、劳务成本、注册费用等。对于同一项无形资产在开发过程中达到资本化条件之前已经费用化计入损益的支出，不再调整计入无形资产成本。

3）投资者投入的无形资产

投资者投入的无形资产成本，应当按照合同或协议约定的价值确定，在投资合同或协议约定的价值不公允的情况下，应按无形资产的公允价值入账。

4）接受捐赠的无形资产

接受捐赠的无形资产，如果捐赠方提供了有关凭据的，按凭据上标明的金额加上应支付相关税费计入无形资产成本；如果捐赠方没有提供有关凭据的，按如下顺序确定其实际成本：同类或类似无形资产存在活跃市场的，按同类或类似无形资产的市场价格估计的金额，加上应支付的相关税费作为无形资产成本；同类或类似无形资产不存在活跃市场的，按该接受捐赠的无形资产的预计未来现金流量现值作为无形资产成本。

7.1.6 无形资产的后续计量

无形资产初始确认和计量后，在其后使用无形资产期间内应以成本减去累计摊销额和累计减值损失后的余额计量。要确定无形资产在使用过程中的累计摊销额，基础是估计其使用寿命，只有使用寿命有限的无形资产才需要在估计的使用寿命内采用系统合理的方法进行摊销，对于使用寿命不确定的无形资产则不需要摊销。

无形资产使用寿命包括法定寿命和经济寿命两个方面。有的无形资产的使用寿命受法律、行政法规、部门规章或合同限制，称为法定寿命，如我国法律规定发明专利权有效期为 20 年，商标权的有效期为 10 年。有些无形资产如永久性特许经营权、非专利技术等的寿命不受法律或合同的限制。经济寿命是指无形资产可以为企业带来经济利益的年限。在估计无形资产的使用寿命时，应当综合考虑各方面相关因素的影响，合理确定无形资产的使用寿命。

7.2　无形资产的核算

7.2.1　账户设置

企业为了核算无形资产的取得、摊销以及处置等，需要设置“无形资产”、“累计摊销”、“研发支出”、“无形资产减值准备”等账户。

1)“无形资产”账户

该账户用来核算企业持有的无形资产成本，包括专利权、非专利技术、商标权、著作权、土地使用权等。该账户借方登记企业取得无形资产的成本；贷方登记处置无形资产的成本；期末余额在借方，反映企业现有无形资产的成本。该账户可以按无形资产的项目进行明细核算。

2)“累计摊销”账户

该账户用来核算企业对使用寿命有限的无形资产计提的累计摊销。该账户贷方登记企业计提的无形资产摊销额；借方登记处置无形资产时转销的累计摊销额；期末余额在贷方，反映企业现有无形资产的累计摊销额。该账户可以按无形资产项目进行明细核算。

3)“无形资产减值准备”账户

该账户用来核算企业对无形资产进行减值测试后计提的减值准备。该账户贷方登记企业计提的无形资产减值准备；借方登记处置无形资产时转出的已计提的无形资产减值准备；期末余额在贷方，反映已计提但尚未转销的无形资产减值准备。

4)“研发支出”账户

该账户用来核算企业自行开发无形资产过程中发生的各项支出，包括费用化支出和资本化支出。该账户借方登记企业发生的研发支出；贷方登记研究开发的项目完成，达到预定用途形成无形资产或转作管理费用的金额；期末余额在借方，反映企业正在进行无形资产研究开发项目并且满足资本化条件的支出。该账户应分别“费用化支出”、“资本化支出”进行明细核算。

7.2.2　无形资产的取得

1) 购入无形资产

企业购入无形资产时，应根据购入无形资产的实际成本，借记“无形资产”账户，贷记“银行存款”等账户。

【例 7–1】 企业购入一项专利技术，以银行存款支付转让费及其他相关费用共计240 000元，做如下分录：

借：无形资产——专利权　　240 000

　贷：银行存款　　240 000

2）自行开发无形资产

企业自行进行研究开发的项目，应当区分研究阶段与开发阶段分别进行核算，研究阶段的支出全部费用化，计入当期损益，“管理费用”科目。开发阶段的支出符合无形资产确认条件的才能资本化，计入无形资产成本，不符合资本化条件的则列入当期损益，也计入“管理费用”科目。如果无法区分研究阶段的支出和开发阶段的支出，应将所发生的研发支出全部费用化，计入当期损益。

【例 7–2】 企业自行研究开发一项新产品专利技术，在研究开发过程中发生材料费300 000 元，人工工资 250 000 元，以银行存款支付的其他费用 100 000 元，按照研究开发支出确认无形资产的原则，总支出中符合资本化条件的支出 150 000 元，期末，该项专利技术已经达到预定的用途。

①发生研究开发支出，做如下分录：

借：研发支出——费用化支出　　500 000

　　　　　　——资本化支出　　150 000

　贷：原材料　　300 000

　　　应付职工薪酬　　250 000

　　　银行存款　　100 000

②期末，该项专利达到预定用途，结转研究开发支出，做如下分录：

借：管理费用　　500 000

　　无形资产——专利权　　150 000

　贷：研发支出——费用化支出　　500 000

　　　　　　　——资本化支出　　150 000

3）投资者投入无形资产

投资者投入的无形资产，在合同或协议约定价值公允的前提下，应按照投资合同或协议约定的价值作为无形资产的入账价值。在合同或协议约定价值不公允的情况下，应按照无形资产的公允价值入账。无形资产的入账价值与折合资本额之间的差额，作为资本公积。

【例 7–3】 企业接受 A 公司一处土地使用权的投资，双方约定的价值为5 000 000元，约定的价值公允。根据资料做如下分录：

借：无形资产——土地使用权　　5 000 000

　贷：实收资本——A 公司　　5 000 000

【例 7–4】 企业接受 B 公司以一项专利权向企业进行投资，双方约定价值为 380 000 元，该项专利权公允价值为 400 000 元。做如下分录：

借：无形资产——专利权　　400 000

　贷：实收资本　　380 000

贷：资本公积　　20 000

4）**接受捐赠的无形资产**

接受捐赠的无形资产，应按会计规定确定的入账价值，借记“无形资产”科目；按企业因接受捐赠无形资产支付或应付的金额，贷记“银行存款”、“应交税费”等科目；按借贷双方的差额，贷记“营业外收入”科目。

【例 7-5】 企业接受 A 公司捐赠的特许权，双方根据市场价格确定该特许权的实际成本为 150 000 元。不考虑税费，做如下分录：

借：无形资产　　150 000

　贷：营业外收入——接受捐赠利得　　150 000

5）**土地使用权的处理**

企业取得的自用的土地使用权，通常按照取得时所支付的价款及其相关税费确认为无形资产。一般情况下，当土地使用权用于自行开发建造厂房等地上建筑物时，相关的土地使用权账面价值不转入在建工程成本。有关的土地使用权与地上建筑物分别按照其应摊销或应折旧年限进行摊销、提取折旧。

企业外购的房屋建筑物，实际支付的价款中包括土地以及建筑物的价值，则应当对支付的价款按照合理的方法在地上建筑物与土地使用权之间分配，无法合理分配的，应全部确认为固定资产。企业改变土地使用权的用途，将其用于出租或增值目的时，应将其转入投资性房地产。

【例 7-6】 2013 年 1 月施工企业购入一块土地使用权，以银行存款支付 700 万元，并在该土地上自行建造办公楼，以银行存款支付工程物资采购款 900 万元，该工程物资全部用于该办公楼建设，工资费用 600 万元，其他相关费用 500 万元。2013 年 10 月 31 日，该工程已完工并达到预定可使用状态。不考虑相关税费。做会计分录如下：

（1）支付转让价款：

借：无形资产——土地使用权　　7 000 000

　贷：银行存款　　7 000 000

（2）在土地上建造办公楼：

借：工程物资　　9 000 000

　贷：银行存款　　9 000 000

借：在建工程　　20 000 000

　贷：工程物资　　9 000 000

　　　应付职工薪酬　　6 000 000

　　　银行存款　　5 000 000

（3）工程完工：

借：固定资产　　20 000 000

　贷：在建工程　　20 000 000

7.2.3　无形资产的摊销

1）**无形资产的摊销方法**

无形资产的摊销期自可供使用（即无形资产达到预定用途）时起至终止确认时止，

摊销方法有直线法和生产总量法等。

直线法是将无形资产应摊销的金额在预计使用寿命期内平均摊销的方法，它与固定资产折旧的年限平均法相同。

生产总量法是将无形资产的应摊销金额在预计生产总量之间平均分摊，再根据各月实际生产总量计算摊销额的方法，它与固定资产折旧的工作量法相同。

无形资产采用何种摊销方法，应根据该项无形资产获取预期未来经济利益的预计消耗方式来选择，并应一致地运用于不同会计期间。

2）无形资产摊销的账务处理

无形资产的摊销额一般计入当期损益。企业自用的无形资产，其摊销额计入当期管理费用；出租的无形资产，其摊销额计入其他业务成本。

【例7-7】企业月末对自用无形资产采用直线法进行摊销，该项无形资产的初始成本为450 000元，预计使用寿命为6年，确定无形资产摊销期6年。根据资料做如下分录：

借：管理费用　　6 250

　贷：累计摊销　　6 250

【例7-8】企业将一项专利技术出租给其他单位使用，该项专利技术账面余额为600 000元，摊销期限为10年，本月应计提出租专利技术摊销额5 000元，做如下分录：

借：其他业务成本　　5 000

　贷：累计摊销　　5 000

7.2.4 无形资产的处置

无形资产的处置是指无形资产出售、对外出租、对外捐赠，或者无法为企业带来经济利益时，应予转销并终止确认。

1）无形资产出售

企业所拥有的无形资产，可依法转让。企业出售无形资产，按实际取得的收入借记“银行存款”科目；按该无形资产已计提的摊销和减值准备借记“累计摊销”、“无形资产减值准备”科目；按无形资产账面价值贷记“无形资产”科目，按应支付的相关税费，贷记“应交税费”科目，其差额为出售无形资产的净收益或净损失，应当计入当期损益。净收益贷记“营业外收入”科目，净损失借记“营业外支出”科目。

【例7-9】企业将拥有的一项非专利技术出售，按合同规定出售价款150 000元，款项已通过银行存款收到，该项收入应交营业税费等8 000元，该项专利技术账面余额120 000元，累计摊销额为30 000元，没有计提减值准备。根据资料做如下分录：

借：银行存款　　150 000

　　累计摊销　　30 000

　贷：无形资产——非专利技术　　120 000

　　　应交税费——应交营业税　　8 000

　　　营业外收入　　52 000

【例7-10】企业将拥有的一项专利权出售给甲公司，出售价款100 000元，款项已通过银行存款收到，该项专利权初始成本为700 000元，累计摊销460 000元，已计提资产减值准备80 000元，该项收入应交营业税5 000元。根据资料做如下分录：

借：银行存款　　100 000
　　累计摊销　　460 000
　　无形资产减值准备——专利权　　80 000
　　营业外支出　　65 000
　贷：无形资产——专利权　　700 000
　　　应交税费——应交营业税　　5 000

2）无形资产出租

无形资产出租是将无形资产的使用权让渡给他人，并取得租金收入。企业出租无形资产取得的收入列作其他业务收入，借记“银行存款”科目，贷记“其他业务收入”科目，出租的无形资产摊销额借记“其他业务成本”科目，贷记“累计摊销”科目。

【例 7-11】 企业将拥有的一项专利技术出租给其他企业使用，合同约定租期3年，每月租金 30 000 元。该项专利技术账面余额 1 200 000 元，摊销期限为 10 年，假定不考虑其他相关税费，账务处理如下：

①取得租金收入时，做如下分录：

借：银行存款　　30 000
　贷：其他业务收入　　30 000

②每月计提累计摊销时，做如下分录：

借：其他业务成本　　10 000
　贷：累计摊销　　10 000

3）无形资产报废

无形资产预期不能为企业带来经济利益，不再符合无形资产的定义，应将其报废。报废无形资产的净损失列作营业外支出，计入当期损益。

【例 7-12】 企业拥有一项非专利技术已被其他新技术替代，预期不能给企业带来经济利益。该项非专利技术账面余额 400 000 元，已计提累计摊销 300 000 元，已计提减值准备 40 000 元，经批准办理报废转销手续，做如下分录：

借：累计摊销　　300 000
　　无形资产减值准备　　40 000
　　营业外支出　　60 000
　贷：无形资产——非专利技术　　400 000

7.2.5　无形资产的减值

无形资产在资产负债表日存在可能发生减值的迹象时，其可收回金额低于账面价值的，企业应当将该项无形资产的账面价值减记至可收回金额，减记的金额确认为减值损失，计入当期损益，同时计提相应的资产减值准备。无形资产减值损失一经确认，以后会计期间不得转回。

【例 7-13】 12 月 31 日，企业拥有的一项专利技术，账面余额为 800 000 元，已计提累计摊销 200 000 元，经测试，该项专利的可收回金额为 400 000 元，以前没有计提减值准备。根据资料做如下分录：

借：资产减值损失——无形资产减值损失　　200 000

贷：无形资产减值准备 200 000

7.3 长期待摊费用的核算

长期待摊费用是指企业已经支出，但应由本期和以后各期负担的分摊期限在一年以上的各项费用，如以经营租赁方式租入固定资产发生的改良支出等。长期待摊费用应当单独核算，在费用项目受益期内分期平均摊销。

企业应设置“长期待摊费用”账户，用以核算发生的各项长期待摊费用，该账户借方登记发生的各项长期待摊费用；贷方登记摊销的长期待摊费用；期末余额在借方，反映尚未摊销完毕的长期待摊费用。

【例 7–14】 企业经营租入施工机械一台，租赁期 2 年，企业经出租方同意对经营租入的施工机械进行改良，以银行存款支付改良支出 12 000 元。

①发生改良支出时，做如下分录：

借：长期待摊费用——固定资产改良支出 12 000

贷：银行存款 12 000

②分月平均摊销时，做如下分录：

每月分摊额 = 12 000 ÷ 2 ÷ 12 = 500（元）

借：机械作业 500

贷：长期待摊费用——固定资产改良支出 500

本章小结

无形资产是企业拥有或控制的没有实物形态的可辨认非货币性资产，包括专利权、商标权、著作权、非专利技术、特许权、土地使用权等。无形资产按取得方式可以分为外来无形资产和自行开发的无形资产；按使用寿命可分为使用寿命有限的无形资产和使用寿命不确定的无形资产。无形资产在取得时应按实际成本计量，已取得的无形资产应从取得当月起按直线法或生产总量法计提摊销，摊销的金额计入当期损益。在资产负债表日对存在可能发生减值迹象的无形资产，经测试应将可回收金额与该项无形资产账面价值的差额确认为减值损失，计入当期损益，同时计提相应的资产减值准备。企业处置无形资产时，应将所取得的价款与其账面价值的差额计入当期损益。

关键概念

无形资产　专利权　商标权　著作权　非专利技术　特许权　土地使用权　无形资产处置　长期待摊费用

第 8 章　流动负债

◆ 学习目标

知识目标：了解流动负债的性质，种类和内容，明确负债核算的主要经济业务，掌握流动负债、短期借款、应付账款、应付票据、应付职工薪酬等概念和内容。

技能目标：掌握各项流动负债的账务处理方法。

8.1　流动负债概述

负债是指过去的交易或事项形成的、预期会导致经济利益流出企业的现时义务。负债按其流动性可分为流动负债和非流动负债。

流动负债是指在 1 年或超过 1 年的一个营业周期内偿还的债务，包括短期借款、应付票据、应付账款、预收账款、应付职工薪酬、应交税费、应付利息、应付股利、其他应付款等。

1）短期借款

短期借款是指从银行或其他金融机构借入的、偿还期限在 1 年以内（含 1 年）的各种借款。

2）应付票据

应付票据是指由出票人签发，由承兑人允诺在一定时期内支付一定款额的书面证明。在我国应付票据是在商品购销活动中采用商业汇票结算方式而发生的。商业汇票对于购买方来说是应付票据，对于销货方来说是应收票据。商业汇票的最长期限不超过 6 个月，因此，应付票据属于企业的流动负债。

3）应付账款

应付账款是指企业生产经营过程中，因购买材料、商品或接受劳务供应而应付给供应单位的款项，是买卖双方在购销活动中由于取得物资与结算付款存在时间差异而产生的债务。应付账款与应付票据不同，两者虽都是由于交易而引起的债务，都属于流动负债，但应付账款属于未结清的债务，而应付票据是一种期票，是延期付款的凭证，有承诺付款的票据作为依据，票据到期，企业负有无条件支付票款的责任。

4）预收账款

预收账款是指经双方协议商定，预先支付一部分购货款或劳务结算款项给对方而发生的一项负债，这项负债要用以后的商品、劳务等偿还。

5）应付职工薪酬

应付职工薪酬是企业支付给职工的各种形式的报酬以及其他相关支出，职工薪酬的内容包括：职工工资、奖金、津贴和补贴；职工福利；社会保险费；住房公积金；工会经费和职工教育经费；非货币性福利；辞退福利等。

6）应交税费

应交税费是指企业应交的各种税金以及与税金相关的费用，如营业税、所得税、资源税、车船税、城镇土地使用税、城市维护建设税以及与税金相关的教育费附加等。

7）应付利息

应付利息是指企业按照合同约定应支付给债权人的利息，包括应付票据、应付债券、各种借款等应支付的利息。

8）应付股利

应付股利是指企业根据批准的利润分配方案确定分配给投资者的现金股利或利润。

9）其他应付款

其他应付款是指企业除应付票据、应付账款、预收账款、应付职工薪酬、应交税费、应付利息、应付股利、长期应付款以外的其他各项应付、暂收款项，如应付经营租入固定资产和包装物的租金、存入保证金等。

流动负债通常是为了满足生产经营资金周转的需要而借入的，具有偿还时间短、金额相对较小、举借债务主要为了满足日常经营活动所需等特点。

我国企业会计准则规定流动负债应按实际发生额计价入账，对于负债已经发生而数额需要预计的，应当合理预计，待实际数额确定时再进行调整。

短期借款、带息应付票据、交易性金融负债按照借款本金或债券面值按期计提的利息也列为负债，并相应计入当期损益。

8.2 短期借款的核算

短期借款是指从银行或其他金融机械借入的、偿还期限在1年以内（含1年）的各种借款。

8.2.1 短期借款的账户设置

短期借款一般是指企业为获得维持正常生产经营所需资金而借入的款项，为了核算短期借款的取得和偿还情况，企业应设置“短期借款”账户。该账户贷方登记企业借入的短期借款额；借方登记偿还的短期借款额；期末余额在贷方，反映企业尚未偿还的短期借款。该账户应按债权人、借款种类等设置明细账进行明细核算。

8.2.2 短期借款的账务处理

短期借款的账务处理包括借款取得、借款利息、借款归还三个方面。企业取得短期借款时，按取得借款的金额，借记“银行存款”等账户，贷记“短期借款”账户。

由于银行一般于每季度末向企业收取短期借款利息，所以企业的短期借款利息一般采取月末预提的方式进行核算，企业应当在资产负债表日按照计算确定的短期借款利息费用，借记“财务费用”账户，贷记“应付利息”账户；实际支付利息时，根据预提的利息，借记“应付利息”账户，根据应计利息，借记“财务费用”账户，根据应付利息总额，贷记“银行存款”等账户。

短期借款到期偿还借款本金时，借记“短期借款”账户，贷记“银行存款”账户。

【例 8-1】 企业因生产经营的临时性需要，于某年 7 月 1 日向建设银行申请取得短期借款 600 000 元，期限 3 个月，年利率 9%，到期一次归还本息。根据资料，企业做如下账务处理：

（1）7 月 1 日取得借款时：

借：银行存款	600 000	
贷：短期借款——建设银行		600 000

（2）7 月 31 日确认当月利息费用：

借款利息费用 = 600 000×9% ÷12 = 4 500（元）

借：财务费用	4 500	
贷：应付利息		4 500

（3）8 月 31 日预提借款利息的处理同（2）。

（4）9 月 30 日，确认当月利息费用 4 500 元，并归还借款本息：

借：应付利息	9 000	
财务费用	4 500	
短期借款——建设银行	600 000	
贷：银行存款		613 500

8.3　应付账款的核算

应付账款是指企业生产经营过程中，因购买材料、商品或接受劳务供应而应付给供应单位的款项。

8.3.1　应付账款的账户设置

企业为了核算因购买材料、商品或接受劳务等而应付给供应单位的款项，应设置“应付账款”账户。该账户贷方登记企业购买材料、商品或接受劳务等应付给供应单位的款项；借方登记企业实际偿还的应付款项；期末余额一般在贷方，反映已发生尚未支付的账款余额。该账户应按债权人（供应单位）设置明细账进行明细核算。

8.3.2　应付账款的账务处理

应付账款的入账时间应以所购物资的所有权转移或接受的劳务已经发生为标志予以确认，在实际工作中，应区别不同情况处理：①在货物和发票同时到达的情况下，应付款项一般待货物验收入库后，才按发票账单登记入账。②在所购货物和发票账单不是同时到达的情况下，一般待发票账单到达后，再根据发票账单入账，如月末发票账单尚未到达，为在资产负债表上客观反映企业所拥有的资产和承担的债务，应对所购物资形成的应付款金额进行暂估并入账，下月初用红字冲销暂估款，待发票账单到达后，再按实际金额入账。

企业采购材料物资发生应付款项时，借记“材料采购”等账户，贷记“应付账款”账户；接受供应单位劳务而发生应付款项时，借记有关成本费用账户，贷记“应付账款”账户；与分包单位结算已完工工程价款而形成应付未付工程款时，借记“工程施工”等账户，贷记本账户。企业偿还应付账款时，借记“应付账款”账户，贷记“银行存款”等账户。

【例8-2】 某年8月1日，企业从A公司购入材料一批，买价120 000元，对方代垫运杂费4 000元。材料已到并验收入库，货款尚未支付，企业做如下分录：

借：材料采购　　124 000

　贷：应付账款——A公司　　124 000

【例8-3】 某年8月20日，企业从B公司购入材料一批，材料已运到并验收入库，但月末与该款项相关的发票账单未到达，暂时按照合同价143 000元估计入账，企业做如下分录：

借：原材料　　143 000

　贷：应付账款——暂估应付款　　143 000

下月初用红字冲销暂估应付款（红字用方框表示），做如下分录：

借：原材料　　[143 000]

　贷：应付账款——暂估应付款　　[143 000]

假设该年度9月10日，相关的发票账单到达企业，价款及代垫运杂费共计145 000元，以银行存款支付，做如下分录：

借：材料采购　　145 000

　贷：银行存款　　145 000

【例8-4】 企业某年8月15日以银行存款支付前欠A公司材料款124 000元，做如下分录：

借：应付账款——A公司　　124 000

　贷：银行存款　　124 000

8.4 应付票据的核算

应付票据是指企业根据合同进行延期付款的商品交易，由出票人签发，由承兑人允诺在一定时期内支付一定款额的书面证明。在我国应付票据是在商品购销活动中采用商业汇票结算方式而产生的。

商业汇票按承兑人不同分为商业承兑汇票和银行承兑汇票。在商业承兑汇票方式下，承兑人应为付款人，承兑人对这种债务在一定时期内支付的承诺，作为企业的一项负债；在银行承兑汇票方式下，商业汇票由银行承兑，对付款人来说，不会因为银行承兑而使该项负债消失，它只是由银行为收款方按期收回债权提供了一个可靠的信用保证，所在银行承兑汇票同样是企业的一项负债。

企业向银行办理银行承兑汇票时收取的手续费计入财务费用，如果到期企业无力支付，银行视为对企业的短期贷款，并收取利息。

应付票据按票面是否注明利率，分为带息票据和不带息票据两种。

8.4.1 应付票据的账户设置

企业为了核算因采购材料、商品或接受劳务等开出、承兑的商业汇票，应设置“应付票据”账户。该账户贷方登记企业开出、承兑的商业汇票票面金额；借方登记商业汇票到期支付的票面金额；期末余额在贷方，反映企业尚未到期的商业汇票票面金额。该账户应按债权人设置明细账进行明细核算。

8.4.2 应付票据的账务处理

应付票据一般按票面价值入账，企业开出、承兑的商业汇票抵付货款、应付账款时，借记“原材料”、“应付账款”等账户，贷记“应付票据”账户；收到银行支付到期票据付款通知时，借记“应付票据”账户，贷记“银行存款”账户。带息票据的利息以及支付签发银行承兑汇票的手续费均记入“财务费用”账户；如汇票到期无款支付，则应将该商业汇票转入“应付账款”账户核算。

开出并承兑的商业承兑汇票到期如果不能如期支付，应在票据到期时，将“应付票据”账面价值转入“应付账款”科目，同时停止计息。开出并承兑的银行承兑汇票到期企业无力支付，应在票据到期时，将“应付票据”账面价值转入“短期借款”科目，并将按日支付万分之五的利息记入当期财务费用。

1）不带息商业汇票的账务处理

【例 8-5】 某年 5 月 16 日，企业向 A 公司购买钢材一批，发票价款及代垫运杂费 178 000元，企业开出一张期限为 3 个月、票面金额 178 000 元的商业承兑汇票给 A 公司办理贷款结算，该企业根据资料做如下分录：

借：材料采购（或原材料） 178 000

　贷：应付票据——A 公司 178 000

【例 8-6】 某年 8 月 16 日，企业向 A 公司开出的期限 3 个月、票面金额 178 000 元的商业承兑汇票到期，通过银行支付到期票款，该企业做如下分录：

借：应付票据——A 公司 178 000

　贷：银行存款 178 000

【例 8-7】 假设企业向 A 公司开出的期限 3 个月、票面金额 178 000 元的商业承兑汇票到期，企业无力支付到期票款，则企业应将该商业承兑汇票转入“应付账款”账户核算，做如下分录：

借：应付票据——A 公司 178 000

　贷：应付账款——A 公司 178 000

【例 8-8】 假设企业向 A 公司开出的期限 3 个月、票面金额 178 000 元的商业汇票为银行承兑汇票，汇票到期，企业无银行存款支付到期票款，银行已为企业向 A 公司付清了到期票款。企业根据承兑协议，将银行承兑的汇票款项转为对银行的短期借款，做如下分录：

借：应付票据——A 公司 178 000

　贷：短期借款 178 000

2）**带息商业汇票的账务处理**

【例 8-9】 企业某年 11 月 1 日购入价值 300 000 元的材料，同时出具一张期限为 3 个月的带息票据，年利率 9%，与供货单位办理款项结算。账务处理如下：

①购入材料，开出商业承兑汇票时，做如下分录：

借：材料采购 300 000

　贷：应付票据 300 000

②12 月 31 日，计算两个月的应付利息，做如下分录：

借：财务费用（300 000×9%÷12×2） 4 500

　贷：应付票据 4 500

③第 2 年 2 月 1 日，支付到期票款及利息，做如下分录：

借：应付票据 304 500

　　财务费用（300 000×9%÷12） 2 250

　贷：银行存款 306 750

8.5 预收账款的核算

预收账款是指经双方协议商定，预先向购货方或接受劳务方收取一部分购货款或劳务结算款项而形成的一项负债，这项负债要用以后的商品、劳务等偿还。施工企业的预收账款主要包括预收备料款、预收工程款、预收货款等。

8.5.1 预收账款的账户设置

为了反映预收账款的发生及偿付情况，企业应设置“预收账款”账户。该账户贷方登记预收的工程款、备料款和货款；借方登记与发包单位结算已完工工程价款时，从应收工程款中扣还的预收工程款和备料款以及从应收账款中扣还的预收货款。期末贷方余额表示企业预收尚未结算扣还的各种预收款。该账户下设置“预收工程款”和“预收销货款”两个明细账户，并按发包单位和购货单位进行明细核算。

8.5.2 预收账款的账务处理

企业按规定预收的工程款和备料款，以及收到发包单位拨入抵作备料款的材料时，借记“银行存款”、“原材料”等账户，贷记“预收账款”账户，企业与发包单位结算已完工工程价款，从应收工程款中扣还预收的工程款和备料款时，借记“预收账款”账户，贷记“应收账款”账户。

企业按合同规定预收的销货款，借记“银行存款”账户，贷记“预收账款”账户；结算销货款时，借记“预收账款”账户，贷记“应收账款”账户。

【例 8-10】 甲施工企业收到发包单位拨来抵作备料款的材料价值 100 000 元，计划成本为 110 000 元，则甲企业应做如下分录：

借：原材料 110 000

　贷：预收账款——预收备料款 100 000

　贷：材料成本差异 10 000

【例 8-11】月中，甲施工企业根据工程价款预支账单向发包单位预收工程款 45 000 元，做如下分录：

借：银行存款　　45 000

　贷：预收账款——预收工程款　　45 000

【例 8-12】月末，甲施工企业填制工程价款结算单，经与发包单位签证，结算本期已完工的工程款为 75 000 元，做如下分录：

借：应收账款　　75 000

　贷：主营业务收入　　75 000

【例 8-13】甲施工企业在当月已完工工程价款中扣还预收备料款 15 000 元，月中预收的工程款 45 000 元，余款已收到并存入银行，做如下分录：

借：银行存款　　15 000

　　预收账款——预收备料款　　15 000

　　　　　　——预收工程款　　45 000

　贷：应收账款　　75 000

8.6　应付职工薪酬的核算

8.6.1　职工薪酬的内容

1）职工薪酬的概念

职工薪酬是指企业为获得职工提供的服务而给予的各种形式的报酬以及其他相关支出。主要包括：

①职工工资、奖金、津贴和补贴，是指按国家统计部门规定构成工资总额的计时工资、计件工资、支付给职工的超额劳动报酬和增收节支的劳动报酬。

②职工福利费，是指企业为职工提供的福利，从成本、费用中提取的金额。

③社会保险费，是指企业按照国家规定的基准和比例，向社会保险经办机构缴纳的医疗保险金、养老保险金、失业保险金、工伤保险费和生育保险费。由企业缴纳的部分，属于职工薪酬的核算范围。

④住房公积金，是指企业按照国家《住房公积金管理条例》规定的基准和比例，向住房公积金管理机构缴存的住房公积金。

⑤工会经费和职工教育经费，是指企业为了改善职工文化生活，提高职工业务素质，根据国家规定的基准和比例，从成本、费用中提取的用于开展工会活动和职工教育及职工技能培训的金额。

⑥非货币性福利，是指企业将自产产品或外购商品发放给职工作为福利。

⑦辞退福利，是指职工在合同到期之前解除劳务合同或职工自愿接受裁减而给予的补偿。

⑧股份支付，通常是上市公司给职工的一些承诺，如服务若干年后职工可以以既定的价格来购买本公司的股票等。

2）工资总额的确定

工资总额是企业在一定时期内按规定应支付给职工的劳动报酬总额。包括：

①计时工资，按计时工资标准和实际工作时间支付给职工的劳动报酬。

②计件工资，按照工人完成的合格品数量和计件单价计算并支付的工资。

③奖金，为鼓励职工更好地完成任务而给予职工的奖励，如生产奖、节约奖、安全奖。

④津贴和补贴，为补偿职工额外的或特殊的劳动消耗，或为保障职工生活水平不受特殊条件的影响而发给职工的津贴、补贴。

⑤加班加点工资，按规定支付给职工在规定的工作时间以外工作的工资。

⑥特殊情况下支付的工资，因病、工伤、产假、婚丧假、探亲假等按一定比例支付给职工的工资。

3）工资核算的原始依据

工资核算的原始依据包括工资卡、考勤记录、产量记录、扣款通知单、停工单等。

8.6.2 职工薪酬的计算

1）计时工资

计时工资是指根据企业考勤记录记载的职工出勤天数，按规定的工资标准计算的工资。计时工资的计算分为月薪制和日薪制两种。

①月薪制。月薪制是不论当月实际日历天数多少天，只要职工按规定出满勤就可以得到相同的月标准工资。如有缺勤，则从月标准工资中扣除缺勤应扣工资，其计算公式如下：

应付计时工资=月标准工资-缺勤应扣工资

缺勤应扣工资=缺勤天数×日工资×扣款比例

日工资=月标准工资÷21.75天

【例8-14】 职工王明月标准工资为2 175元，2009年8月份出勤19天，请事假2天（扣款比例100%），病假2天（扣款比例20%），王明8月份应得计时工资计算如下：

日工资=2 175÷21.75=100（元/天）

8月份应得工资=2 175-2×100-2×100×20% =1 935（元）

②日薪制。日薪制是按照每月实际出勤天数和日工资计算职工应得计时工资。其计算公式如下：

应付计时工资=月出勤天数×日工资+病假应发工资

【例8-15】 依据【例8-14】，采用日工资制时，王明2013年8月份应得计时工资计算如下：

应得计时工资=19×100+2×100×80% =2 060（元）

2）计件工资

计件工资是根据完成的合格产品产量（工作量）和规定的计件单价计算工资。其计算公式如下：

应付计件工资 = $\sum$（合格品产量 × 计件单价）

【例8-16】 职工赵明本月完成了120立方米的砖基础砌筑工程，每立方米砖基础计件单价为16.50元，则本月赵明计件工资如下：

应得计件工资=16.50×120=1 980（元）

3）奖金、津贴和补贴、加班加点工资

奖金、津贴和补贴、加班加点工资应按照国家规定和企业规定的标准，依实际情况进行计算。

4）社会保险费

国家规定了社会保险费的计提基础和比例，企业应当依照国家规定的标准计提。

5）职工福利费、住房公积金、工会经费、职工教育经费

国家规定了职工福利费、住房公积金、工会经费、职工教育经费等的计提基础和计提比例，企业应当依照国家的标准计提；职工福利费由企业根据历史数据和自身实际情况确定比例，从成本费用中提取。

8.6.3 工资结算凭证的编制

企业与职工进行工资结算，通过编制“工资结算表”进行。在“工资结算表”中，要根据职工的考勤记录、工资卡、代扣款等资料，分别计算应付工资、代扣款项、实发工资等。工资结算单一式三份，一份由劳动工资部门存查，一份发放给职工，一份交财会部门作为工资核算的原始依据。

【例8-17】 某年8月31日，企业根据各部门的“工资结算表”，按人员类别和工资性质分别汇总后，编制的“工资结算汇总表”见表8-1；根据工资总额，依据国家规定计算的社会保险见表8-2；根据工资总额，按照有关规定计算的职工福利等见表8-3。

表8-1 **工资结算汇总表**

××年8月 金额单位：元

人员类别	应付工资总额						代扣款		实发工资
	计时工资	计件工资	奖金	津贴补贴	加班加点工资	合计	个人所得税	社会保险费	
工程施工人员	70 000	40 000	20 000	5 000	5 000	140 000	5 600	7 000	127 400
其中：第一施工队	43 000	28 000	14 000	3 500	4 000	92 500	3 700	4 625	84 175
第二施工队	27 000	12 000	6 000	1 500	1 000	47 500	1 900	2 375	43 225
机械作业人员	8 000		1 000	300	700	10 000	400	500	9 100
管理人员	15 000		3 000	1 400	600	20 000	800	1 000	18 200
合计	93 000	40 000	24 000	6 700	6 300	170 000	6 800	8 500	154 700

表8-2 **社会保险计算表**

××年8月 金额单位：元

人员类别	工资总额	医疗保险费	养老保险费	失业保险费	工伤保险费	生育保险费	合计
计提比例		8%	20%	2%	0.8%	0.8%	
工程施工人员	140 000	11 200	28 000	2 800	1 120	1 120	44 240
其中：第一施工队	92 500	7 400	18 500	1 850	740	740	29 230
第二施工队	47 500	3 800	9 500	950	380	380	15 010
机械作业人员	10 000	800	2 000	200	80	80	3 160
管理人员	20 000	1 600	4 000	400	160	160	6 320
合计	170 000	13 600	34 000	3 400	1 360	1 360	53 720

表 8-3 职工福利费、住房公积金、工会经费、职工教育经费计算表

××年 8 月

金额单位：元

人员类别	工资总额	职工福利费	住房公积金	工会经费	职工教育费	合 计
计提比例		5%	8%	2%	1. 5%	
工程施工人员	140 000	7 000	11 200	2 800	2 100	23 100
其中：第一施工队	92 500	4 625	7 400	1 850	1 387. 5	15 262. 5
第二施工队	47 500	2 375	3 800	950	712. 5	7 837. 5
机械作业人员	10 000	500	800	200	150	1 650
管理人员	20 000	1 000	1 600	400	300	3 300
合计	170 000	8 500	13 600	3 400	2 550	28 050

8. 6. 4 职工薪酬的账务处理

为了核算应付职工薪酬的提取、结算、使用等情况，企业应设置“应付职工薪酬”账户。该账户贷方登记企业发生的应付职工薪酬；借方登记企业发放的职工薪酬；该账户期末余额在贷方，反映企业应付未付的职工薪酬。该账户应按照“工资”、“职工福利”、“社会保险费”、“住房公积金”、“工会经费”、“职工教育费”、“非货币性福利”、“辞退福利”、“股利支付”等进行明细核算。

应付职工薪酬的账户处理涉及确认和发放两个方面。

1）应付职工薪酬的确认

企业应当在职工为其提供服务的会计期间，将应付职工薪酬确认为负债，除因解除与职工的劳动合同关系给予的补偿外，应当根据提供服务的受益对象，计入相关资产成本或当期损益，同时确认应付职工薪酬。应由工程成本负担的建筑安装工程施工人员的薪酬，借记“工程施工”账户；应由机械作业成本负担的机械作业人员的薪酬，借记“机械作业”账户；企业管理人员的薪酬，借记“管理费用”账户；应由在建工程负担的职工薪酬，借记“在建工程”等账户；研发人员的薪酬，借记“研发支出”账户，贷方记入“应付职工薪酬”，其明细科目按所属类别分别记入“工资”、“职工福利”、“社会保险费”、“住房公积金”、“工会经费”、“职工教育费”、“非货币性福利”、“辞退福利”、“股利支付”等明细科目。

【例 8-18】 企业根据本月工资结算汇总表确认的应付职工工资总额见表 8-1，本月的“社会保险计算表”见表 8-2，“职工福利费、住房公积金、工会经费、职工教育经费计算表”见表 8-3，本月编制的“应付职工薪酬汇总表”见表 8-4。

表 8-4 应付职工薪酬汇总表

××年 8 月

金额单位：元

人员类别	工资总额	社会保险费	职工福利费	住房公积金	工会经费	职工教育经费	合计
工程施工人员	140 000	44 240	7 000	11 200	2 800	2 100	207 340
机械作业人员	10 000	3 160	500	800	200	150	14 810
管理人员	20 000	6 320	1 000	1 600	400	300	29 620
合计	170 000	53 720	8 500	13 600	3 400	2 550	251 770

根据表 8-4 等资料，企业确认应付职工薪酬的账务处理如下：

借：工程施工　　207 340
　　机械作业　　14 810
　　管理费用　　29 620
　贷：应付职工薪酬——工资　　170 000
　　　　　　　　——社会保险费　　53 720
　　　　　　　　——职工福利费　　8 500
　　　　　　　　——住房公积金　　13 600
　　　　　　　　——工会经费　　3 400
　　　　　　　　——职工教育经费　　2 550

2）工资支付

“工资结算汇总表”确定的职工工资总额是企业向职工支付工资的依据。为了方便职工，企业常常在职工工资中代为扣取某些款项，以集中支付。代扣款项是通过转账支付给对方，应按其性质分别进行处理。

【例 8-19】 企业某年 8 月份编制的“工资汇总表”中的应付工资总额见表 8-1，在发放工资时，由企业代扣个人所得税 6 800 元，代扣由个人缴纳的社会保险费 8 500 元，实际发放工资为 154 700 元，已通过银行向职工转账支付工资，账务处理如下：

①通过银行向职工转账支付工资时，做如下分录：

借：应付职工薪酬——工资　　154 700
　贷：银行存款　　154 700

②结算各种代扣款时，做如下分录：

借：应付职工薪酬——工资　　15 300
　贷：应交税费——应交个人所得税　　6 800
　　　其他应付款——代扣社会保险费　　8 500

③以银行存款缴纳代扣款时，做如下分录：

借：应交税费——应交个人所得税　　6 800
　　其他应付款——代扣社会保险费　　8 500
　贷：银行存款　　15 300

3）缴纳社会保险费等

【例 8-20】 某年 8 月份，企业按照规定计提的社会保险费、住房公积金等见表 8-2 和表 8-3。本月职工的社会保险费为 53 720 元，住房公积金为 13 600 元都已通过银行缴纳，工会经费和职工教育经费为 5 950 元也已通过银行拨付，根据资料做如下分录：

借：应付职工薪酬——社会保险费　　53 720
　　　　　　　　——住房公积金　　13 600
　　　　　　　　——工会经费　　3 400
　　　　　　　　——职工教育经费　　2 550
　贷：银行存款　　73 270

8.7 应交税费的核算

8.7.1 应交税费的内容

企业经营活动所取得的收入和实现的利润，应按照税法规定履行纳税义务，依法缴纳各种税费。施工企业按照规定缴纳的各种税费主要包括：营业税、城市维护建设税、房产税、车船税、土地使用税、土地增值税、印花税、所得税和教育费附加等。

8.7.2 应交税费的账户设置

为了核算应交的各种税费，企业应设置"应交税费"账户。该账户贷方登记企业应交的各种税费，借方登记实际缴纳的各种税费，期末余额在贷方，反映企业尚未缴纳的税费。该账户按照应交的税费项目设置明细账进行明细核算。

8.7.3 应交税费的账务处理

企业按规定计算应交的营业税、城市维护建设税、教育费附加以及出租无形资产应交营业税，列作营业税金及附加，借记"营业税金及附加"账户，贷记"应交税费"账户；计算应交的土地使用税、车船税、房产税、印花税，列作管理费用，借记"管理费用"账户，贷记"应交税费"、"银行存款"等账户；计算应交的所得税，列作所得税费用，借记"所得税费用"账户，贷记"应交税费"账户，计算缴纳的车辆购置税借记"固定资产"账户，贷记"银行存款"账户。

1）营业税

营业税是对我国境内从事建筑安装、交通运输、金融保险、邮电通讯等各种应税劳务，以及有偿转让无形资产、销售不动产的单位和个人，按其取得的营业额的一定比例征收的一种税。营业税是施工企业缴纳的主要税种，其计算公式如下：

应纳营业税 = 营业额 ×适用税率

因取得主营业务收入和其他业务收入交纳的营业税，借记"营业税金及附加"科目，贷记"应交税费——应交营业税"科目；因出售固定资产取得收入缴纳的营业税，借记"固定资产清理"科目，贷记"应交税费——应交营业税"；转让无形资产取得的收入应交的营业税，借记"营业外支出"科目，贷记"应交税费——应交营业税"科目。

【例 8-21】 施工企业本月实现的营业收入 300 000 元，营业税税率 5%，计算应交营业税 15 000 元，根据资料做如下分录：

计算应缴税费：

借：营业税金及附加　　15 000

　贷：应交税费——应交营业税　　15 000

实际缴纳税费：

借：应交税费——应交营业税　　15 000

　贷：银行存款　　15 000

【例 8-22】 施工企业转让一项无形资产，转让价格 400 000 元，营业税税率 3%，计算应交营业税 12 000 元，根据资料做如下分录：

借：营业外支出　　12 000

　贷：应交税费——应交营业税　　12 000

2）**城市维护建设税**

城市维护建设税是以实际应交的增值税、消费税、营业税为计税依据征收的一种税，其纳税人为缴纳增值税、消费税、营业税的单位和个人。

应纳城市维护建设税 =（企业当期应交的营业税、增值税、消费税）×适用税率

【例 8–23】 根据【例 8–21】和【例 8–22】资料，城市维护建设税税率 7%，计算企业应交的城市维护建设税并做如下分录：

计算应交税费：

借：营业税金及附加　　1 050

　　营业外支出　　840

　贷：应交税费——应交城市维护建设税　　1 890

实际交纳税费：

借：应交税费——应交城市维护建设税　　1 890

　贷：银行存款　　1 890

3）**房产税**

房产税是以在城市、县城、建制镇和工矿区的房产为征收对象，针对房产的价值或出租房产的租金收入向房产所有者征收的一种税。应缴纳房产税按年计算，分期缴纳，其计算公式如下：

应交房产税（按房屋价值计算）=（房屋原值-房产余值）×适用税率

应交房产税（按租金收入计算）= 房产年租金收入×适用税率

企业按规定计算的房产税借记“管理费用”科目，贷记“应交税费——应交房产税”科目，实际交纳时，借记“应交税费——应交房产税”科目，贷记“银行存款”科目。

4）**车船税**

车船税是对我国境内拥有并且使用车船的单位和个人，按车船的种类、使用性质实行定额征收的一种税，其计税依据分别为车船的吨位或数量。

企业按规定计算的车船税借记“管理费用”科目，贷记“应交税费——应交车船税”科目，实际交纳时，借记“应交税费——应交车船税”科目，贷记“银行存款”科目。

5）**土地使用税**

土地使用税是对城市、县城、建制镇和工矿区的单位和个人实际占用土地所征收的一种税。其计税依据为纳税人实际占用土地的面积，根据土地所在地域不同，适用不同的税率。

企业按规定计算的土地使用税借记“管理费用”科目，贷记“应交税费——应交土地使用税”科目，实际交纳时，借记“应交税费——应交土地使用税”科目，贷记“银行存款”科目。

【例 8–24】 企业按规定计算本月应交房产税 7 000 元、应交车船税 5 800 元、应交土地使用税 12 000 元，根据资料做如下分录：

借：管理费用　　24 800

贷：应交税费——应交房产税 7 000
——应交车船税 5 800
——应交土地使用税 12 000

6）**印花税**

印花税是对在经济活动中书立、领受应税凭证（如合同、契约、营业执照、许可证、账簿等）的单位和个人征收的一种税。分别采用比例税率和从量税率两种方法计算应纳税额，其计算公式如下：

应交印花税（比例税率）= 应纳税凭证的金额×适用税率

应交印花税（从量税率）= 纳税凭证的数量×单位税率

企业按规定交纳的印花税在发生时直接通过银行存款支付，借记“管理费用”科目，贷记“银行存款”科目，无需经过“应交税费”科目核算。

【例 8–25】 企业本月因签订合同和使用新账簿应缴纳印花税 860 元，以银行存款支付，做如下分录：

借：管理费用 860
贷：银行存款 860

7）**所得税**

所得税是以企业从事生产经营所得和其他所得为计税依据征收的一种税。企业根据当期利润总额，计算应缴纳的所得税。企业计算的所得税作为一项费用，在计算净利润前予以扣除。

企业按规定计算的所得税借记“所得税费用”科目，贷记“应交税费——应交所得税”科目，实际交纳时，借记“应交税费——应交所得税”科目，贷记“银行存款”科目。

【例 8–26】 按规定计算并结转当月应交所得税 25 000 元，做如下分录：

计算所得税费用：

借：所得税费用 25 000
贷：应交税费——应交所得税 25 000

实际缴纳税费：

借：应交税费——应交所得税 25 000
贷：银行存款 25 000

8）**车辆购置税**

车辆购置税按支付给销售者的全部价款作为计税依据，进口车辆按关税完税价加关税及消费税为计税依据，该税金在发生时直接通过银行存款支付，借记“固定资产”科目，贷记“银行存款”科目，无需经过“应交税费”科目核算。

【例 8–27】 施工企业购置轿车一台，买价 300 000 元，以银行存款支付，按 10% 支付车辆购置税。会计分录如下：

借：固定资产 300 000
贷：银行存款 300 000

借：固定资产 30 000
贷：银行存款 30 000

9）**教育费附加**

教育费附加是以企业实际缴纳的增值税、消费税、营业税的税额为计税依据，按一定比率征收的一种费用。

应交教育费附加 =（企业当期应交的营业税、增值税、消费税）×计算比率

【例 8-28】根据【例 8-21】和【例 8-22】资料，教育费附加计算比率 3%，计算企业应交的教育费附加并做如下分录：

计算应交教育费附加：

借：营业税金及附加　　450

　　营业外支出　　360

　贷：应交税费——应交教育费附加　　810

实际缴纳税费：

借：应交税费——应交教育费附加　　810

　贷：银行存款　　810

8.8　其他应付款的核算

8.8.1　其他应付款的内容

其他应付款是指企业除了应付票据、应付账款、应付职工薪酬、预收账款、应交税费、应付利息、应付股利、长期应付款以外的其他各种应付、暂收款项，如应付经营租入固定资产的租金、存入保证金等。

8.8.2　其他应付款的账户设置

企业应设置“其他应付款”账户，以核算其他各种应付、暂收款项。该账户贷方登记企业其他各项应付、暂收款的发生数；借方登记其他各项应付、暂收款项的偿还或转销数，期末余额在贷方，反映企业应付但未付的其他应付款项。该账户按其他应付款项目或对方单位（个人）进行明细核算。

8.8.3　其他应付款的账务处理

【例 8-29】企业经营租入固定资产，按租赁合同规定本月应付租赁费 2 400 元，尚未支付，做如下分录：

借：机械作业　　2 400

　贷：其他应付款　　2 400

本章小结

负债按其流动性可分为流动负债和长期负债。流动负债是指在 1 年或超过 1 年的一个营业周期内偿还的债务，包括短期借款、应付账款、应付票据、预收账款、应付职工薪酬、应交税费、应付利息、应付股利、其他应付款等。流动负债项目较多，要注意区别不

同项目的核算内容。

关键概念

负债　流动负债　应付账款　应付票据　预收账款　应付职工薪酬　应交税费　应付利息　应付股利　其他应付款

第 9 章　长期负债

◆ 学习目标

知识目标：了解长期负债的内容、特点、分类，长期借款、应付债券、长期应付款等的概念和内容。

技能目标：掌握长期借款、应付债券、长期应付款的账务处理方法，掌握借款费用资本化的核算。

9.1　长期负债概述

9.1.1　长期负债概念及特点

长期负债是指偿还期在 1 年或者超过 1 年的一个营业周期以上的债务，包括长期借款、应付债券、长期应付款等。

企业的长期负债与流动负债相比，除具有负债特征，还具有以下特点：

1）偿还期限较长

长期负债偿还期为一年或超过一年的一个营业周期以上。对于企业剩余债务期限不足一年的长期负债在资产负债表中应将其列为流动负债。

2）举债金额较大

企业举借长期负债，一般都是用于购置固定资产，扩大经营规模，所需资金较大。

3）借款费用高

长期负债金额较大，期限较长，利率较高，其利息费用也较高。

4）偿还方式灵活

长期负债可采用分期偿还本息方式，也可采用分期付息到期还本的方式，还可采用一次还本付息方式，而流动负债通常是到期一次还本付息。

9.1.2　长期负债分类

长期负债按筹措方式不同可分为长期借款、应付债券、长期应付款。

长期借款是指企业从银行或其他金融机构借入的偿还期在 1 年以上的各种借款。

债券是指企业为筹集长期使用资金而实际发行的一种书面凭证，一般是指发行期限在 1 年以上的长期债券。如果企业发行的是 1 年期或 1 年期以下的债券，则作为交易性金融资产负债核算。应付债券是指企业为筹集资金按法定程序报经批准后发行的 1 年以上的债券本金和利息。

长期应付款是指企业除长期借款和应付债券以外的各种长期应付款项，包括融资租入固定资产的租赁费以及分期付款方式购入固定资产等发生的应付款项。

长期负债按偿还方式不同可分为定期偿还的长期负债、分期偿还的长期负债。

定期偿还的长期负债，是指到期日一次偿还本金的长期负债。分期偿还的长期负债，是指到期日之前分期偿还本金的长期负债。

9.2 长期借款的核算

9.2.1 长期借款内容

长期借款是企业向银行等金融机构借入的偿还期在 1 年以上的各种借款。它一般用于固定资产购建、改扩建工程、大修理工程、对外投资以及保持企业长期经营能力等方面。长期借款的核算主要包括长期借款的取得、应计利息和归还本息等内容。

9.2.2 长期借款的账户设置

为了核算长期借款的借入、归还情况，企业应设置“长期借款”账户。该账户贷方登记借入的各种长期借款；借方登记偿还的各种长期借款；期末余额在贷方，反映企业存在尚未偿还的长期借款。该账户应按照借款的种类和贷款人并区别“本金”和“利息调整”进行明细核算。

9.2.3 长期借款取得的账务处理

企业取得长期借款并将取得的借款存入银行时，借记“银行存款”账户，贷记“长期借款”账户。如果将借款直接购置固定资产或用于在建工程项目，则应借记“固定资产”、“在建工程”等账户，贷记“长期借款”账户。

【例 9-1】 某年 6 月 1 日，某企业为保持长期经营能力而向中国建设银行借入期限为 2 年的长期借款 1 800 000 元，年利率 7.2%，到期一次还本付息，取得的借款已存入银行存款账户，该企业做如下分录：

借：银行存款　　　　1 800 000

　贷：长期借款——中国建设银行（本金）　　　　1 800 000

【例 9-2】 某年 1 月 1 日，某企业向中国建设银行借入期限为 3 年的长期借款 900 000 元，用于直接购置某大型施工机械，年利率 7.2%，到期一次还本付息，设备已验收入库，该企业做如下分录：

借：固定资产　　　　900 000

　贷：长期借款——中国建设银行（本金）　　　　900 000

9.2.4 长期借款费用的账务处理

借款费用是指企业为借入资金而付出的代价，包括借款利息及辅助费用。辅助费用是指企业在借款过程中发生的诸如手续费、佣金等费用。

企业发生的借款费用，可以直接归属于符合资本化条件的资产购置或者生产的，应予以资本化，计入相关资产成本；其他借款费用，应当在发生时根据发生额确认为费用，计入当期损益。

符合资本化条件的资产，是指需要经过相当长时间（通常为 1 年或 1 年以上）的购建或生产活动，才能达到预定可使用或者可销售状态的固定资产、投资性房地产和存货等资产。

企业只有发生在资本化期间内的借款费用，才允许资本化。借款费用资本化期间，是指借款费用开始资本化时点到停止资本化时点的期间。借款费用开始资本化时点的确定必须同时满足三个条件：一是资产支出已经发生；二是借款费用已经发生；三是为使资产达到预定可使用或者可销售状态所必需的购建或者生产活动已经开始。

借款利息资本化的金额为企业购建或生产符合资本化条件的资产而借入专门的借款当期实际发生的利息费用，减去将未动用的借款资金存入银行取得的利息收入或者进行暂时性投资取得收益的金额。辅助费用资本化的金额为企业购建或生产符合资本化条件的资产达到预定可使用状态之前发生的金额，达到预定可使用状态之后发生的金额应确认为财务费用，计入当期损益。

根据上述借款费用的确认和计量原则，企业长期借款确定的利息费用，属于筹建期间的，计入管理费用；属于生产经营期间的，计入财务费用；用于购建固定资产的，在固定资产尚未达到预定可使用状态前的利息费用应当予以资本化，计入在建工程成本；固定资产达到预定使用状态后的利息费用应停止资本化，计入财务费用。

【例 9–3】沿用【例 9–1】的资料，该年 6 月 30 日，该企业计提的本月长期借款的利息为 10 800 元（1 800 000×7.2%÷12），做如下分录：

	借方	贷方
借：财务费用	10 800	
贷：应付利息		10 800

【例 9–4】沿用【例 9–2】的资料，企业用向中国建设银行借入的 900 000 元长期借款购入某大型施工机械，按规定应计提本月借款利息 5 400 元（900 000×7.2%÷12），因资产已达到预定可使用状态，借款利息不予资本化，企业应做如下分录：

	借方	贷方
借：财务费用	5 400	
贷：应付利息		5 400

【例 9–5】某年 1 月 1 日，企业向中国建设银行借入期限为 3 年，年利率 7.2%，到期一次还本，按年支付利率的人民币专门借款 1 800 万元，用于购建固定资产，企业将该项固定资产的购建工程委托给甲单位承包施工，合同期为 2 年，总额为 1 800 万元。按照施工合同，企业于第 1 年的 1 月 1 日和 7 月 1 日、第 2 年的 1 月 1 日和 7 月 1 日各支付工程进度款 400 万元，第 2 年的 12 月 31 日工程完工验收交付使用，并支付工程决算应付款 200 万元。企业在借款费用资本化期间利用闲置资金购买短期债券，年利率为 6%，第 4 年的 1 月 1 日以银行存款偿还全部本金并支付第 3 年的利息。

①第 1 年借款费用资本化的金额。

借款费用资本化的期间为第 1 年的 1 月 1 日至第 2 年的 12 月 31 日。

第 1 年的借款利息＝1 800×7.2%

＝129.6（万元）

第 1 年购买短期债券获得的收益=（1 800−400）×6%×6÷12＋（1 800−400−400）×6%×6÷12

=42+30

=72（万元）

第 1 年借款利息应予以资本化的金额=129.6−72=57.6（万元）

该企业第 1 年资产负债表日计提利息费用和支付利息时，做如下分录：

借：应收利息　　720 000

　　在建工程　　576 000

　贷：应付利息　　1 296 000

借：应付利息　　1 296 000

　贷：银行存款　　1 296 000

②第 2 年借款利息资本化的金额。

第 2 年借款利息=1 800×7.2%=129.6（万元）

第 2 年短期债券收益=（1 800−800−400）×6%×6÷12+（1 800−800−400−400）×6%×6÷12

=18+6

=24（万元）

第 2 年借款利息应予以资本化的金额=129.6−24=105.6（万元）

该企业第 2 年资产负债表日计提利息费用和支付利息时，做如下分录：

借：应收利息　　240 000

　　在建工程　　1 056 000

　贷：应付利息　　1 296 000

借：应付利息　　1 296 000

　贷：银行存款　　1 296 000

③第 3 年，资产达到预计可使用状态，利息费用停止资本化，计入当期损益。

第 3 年借款利息=1 800×7.2%=129.6（万元）

借：财务费用　　1 296 000

　贷：应付利息　　1 296 000

9.2.5 归还长期借款的账务处理

企业归还长期借款本金和利息时，应按归还的金额，借记“长期借款”、“应付利息”等账户，贷记“银行存款”账户。

【例 9-6】 企业向中国建设银行借入期限 2 年、年利率为 7.2% 的长期借款 180 万元到期，以银行存款归还到期本金 180 万元和利息 25.92 万元，做如下分录：

借：长期借款　　1 800 000

　　应付利息　　259 200

　贷：银行存款　　2 059 200

9.3 应付债券的核算

9.3.1 应付债券的内容

应付债券是企业为筹集长期资金而实际发行的债券及应付的利息，它是施工企业筹集长期资金的一种重要方式。企业发行债券的价格受同期银行存款利率的影响较大，一般情况下，当企业发行债券时的票面利率与实际利率一致时，可按债券的票面价值作为债券的发行价格，即按面值发行；当企业发行债券时的票面利率高于实际利率时，可按超过债券票面价值的价格作为债券发行价格，即溢价发行，溢价发行表明企业为将来多付利息而事先得到的补偿；当企业发行债券时的票面利率低于实际利率时，可按低于债券票面的价值作为债券的发行价格，即折价发行，折价发行表明企业为将来少付利息而事先付出的代价。

在债券的持有期间，企业应按期计提利息，并采用实际利率法确定债券的利息费用。实际利率法是指按照债券的实际利率计算摊余成本及各期利息费用的方法。应计提的利息根据票面利率和债券面值计算。在溢价或折价发行的情况下，企业实际负担的各期利息费用，除支出的票面利息外，还应包括债券溢价或折价的摊销。

9.3.2　应付债券的账户设置

企业应设置“应付债券”账户，用来核算企业债券的发行和归还情况。该账户贷方登记企业发行债券的面值和应计利息，借方登记企业债券到期支付的本金和利息，期末余额在贷方，反映企业尚未偿还的债券本金和利息。该账户应按照企业发行债券的“面值”、“应计利息”、“利息调整”等项目设置明细账进行明细核算。

9.3.3　平价发行债券的账务处理

企业平价（按面值）发行债券时，应按实际收到的款项借记“银行存款”、“库存现金”等账户，按债券的面值贷记“应付债券——面值”账户，债券发行费用由债券发行的资金用途而定，用于购建固定资产的，记入“在建工程”账户，用于正常生产经营活动的，记入“财务费用”账户。

【例 9-7】 某年 1 月 1 日，企业购建固定资产，经批准发行期限为 3 年，面值为 2 000 000元，年利率 7.2%，到期一次还本付息的债券。该债券按面值发行，发行费用为 12 000 元，从发行价款中扣除，发行该债券获得的资金用于购建固定资产，该项资产第 2 年末达到预定可使用状态。根据有关资料，该企业的账务处理如下：

①发行债券时，做如下分录：

借：银行存款	1 988 000	
在建工程	12 000	
贷：应付债券——面值		2 000 000

②第 1 年末计提利息，做如下分录：

借：在建工程	144 000	
贷：应付债券——应计利息		144 000

③第 2 年末计提利息的账务处理同②。

④第 3 年末计提利息（利息已经停止资本化），做如下分录：

借：财务费用	144 000	
贷：应付债券——应计利息		144 000

⑤到期归还本息，做如下分录：

借：应付债券——面值 2 000 000
——应计利息 432 000
贷：银行存款 2 432 000

9.3.4 溢价发行债券的账务处理

企业溢价发行债券时，应按实际收到的价款借记“银行存款”等账户，按债券面值贷记“应付债券——面值”账户，按溢价金额贷记“应付债券——利息调整”账户；企业应按期计提利息，对于一次还本付息的债券，应于资产负债表日按应付债券的摊余成本和实际利率计算确定的债券利息费用，借记“在建工程”、“财务费用”等账户，按票面利率和债券面值计算的应付未付利息，贷记“应付债券——应计利息”账户，按两者之间的差额，借记“应付债券——利息调整”账户；分期付息、一次还本债券的利息费用，借记“在建工程”、“财务费用”等账户，应付未付的利息，贷记“应付利息”账户，按其差额借记“应付债券——利息调整”账户。归还到期债券本息时，借记“应付债券——面值”、“应计利息”账户，贷记“银行存款”账户。

【例9-8】某年1月1日，企业为购建固定资产，经批准发行期限为5年，每年的年末支付利息，债券到期后归还本金的公司债券，债券面值为1 000 000元，票面利率为10%，发行价为1 079 870元，发行费用为6 000元，从发行款中扣除。发行债券所获资金建造的固定资产在第3年的年末达到预定可使用状态，该债券实际利率为8%，债券利息费用计算表见表9-1。

表9-1 **债券利息费用计算表** 金额单位：元

年份	按票面利率计算的应计利息 ①=1 000 000×10%	按实际利率计算的利息费用 ②=期初④×8%	利息调整 ③=①-②	债券期末摊余成本 ④=期初④-③
				1 079 870
第1年	100 000	86 390	13 610	1 066 260
第2年	100 000	85 300	14 700	1 051 560
第3年	100 000	84 125	15 875	1 035 685
第4年	100 000	82 855	17 145	1 018 540
第5年	100 000	81 460*	18 540	1 000 000
合　计	500 000		79 870	

*计算有尾数，在最后一期调整。

①发行债券时，做如下分录：

借：银行存款 1 073 870
在建工程 6 000
贷：应付债券——面值 1 000 000

贷：应付债券——利息调整　　79 870

②第 1 年末计提利息，做如下分录：

借：在建工程　　86 390

应付债券——利息调整　　13 610

贷：应付利息——债券利息　　100 000

③第 2 年末计提利息，做如下分录：

借：在建工程　　85 300

应付债券——利息调整　　14 700

贷：应付利息——债券利息　　100 000

④第 3 年末计提利息，做如下分录：

借：在建工程　　84 125

应付债券——利息调整　　15 875

贷：应付利息——债券利息　　100 000

⑤第 4 年末计提利息，做如下分录：

借：财务费用　　82 855

应付债券——利息调整　　17 145

贷：应付利息——债券利息　　100 000

⑥第 5 年末计提利息，做如下分录：

借：财务费用　　81 460

应付债券——利息调整　　18 540

贷：应付利息——债券利息　　100 000

⑦每年支付利息的分录如下：

借：应付利息——债券利息　　100 000

贷：银行存款　　100 000

⑧到期归还本金，做如下分录：

借：应付债券——面值　　100 000

贷：银行存款　　100 000

9.3.5　折价发行债券的账务处理

企业折价发行债券时，应按实际收到的款项借记“银行存款”等账户，按债券面值贷记“应付债券——面值”账户，按折价金额借记“应付债券——利息调整”账户；资产负债表日，按应付债券的摊余成本和实际利率计算确定的债券利息费用，借记“在建工程”、“财务费用”等账户，按票面利率和债券面值计算的应付未付利息，贷记“应付债券——应计利息”或“应付利息”账户，按其差额，贷记“应付债券——利息调整”账户；归还到期债券时，借记“应付债券——面值”、“ 应付债券——应计利息”账户，贷记“银行存款”等账户。

【例 9-9】 依据【例 9-8】，设债券票面利率 8%，实际利率 10%，债券发行价格 924 164元，其他条件不变。债券利息费用计算表见表 9-2。

表 9-2　　**债券利息费用计算表**　　金额单位：元

年份	按票面利率计算的应计利息 ①=1 000 000×8%	按实际利率计算的利息费用 ②=④×10%	利息调整 ③=②-①	债券期末摊余成本 ④
				924 164
第 1 年	80 000	92 416	12 416	936 580
第 2 年	80 000	63 658	13 658	950 238
第 3 年	80 000	95 024	15 024	965 262
第 4 年	80 000	96 526	16 526	981 788
第 5 年	80 000	98 212*	18 212	1 000 000
合计	400 000	475 836	75 836	

*计算有尾数，在最后一期调整。

①发行债券时，做如下分录：

借：银行存款　　918 164
　　在建工程　　6 000
　　应付债券——利息调整　　75 836
　贷：应付债券——面值　　1 000 000

②第 1 年末计提利息，做如下分录：

借：在建工程　　92 416
　贷：应付债券——利息调整　　12 416
　　　应付利息——债券利息　　80 000

③第 2 年末计提利息，做如下分录：

借：在建工程　　93 658
　贷：应付债券——利息调整　　13 658
　　　应付利息——债券利息　　80 000

④第 3 年末计提利息，做如下分录：

借：在建工程　　95 024
　贷：应付债券——利息调整　　15 024
　　　应付利息——债券利息　　80 000

⑤第 4 年末计提利息（已停止资本化），做如下分录：

借：财务费用　　96 526
　贷：应付债券——利息调整　　16 526
　　　应付利息——债券利息　　80 000

⑥第 5 年末计提利息，做如下分录：

借：财务费用　　98 212
　贷：应付债券——利息调整　　18 212
　　　应付利息——债券利息　　80 000

⑦支付各期利息，做如下分录：

借：应付利息　　80 000

　贷：银行存款　　80 000

⑧债券到期归还本金，做如下分录：

借：应付债券——面值　　1 000 000

　贷：银行存款　　1 000 000

9.4　长期应付款的核算

9.4.1　长期应付款的内容

长期应付款是指企业除长期借款和应付债券以外的各种长期应付款项，包括采用补偿贸易方式引进国外设备的价款、应付的租赁费、融资租入固定资产的租赁费等。施工企业的长期应付款仅指融资租入固定资产的租赁费。

9.4.2　长期应付款的账户设置

（1）“长期应付款”账户，用来核算企业长期应付款的发生和归还情况。该账户贷方登记长期应付款的发生数；借方登记长期应付款的归还数；期末余额在贷方，反映企业尚未归还的长期应付款。该账户应按长期应付款的种类进行明细核算。

（2）“未确认融资费用”账户，用来核算企业融资租入固定资产时发生的未确认融资费用。该账户借方登记企业采用融资租赁方式租入的固定资产，在租赁开始日发生的未确认融资费用；贷方登记企业采用实际利率法分期摊销的未确认融资费用；期末余额在借方，反映企业未确认融资费用的摊余价值。该账户按债权人和长期应付款项目进行明细核算。

9.4.3　账务处理

按照我国现行会计准则的规定，融资租入的固定资产，按租赁开始日租赁资产的公允价值与最低租赁付款额的现值两者中较低者作为入账价值，按最低租赁付款额确认为长期应付款，并将两者的差额作为未确认融资费用。

【例 9-10】 企业以融资租赁方式租入一台设备，租赁日该设备的公允价值为 510 000 元，租赁合同规定的利率为 10%，分 5 年付款，每年末支付 131 900 元，设备不需安装，租赁期满后，该设备的所有权转归承租方，根据以上资料，该企业应作如下账务处理：

①租入设备时：

设备的公允价值 = 510 000 元

最低租赁付款额 = 131 900×5 = 659 500（元）

最低租赁付款额现值 = 131 900×（P/A，10%，5）

= 131 900×3.7908 ≈ 500 000（元）

由于在租赁开始日，最低租赁付款额的现值低于设备的公允价值，故应以最低租赁付款额的现值作为设备的入账价值。

借：固定资产——融资租入固定资产　　500 000

借：未确认融资费用　　159 500

　贷：长期应付款——应付融资租赁款　　659 500

②采用实际利率法计算未确认融资费用的分摊额，以租赁合同规定的利率作为分摊率，编制未确认融资费用分摊表（见表9-3）。

表9-3　**未确认融资费用分摊表**　金额单位：元

年份	租金 ①	应确认的融资费用 ②=期初④×10%	应付本金减少额 ③=①-②	应付本金期末余额 ④=期初④-③
				500 000
第1年	131 900	50 000	81 900	418 100
第2年	131 900	41 810	90 090	328 010
第3年	131 900	32 801	99 099	228 911
第4年	131 900	22 891	109 009	119 902
第5年	131 900	11 998*	119 902	

*计算有尾数，在最后一期调整。

③各年支付租金和确认融资费用时：

第1年：

借：长期应付款——应付融资租赁款　　131 900

　贷：银行存款　　131 900

借：财务费用　　50 000

　贷：未确认融资费用　　50 000

第2年：

借：长期应付款——应付融资租赁款　　131 900

　贷：银行存款　　131 900

借：财务费用　　41 810

　贷：未确认融资费用　　41 810

第3年：

借：长期应付款——应付融资租赁款　　131 900

　贷：银行存款　　131 900

借：财务费用　　32 801

　贷：未确认融资费用　　32 801

第4年：

借：长期应付款——应付融资租赁款　　131 900

　贷：银行存款　　131 900

借：财务费用　　22 891

　贷：未确认融资费用　　22 891

第5年：

借：长期应付款——应付融资租赁款　　131 900

　贷：银行存款　　131 900

借：财务费用　　11 998

　贷：未确认融资费用　　11 998

④租赁期满，设备转为自有资产：

借：固定资产——施工机械　　500 000

　贷：固定资产——融资租入固定资产　　500 000

本章小结

长期负债是指偿还期在 1 年或超过 1 年的一个营业周期以上的债务，包括长期借款、应付债券和长期应付款等。长期借款的核算包括借款取得、应计利息和借款归还等内容。长期借款费用符合资本化条件的，应予以资本化，计入相关建造资产的成本；不符合资本化条件的，应直接计入当期损益。债券发行有平价发行、溢价发行和折价发行三种发行方式，应区分不同情况作出相应的账务处理。对于融资租入固定资产，其应付租金属长期应付款的核算内容，租赁开始日资产的公允价值与最低租赁付款额的现值之间的差额，应作为未确认融资费用，并在租赁付款期内分期进行摊销。

关键概念

长期借款　借款费用　借款费用资本化　应付债券　长期应付款　未确认融资费用

第 10 章　所有者权益

◆ 学习目标

知识目标：了解企业所有者权益的构成，明确所有者权益的主要经济业务内容，掌握所有者权益、实收资本、资本公积、盈余公积、未分配利润等的概念和内容。

技能目标：掌握实收资本核算的账户设置及账务处理方法，掌握资本公积的形成过程及转增资本、盈余公积的提取方法及账务处理。

10.1　所有者权益概述

10.1.1　所有者权益的性质

所有者权益是所有者在企业资产中享有的经济利益，其金额为资产减去负债后的余额，包括投资人投入的资本以及企业存续过程中形成的资本公积、盈余公积和未分配利润等内容。

企业的资金来源于两条渠道：一是负债，二是投资者的投资及其增值。两者共同构成企业的资金来源，但两者有着明显的区别，主要表现在以下几个方面：

1）体现的权益关系不同

所有者权益是投资人对企业净资产的所有权，即投资人对企业总资产抵消企业所欠一切债务后的剩余权益，因此，所有者权益的多少，要视企业的经营状况而定，负债则是债权人对企业资产的索偿权。债权人与企业只是债权债务关系，债权人从企业获得收益的多少，一般是事先确定的。

2）偿还期限和责任不同

负债（无论是流动负债还是非流动负债），一般有规定的偿还期限，因此，负债必须按期如数归还，即使企业在倒闭清算时，也必须先偿还负债部分；而所有者权益则是一项永久性投资，所有者对企业的投资在企业的整个经营期内无需归还，所有者除依法转让外，不得以任何方式抽回投资，只有在企业停止经营进行清算时，才有可能将投资收回。

3）享有的权利不同

债权人与企业只存在债权债务关系，因此，债权人只享有到期收回本金和利息的权利，没有选举权和经营管理权，而权益所有者则按投资份额的大小享有选举权、经营管理权和获取剩余收益的权利。

10.1.2　所有者权益的构成

为了便于投资者和其他报表阅读者了解企业所有者权益的来源及其变动，会计上将企业的所有者权益分为实收资本、资本公积、盈余公积和未分配利润四部分。

1）**实收资本**

实收资本是指投资者按照企业章程或合同、协议的约定，实际投入企业的资本，包括投资者投入的现金资本和非现金资本。

2）**资本公积**

资本公积是指企业由投入资本本身所引起的各种增值，包括资本（或股本）溢价、直接计入所有者权益的利得和损失等。

3）**盈余公积**

盈余公积是指企业按照国家规定，从税后利润中提取的各种积累，包括法定盈余公积、任意盈余公积。

4）**未分配利润**

未分配利润是指企业留待以后年度分配的利润。

【去了解】

负债和所有者权益统称为权益，企业的债权人和投资人对企业的资产都享有要求权，两者又有何区别和联系？

10.2　实收资本的核算

10.2.1　实收资本与注册资本

1）**实收资本**

实收资本是指投资者按照企业章程或合同、协议的约定，以各种形式投入企业的资本。企业申请开业，必须具有符合国家规定并与其生产经营和服务规模相匹配的资金数额。也就是说，投资者设立企业，首先必须投入资本，实收资本是企业所有者权益的基本组成部分。

投资者可以用货币出资，也可以用实物、知识产权、土地使用权等可以用货币估计并可以依法转让的非货币性财产作价出资，但法律、行政法规规定不得作为出资的财产除外。实收资本应当在企业实际收到现金（银行存款）、办理实物产权转移手续或者按照合同、协议或公司章程规定移交有关凭证时确认。

2）**注册资本**

我国实行注册资本制度，注册资本是企业在登记机关登记的全体投资者认缴的出资额。除国家另有规定外，企业实收资本应当与注册资本相一致。

对于有限责任公司而言，投资者可以用货币出资，也可以用实物、知识产权、土地使用权等可以用货币估价并可以依法转让的非货币性财产作价出资。全部投资者的货币出资额不得低于有限责任公司注册资本的 30%。有限责任公司初始建立时，各投资者按照合同、协议或章程投入企业的资本，应当全部列入实收资本，公司注册资本为在登记机关登记的全体投资者认缴的出资额。

股份有限公司是指将企业的全部资本划分为等额股份，股东以其认购的股份对公司承担有限责任，股份有限公司的股本应当等于其注册资本。

3）注册资本与实收资本的变更

公司增加注册资本的，有限责任公司的股东认缴新增资本的出资和股份有限公司的股东认购新股，应当分别依据《中华人民共和国公司法》设立有限责任公司缴纳出资和股份有限公司缴纳出资的有关规定执行。公司减少注册资本的，应当自公告之日起 45 日后申请变更登记，公司减资后的注册资本不得低于法定的最低限额。

企业变更实收资本的，应当提交由依法设立的验资机构出具的验资证明，并按照公司章程载明的出资时间、出资方式缴纳出资。公司应当自足额缴纳出资或股款之日起 30 日内申请变更登记。

10.2.2 实收资本核算应设置的账户

1）“实收资本”账户

“实收资本”账户用来核算企业接受投资者投入的实收资本。该账户贷方登记企业接受投资者投入的资本，以及企业将资本公积转为实收资本等；借方登记企业按照法定程序报经批准减少注册资本时返还的出资额；期末余额在贷方，反映企业实收资本总额。实收资本账户应按不同的投资者进行明细核算。

2）“库存股”账户

“库存股”账户用来核算企业收购、转让或注销的本公司股份金额。该账户借方登记企业收购的本公司股份金额；贷方登记企业转让、注销的库存股；期末余额在借方，反映持有的尚未转让或注销的本公司股份金额。

10.2.3 实收资本的账务处理

1）接受现金投资

企业收到投资人的现金投资时，应按实际收到的现金或银行存款的金额及日期作为记账依据，借记“银行存款”等账户，贷记“实收资本”账户。

【例 10-1】 甲企业设立时，收到 A 投资者投入的人民币 4 000 000 元，B 投资者投入的人民币 3 000 000 元，款项已存入银行，根据开户行收账通知等凭证，做如下分录：

借：银行存款　　7 000 000

　贷：实收资本——A 投资者　　4 000 000

　　　　　　——B 投资者　　3 000 000

2）接受固定资产投资

企业接受投资者以房屋建筑物、机械设备等固定资产投资时，应当评估作价，在办理了固定资产移交手续之后，按照投资或协议约定的价值确认实收资本，固定资产初始成本为投资合同或协议约定的价值加上支付的相关税费，但合同或协议约定价值不公允的除外。按照固定资产初始成本借记“固定资产”账户，按合同或协议约定的价值，贷记“实收资本”账户，支付的相关税费贷记“银行存款”等账户。

【例 10-2】甲公司接受 C 公司投入设备一台，经评估作价，投资合同约定设备价款 400 000 元，协议约定由甲公司负担安装运杂费，甲公司以银行存款支付安装运杂费 4 000 元，根据有关凭证，做如下分录：

借：固定资产　　404 000

　贷：实收资本——C 公司　　400 000

　　银行存款　　4 000

3）**接受无形资产投资**

企业接受投资者投入无形资产时，应当评估作价，按照投资合同或协议约定价值确认实收资本和无形资产价值，借记"无形资产"账户，贷记"实收资本"账户，但合同或协议价值约定不公允的除外。

【例 10-3】企业接受 D 公司的一项专利权投资，该专利权投资各方确认为500 000元，根据评估报告及专利所有权与处置权证明等，做如下分录：

借：无形资产——专利权　　500 000

　贷：实收资本——D 公司　　500 000

4）**接受原材料投资**

企业接受投资者投入原材料等存货，应按合同或协议约定的价值确认实收资本，原材料的成本为投资合同或协议约定价值加上支付的相关费用。

【例 10-4】企业接受 E 公司投入原材料一批，经评估作价 140 000 元，企业以银行存款支付该批原材料运杂费 8 600 元，材料已验收入库，根据有关凭证，做如下分录：

借：原材料　　148 600

　贷：实收资本——E 公司　　140 000

　　银行存款　　8 600

5）**实收资本减少**

企业减少注册资本主要存在两种情形：①因企业资本过剩而减少资本。②企业出现重大亏损，需减少资本用于补亏。企业按照法定程序报经批准减少注册资本的，按照实际返还投资或弥补亏损的金额，借记"实收资本"账户，贷记"银行存款"等账户。

【例 10-5】企业因经营规模缩小，决定减少注册资本，经批准减资 1 000 000 元，以银行存款返还相关投资者。该企业做如下分录：

借：实收资本——相关投资者　　1 000 000

　贷：银行存款　　1 000 000

股份有限公司减少注册资本而回购本公司股票，按实际支付的金额，借记"库存股"账户，贷记"银行存款"账户。注销库存股时，根据发行价格等因素，分别冲销"股本"、"资本公积"、"盈余公积"等账户，贷记"库存股"账户。

【例 10-6】某股份制企业因经营规模缩小，资本相对过剩，决定缩减股本 1 000 万股（该公司原发行股票6 000万股，每股面值 1 元，发行价格 3.40 元/股），股票回购日，公司按当日股价每股 3.80 元购回股票 1 000 万股，该企业账务处理如下：

①回购日，做如下分录：

借：库存股　　38 000 000

　贷：银行存款　　38 000 000

②注销库存股时，做如下分录：

借：股本——普通股　　10 000 000

　　资本公积——股本溢价（10 000 000×（3.40-1））　　24 000 000

　　盈余公积　　4 000 000

　贷：库存股　　38 000 000

【视野拓展】

实行分级核算的企业，由公司拨付给所属内部独立核算单位的生产经营资金，不在“实收资本”账户核算，公司应设置“拨付所属资金”账户，拨付给所属内部独立核算单位经营生产资金时，借记“拨付所属资金”账户，贷记“银行存款”等账户。所属内部独立核算单位应设置“上级拨入资金”账户，收到公司拨付生产经营资金时，借记“银行存款”等账户，贷记“上级拨入资金”账户。

10.3　资本公积的核算

10.3.1　资本公积的内容

资本公积是由投入资本所引起的增值，包括资本溢价（或股本溢价）以及直接计入所有者权益的利得和损失等。资本公积由全体股东享有，可以转增资本。转增资本时，按各股东在实收资本中所占有的投资比例计算的金额，分别转增各个股东的投资金额。

资本溢价是指企业收到的投资者的出资额超出其注册资本中所占份额的部分，即投资者超额缴纳的资本。一般企业创立时，投资者认缴的出资额与注册资本是一致的，不会产生资本溢价。企业进行正常生产经营后，内部有了一定的积累，企业重组增资扩股时，如果有新的投资者加入，新投资者往往需要付出大于原投资的出资额，才能取得与原投资者相同的出资比例，投资者多缴的部分就形成了被投资企业的资本溢价。股份有限公司溢价发行股票时，发行价格超过股票面值的部分，就形成了公司的股本溢价。

其他资本公积是指除资本溢价或股本溢价外的资本公积，主要指直接计入所有者权益的利得和损失，包括采取权益法核算长期股权投资时，被投资单位除净损益以外所有者权益的其他变动产生的利得或损失，以及权益结算的股份支付换取职工或其他方提供的服务等。

10.3.2　资本公积核算应设置的账户

企业为了核算收到投资的出资额超出其在注册资本中所占有的份额的那部分资本溢价，以及直接计入所有者权益的利得和损失等其他资本公积，应设置“资本公积”账户。该账户贷方登记资本公积的增加数额；借方登记资本公积的减少数额；期末余额在贷方，反映企业资本公积的实有数。

资本公积账户应分别按“资本溢价”、“其他资本公积”等项目进行明细核算。

10.3.3　资本公积的账务处理

1）资本溢价

企业重组或有新的投资者加入时，其出资额大于注册资本中占有的份额，应记入“资本公积——资本溢价”账户。

【例 10-7】 A 公司原先由 4 个投资者各出资 400 万元设立，设立时公司的实收资本为 1 600 万元，经营几年后，甲企业愿意投资加入该公司，经各方协商和办理增资手续后，甲企业同意出资 500 万元，享有变更后该公司注册资本（总额为2 000万元）的 20%，收到甲企业的出资后，A 公司做如下分录：

借：银行存款　　5 000 000
　贷：实收资本——甲企业　　4 000 000
　　资本公积——资本溢价　　1 000 000

【例 10-8】 B 公司委托湘才证券公司发行新增普通股 1 000 万股，每股面值 1 元，发行价格 1.85 元/股，股票发行成功，扣除发行手续费 4 万元后，获得的1 846万元发行收入已通过银行收到，B 公司做如下分录：

借：银行存款　　18 460 000
　贷：股本　　10 000 000
　　资本公积——股本溢价　　8 460 000

【例 10-9】 A 公司经投资者协商同意，将资本公积 200 万元转增为资本，已办理注册资本变更手续，做如下分录：

借：资本公积——资本溢价　　2 000 000
　贷：实收资本　　2 000 000

2）其他资本公积

【例 10-10】 A 公司拥有 B 公司 35% 的股份，该项长期投资采用权益法进行核算，某年 12 月 31 日，B 公司因有新的投资者加入，而形成资本溢价 100 万元，A 公司应享有的溢价为 35 万元，根据有关资料，A 公司做如下分录：

借：长期股权投资——B 公司（其他权益变动）　　350 000
　贷：资本公积——其他资本公积　　350 000

【例 10-11】 经批准，某股份制企业以权益法核算的股份支付换取公司管理人员提供的服务，按照股份授予日的公允价值计算的股本总金额为 80 000 元，该企业做如下分录：

借：管理费用　　80 000
　贷：资本公积——其他资本公积　　80 000

10.4　留存收益的核算

留存收益是企业通过其生产经营活动创造积累的未分配给或限制分配给投资者的净利润，包括盈余公积和未分配利润。

10.4.1 盈余公积

盈余公积是企业按一定比例从净利润（税后利润）中提取的资本积累。提取盈余公积的目的，是为了对投资者的利润分配进行限制，增强企业自我发展和承受风险的能力，盈余公积按提取方式和用途的不同分为法定盈余公积和任意盈余公积。

法定盈余公积是指企业按照规定比例从净利润中提取的盈余公积，我国《公司法》规定，公司在分配当年的税后利润时，应当提取利润的10%计入公司的法定公积金，法定盈余公积的累计金额在达到注册资本的50%以后可不再提取。

任意盈余公积是企业按照股东大会或类似机构批准确定的比例，从净利润中提取的盈余公积，所谓“任意”是指提取与否以及提取比例由企业自行决定。

企业以前年度的亏损未弥补完毕的不能提取法定盈余公积和任意盈余公积。

为了核算企业按规定从净利润中提取的盈余公积，企业应设置“盈余公积”账户。该账户贷方登记企业按规定提取的盈余公积；借方登记用盈余公积弥补亏损、转增资本等盈余公积的减少数额；期末余额在贷方，反映企业盈余公积的实有数。该账户应分“法定盈余公积”、“任意盈余公积”等项目进行明细核算。

【例10-12】某施工企业本年实现净利润200万元，按净利润的10%提取法定盈余公积，做如下分录：

借：利润分配——提取盈余公积　　200 000
　贷：盈余公积——法定盈余公积　　200 000

【例10-13】某股份有限公司本年实现净利润500万元，法定盈余公积的计提比例为本年净利润的10%，经股东大会决议本年度提取本年净利润的5%作为任意盈余公积。该公司做如下分录：

借：利润分配——提取盈余公积　　750 000
　贷：盈余公积——法定盈余公积　　500 000
　　　　　　——任意盈余公积　　250 000

【例10-14】企业当年发生亏损200 000元，经批准用以前年度提取的法定盈余公积进行弥补，做如下分录：

借：盈余公积——法定盈余公积　　200 000
　贷：利润分配——盈余公积补亏　　200 000

【例10-15】经批准，某施工企业将法定盈余公积100万元转增为实收资本，做如下分录：

借：盈余公积——法定盈余公积　　1 000 000
　贷：实收资本　　1 000 000

10.4.2 未分配利润

未分配利润是指企业尚未向投资者分配的利润，是企业留待以后年度向投资者进行分配的历年累计结存利润。未分配利润属于企业留存收益，是所有者权益的组成部分。

未分配利润的核算是通过“利润分配——未分配利润”明细账户进行的，年度终了，企业将全年实现的净利润，从“本年利润”账户转入“利润分配——未分配利润”账户，同时将“利润分配”账户下其他明细账户的余额转入“利润分配——未分配利润”账户。结转后“利润分配——未分配利润”账户如为贷方余额，反映企业年末历年积存的未分配利润；如为借方余额，反映历年积存的未弥补的亏损。

【**例 10-16**】某施工企业本年实现净利润 300 000 元，全年提取法定盈余公积 30 000 元，向投资者分配利润 200 000 元，年终结转的账务处理如下：

①年末结转净利润，做如下分录：

借：本年利润	300 000	
贷：利润分配——未分配利润		300 000

②提取盈余公积，向投资者分配利润，做如下分录：

借：利润分配——提取法定盈余公积	30 000	
——向投资者分配利润	200 000	
贷：盈余公积——法定盈余公积		30 000
应付利润		200 000
借：利润分配——未分配利润	230 000	
贷：利润分配——提取盈余公积		30 000
——向投资者分配利润		200 000

本章小结

所有者权益是企业所有者在企业资产中享有的经济利益，其金额为资产减去负债后的余额，包括企业投资人对企业的投资、直接计入所有者权益的利得和损失、留存收益等。投资者按照企业章程、合同或协议的约定实际投入企业的资本称为实收资本，实收资本以实际收到或存入开户银行的金额作为入账价值；投资者以非货币性财产投入的资本应按投资合同或协议约定的价值作为实收资本的金额入账。资本公积包括资本（股本）溢价以及直接计入所有者权益的利得和损失，资本公积依照程序可以转增企业的实收资本。留存收益包括提取的盈余公积和未分配利润。盈余公积是企业按一定比例从净利润中提取形成的公积金，可以用来弥补亏损或转增资本。未分配利润是企业为平衡各年度投资回报水平等，留待以后年度进行分配的利润。

关键概念

所有者权益　实收资本　资本公积　盈余公积　法定盈余公积　任意盈余公积　未分配利润

第 11 章　收　入

◆ 学习目标

知识目标：了解施工企业收入的组成，准确理解建造合同收入的确认与计量，掌握建造合同收入和其他业务收入的核算方法，明确建造合同、建造合同收入、其他业务收入等的概念和内容。

技能目标：能准确运用完工百分比法确认和计量各会计期间的建造合同收入和费用，并熟练地运用所设置的账户进行账务处理。

11.1　营业收入概述

11.1.1　营业收入的定义及特点

营业收入是指企业在日常活动中形成的、会导致所有者权益增加的、与所有者投入资本无关的经济利益总流入。营业收入一般具有以下特点：

①营业收入从企业的日常活动中产生，而不是从偶发的交易或事项中产生。如建筑企业建造房屋、安装公司提供安装服务等，都属于企业为完成其经营目标所从事的经常性活动，由此产生的经济利益总流入构成收入；建筑企业转让无形资产使用权、出售原材料等，属于与经常性活动相关的活动，由此产生的经济利益总流入也构成收入；建筑企业处置固定资产、无形资产等，不是企业为完成其经营目标所从事的经常性活动，也不是与经常性活动相关的活动，由此产生的经济利益总流入不构成营业收入，应当确认为营业外收入。

②营业收入可能表现为企业资产的增加，也可能表现为企业负债的减少，或者两者兼而有之。

③营业收入能导致企业所有者权益的增加。

④营业收入只包括本企业经济利益的流入。营业收入不包括为第三者或者客户代收的款项，如增值税等。

11.1.2　营业收入的分类

营业收入按企业经营业务的主次分为主营业务收入和其他业务收入。

主营业务收入是指营业执照上注明的主营业务取得的收入。施工企业的主营业务收入主要是指建造合同收入。主营业务收入一般占企业营业收入的绝大部分，对企业的经济效益产生较大的影响。

其他业务收入主要是指出租固定资产、出租无形资产、销售材料等业务实现的收入，在营业收入中，其他业务收入一般所占比重较小。

11.2　建造合同收入的核算

11.2.1　建造合同的定义、特点和分类

1）建造合同的定义

建造合同是指为建造一项或数项在设计、技术、功能、最终用途等方面密切相关的资产而订立的合同。《建造合同》所称的资产是指房屋、道路、桥梁、水坝等建筑物和船舶、飞机、大型机械设备等资产。这些资产按照其功能和最终用途来看，可以分为单项资产和由在设计、技术、功能、最终用途等各方面密切相关的数项资产共同组成的建设项目。

单项资产是指一旦建造完成即可投入使用并独立发挥作用的项目，如房屋、建筑物、飞机、船舶以及大型机械设备等。而那些由数项资产共同组成的建设项目，一般是指投资兴建的大型项目中，只有这些资产全部建成并投入使用后该项目才能在总体上带来经济效益。

2）建造合同的特点

（1）先有买方（即客户），后有标的（即资产），建造资产的造价在签订合同时已经确定。

（2）资产的建设期长，一般要跨年度，有的长达数年。

（3）所建造的资产体积大，造价高。

（4）建造合同一般为不可取消合同。

3）建造合同的分类

建造合同分为固定造价合同和成本加成合同。固定造价合同是指按照固定的合同价款或固定的单价确定工程价款的建造合同。例如建造一座办公楼，合同规定总造价为 100 万元，建造一条公路合同规定每公里的单价为 500 万元，该合同即为固定造价合同。

成本加成合同是指以合同约定或其他方式议定的成本为基础，加上该成本的一定比例或定额费用确定工程造价的建造合同。如建造一艘船舶，合同总价款以建造该船舶的实际成本为基础，加收 5% 计取，该合同为成本加成合同。

4）建造合同的分立与合并

（1）合同的分立

合同的分立分为两种情况：一种是进行追加资产建造时建造合同的分立，另一种是建造数项资产时建造合同的分立。对于追加资产的建造，满足下列条件之一的，应当作为单项合同：

①该追加资产在设计、技术或功能上与原合同包括的一项或数项资产存在重大差异。

②议定该追加资产的造价时，不需要考虑原合同价款。

例如某施工企业与客户签订一项建造合同，合同规定为客户设计并建造一栋教学楼，

教学楼的工程造价为500万元，预计总成本为460万元。合同履行一段时间后，客户决定追加一座地上车库，变更了原合同的内容。由于该地上车库在设计、技术和功能上与原合同包括的教学楼存在重大差异，因此该追加建造合同应当作为单项合同。

对于一项包括建造数项资产的建造合同而言，同时满足下列条件时，每项资产应当分立为单项合同：

①每项资产均有独立的建造计划。

②与客户就每项资产单独进行谈判，双方能够接受或拒绝与每项资产有关的合同条款。

③每项资产的收入和成本均可以单独辨认。

例如，某建筑公司与客户签订一项合同，为客户建造一栋宿舍楼和一座食堂，签订合同时，建筑公司与客户分别就所建造宿舍和食堂进行谈判，并达成一致意见，宿舍楼工程造价为600万元，食堂工程造价为250万元，宿舍楼和食堂均有独立的施工图纸，宿舍楼预计总成本为520万元，食堂预计总成本为230万元。该项合同符合合同分立的三个条件，建筑公司应将建造的宿舍楼和食堂分立为两个单项合同进行会计处理。

（2）合同合并

有的资产建造虽然在形式上签订了多项合同，但各项资产在设计、技术、功能、最终用途上是密不可分的，实质上是一项合同，如果企业与客户签订一组合同，该组合同以一揽子交易的形式签订，每一项合同实际上已构成一项综合利润率的工程组成部分，且该组合同必须依次或同时履行，则企业应将该组合同合并为一个合同进行会计处理。

例如，某建筑公司与某钢铁公司以一揽子交易的形式签订了三项合同，分别建造一个选矿车间、一个冶炼车间和一个污水处理系统。根据合同规定，这三项工程由该建筑公司同时施工，并根据项目进度办理价款结算。三项建造合同符合建造合同合并的三个条件，该建筑公司应将该组合同合并为一个建造合同来处理，统一核算该组合同的损益。

11.2.2 建造合同的收入

1）建造合同收入的组成

建造合同收入由合同规定的初始收入和因合同变更、索赔、奖励等形成的收入两部分组成。

（1）合同规定的初始收入。是建筑施工企业与客户签订的合同中最初商定的合同总金额，它构成了合同收入的基本内容。

（2）因合同变更、索赔、奖励等形成的收入。这部分收入并不包括在合同双方在签订合同时已商定的合同总金额中，而是在执行合同的过程中由于合同变更、索赔、奖励等原因而形成的追加收入。

合同变更是指客户对合同规定的作业内容提出的调整，合同变更款同时满足下列条件时，才能构成合同收入。

①客户能够认可因合同变更而增加的收入。

②该收入能够可靠地计量。

索赔款是指因客户或第三方的原因造成的，向客户或第三方收取的用以补偿不包括在合同造价中的款项。索赔款同时满足下列条件时，才能构成合同收入。

①根据谈判情况，预计对方能够同意该项索赔。

②对方同意接受的金额能够可靠地计量。

奖励是指工程达到或超过规定的标准，客户同意支付的额外款项，奖励同时满足下列条件时，才能构成合同收入。

①根据目前的完成情况，足以判断工程进度和工程质量能够达到或超过规定的标准。

②奖励金额能够可靠地计量。

2）合同收入的确认与计量

企业应准确、及时地进行合同收入的确认与计量，以便分析和考核合同的损益情况。在资产负债表日，如果建造合同的结果能够可靠估计，应根据完工百分比法确认合同的收入和费用；如果建造合同的结果不能可靠地预计，应采用其他方法来确认合同的收入和费用。

（1）合同结果能可靠估计的建造合同

建造合同的结果能够可靠估计的，企业应根据完工百分比法在资产负债表日确认合同的收入与费用。建造合同的结果能够可靠估计的标准，因不同类型的合同而有所区别。

固定造价合同的结果能够可靠估计的认定标准如下：

① 合同总收入能够可靠地计量。

②与合同相关的经济利益很可能流入企业。

③实际发生的合同成本能清楚地区分和可靠地计量。

④合同的完工进度和为完成合同尚需发生的成本能够可靠地确定。

成本加成合同的结果能够可靠估计的认定标准如下：

①与合同相关的经济利益很可能流入企业。

②实际发生的合同成本能够清楚地区分和可靠地计量。

完工百分比法是根据合同的完工进度确认合同收入和费用的方法。完工百分比法的具体运用包括两个步骤：

首先，确定建造合同的完工进度，计算出完工百分比。确定合同完工进度的方法有以下三种：

①根据累计实际发生的合同成本占合同预计总成本的比例确定，其计算公式如下：

合同的完工进度 = 累计实际发生的合同成本 ÷合同预计总成本 × 100%

【例 11-1】某施工企业承建 A 工程，工期 2 年，该工程预计总成本 2 000 万元，第 1 年该企业“工程施工——A 工程”账户的实际发生额为 1 140 万元，其中人工费 240 万元，材料费 680 万元，机械作业费 120 万元，其他直接费用 30 万元，工程间接费用 70 万元。第 1 年经查领用材料中有一批已运到现场尚未使用，该批材料成本为 40 万元，根据上述资料计算第 1 年合同的完工进度如下：

合同的完工进度=（1 140-40）÷2 000×100% =55%

② 根据已经完成的合同工作量占合同预计总工作量的比例确定，其计算公式如下：

合同的完工进度=已经完成的合同工作量÷合同预计总工作量×100%

【例 11-2】某建筑公司签订一项建造合同，修建一条 200 千米的公路，合同规定的工程总价款为 8 000 万元，工期为 3 年，第 1 年该公司修建了 80 千米，第 2 年修建了 60 千米。根据上述资料该公司计算完工进度如下：

第 1 年的完工进度=80÷200×100%=40%

第 2 年的完工进度=（80+60）÷200×100%=70%

③根据实际测定的完工进度确定完工程度。该方法是无法根据上述两种方法确定合同进度时采用的一种特殊的技术测量方法。适用于一些特殊的建造合同，如水下施工等工程。

其次，根据完工百分比计量和确认当期合同收入和费用。

当期确认的合同收入和费用可用下列公式计算：

当期确认的合同收入=合同总收入×完工进度-以前会计期间累计已确认的收入

当期确认的合同费用=合同预计总成本×完工进度-以前会计期间累计已确认的费用

当期确认的合同毛利=当期确认的合同收入-当期确认的合同费用

对于当期完成的建造合同，应当按照实际合同总收入扣除以前会计期间累计已确认收入后的金额，确认当期合同收入；同时，按照累计实际发生的合同成本扣除以前会计期间累计已确认费用后的金额，确认当期合同费用。

【例 11-3】 依据【例 11-2】，某建筑公司修建的公路第 3 年全部完工，预计合同总成本为 7 200 万元，工程全部完工时，累计实际发生的合同成本为 7 180 万元。该公司各年确认的合同收入和费用计算如下：

第 1 年确认的合同收入=8 000×40%=3 200（万元）

第 1 年确认的合同费用=7 200×40%=2 880（万元）

第 1 年确认的合同毛利=3 200-2 880=320（万元）

第 2 年确认的合同收入=8 000×70%-3 200=2 400（万元）

第 2 年确认的合同费用=7 200×70%-2 880=2 160（万元）

第 2 年确认的合同毛利=2 400-2 160=240（万元）

第 3 年确认的合同收入=8 000-（3 200+2 400）=2 400（万元）

第 3 年确认的合同费用=7 180-（2 880+2 160）=2 140（万元）

第 3 年确认的合同毛利=2 400-2 140=260（万元）

（2）合同结果不能可靠估计的建造合同

如果建造合同的结果不能可靠地估计，则不能采用完工百分比法确认和计量合同收入和费用，应区别以下两种情况来处理：

① 合同成本能够收回的，合同收入根据能够收回的实际合同成本予以确认，合同成本在其发生的当期确认为合同费用。

② 合同成本不能收回的，应在发生时立即确认为合同费用，不确认合同收入。

11.2.3 进行建造合同收入核算时应设置的账户

为了核算和监督建造合同收入的实现情况，以及与建造合同收入有关的合同费用情况，施工企业应设置以下账户。

（1）“工程施工”账户。该账户用来核算施工企业实际发生的合同成本和合同毛利。该账户借方登记实际发生的合同成本和合同毛利；贷方登记确认的合同亏损，待合同完成后，本账户与“工程结算”账户对冲后结平。

（2）“工程结算”账户。该账户用来核算根据合同完工进度已向客户开出工程价款结算账单办理结算的价款，该账户是“工程施工”的备抵账户，贷方登记已向客户开出工程价款结算账单并办理结算的款项；借方登记合同完成后，与“工程施工”账户对冲的金额；本账户与“工程施工”账户对冲后结平。

（3）“主营业务收入”账户。该账户用来核算当期确认的建造合同收入。该账户贷方登记当期确认的合同收入；借方登记期末转入“本年利润”账户的金额；期末结转后，该账户无余额。

（4）“主营业务成本”账户。该账户用来核算当期确认的合同费用。该账户借方登记当期确认的合同费用；贷方登记期末转入“本年利润”账户的合同费用；期末结转后，该账户无余额。

（5）“营业税金及附加”账户。该账户用来核算施工企业经营活动发生的营业税、城市维护建设税、教育费附加等相关税费。该账户借方登记按规定计算确定的与经营活动相关的税费；贷方登记期末转入“本年利润”账户的金额；期末结转后，该账户无余额。

（6）“资产减值损失”账户。该账户用来核算当期确认的合同预计损失。该账户借方登记当期确认的合同预计损失；期末将该账户的余额全部转入“本年利润”账户；期末结转后，该账户无余额。

（7）“存货跌价准备”账户。该账户用来核算施工企业建造合同执行中预计总成本超过合同总收入时应计提的损失准备。该账户贷方登记按规定计提的合同成本超过合同收入的损失准备；借方登记合同完工时结转的已计提的跌价准备；期末余额在贷方，反映已计提尚未结转的跌价准备。

11.2.4　建造合同收入的账务处理

【例 11-4】 某建筑公司与甲单位签订了一项总金额为 900 万元的办公楼建造工程合同，合同完工进度按照累计发生的合同成本占合同预计总成本的比例确定。工程于第 1 年 3 月开工，预计第 3 年 8 月完工。最初预计工程总成本为 800 万元，到第 1 年底，由于有关材料价格上涨，预计工程总成本为 810 万元。该工程于第 3 年 7 月完工，实际总成本为 815 万元。建造该项工程的有关资料如表 11-1 所示。

表 11-1　　**某建筑公司办公楼工程有关资料**　　单位：元

项目	第 1 年	第 2 年	第 3 年	合计
合同总造价				9 000 000
累计实际发生成本	2 000 000	5 832 000	8 150 000	8 150 000
预计完成合同尚需发生成本	6 000 000	2 268 000		
结算合同价款	1 800 000	4 800 000	2 400 000	
实际收到价款	1 500 000	3 500 000	4 000 000	

完工百分比法下，该项建造合同有关账务处理如下：

（1）第 1 年。

①登记实际发生的合同成本，做如下分录：

借：工程施工——办公楼工程　　2 000 000

　贷：原材料、应付职工薪酬等　　2 000 000

②记录开出结算账单的款项，做如下分录：

借：应收账款 1 800 000

贷：工程结算 1 800 000

③记录收到的工程结算款，做如下分录：

借：银行存款 1 500 000

贷：应收账款 1 500 000

④确认计量当年的合同收入和费用，做如下分录：

完工进度=2 000 000÷（2 000 000+6 000 000）×100%=25%

合同收入=9 000 000×25%=2 250 000（元）

合同费用=（2 000 000+6 000 000）×25%=2 000 000（元）

合同毛利=2 250 000−2 000 000=250 000（元）

借：主营业务成本 2 000 000

工程施工——合同毛利 250 000

贷：主营业务收入 2 250 000

⑤计算应交营业税67 500元（2 250 000×3%），城市维护建设税4 725元（67 500×7%），教育费附加2 025元（67 500×3%），做如下分录：

借：营业税金及附加 74 250

贷：应交税费——应交营业税 67 500

——应交城市维护建设税 4 725

——应交教育费附加 2 025

（2）第2年。

①根据实际发生的合同成本，做如下分录：

借：工程施工 3 832 000

贷：原材料、应付职工薪酬等 3 832 000

②根据已结算的工程价款，做如下分录：

借：应收账款 4 800 000

贷：工程结算 4 800 000

③根据已收到的工程价款，做如下分录：

借：银行存款 3 500 000

贷：应收账款 3 500 000

④确认计量当年合同收入和费用，做如下分录：

完工进度=5 832 000÷（5 832 000+2 268 000）×100%=72%

合同收入=9 000 000×72%−2 250 000=4 230 000（元）

合同费用=（5 832 000+2 268 000）×72%−2 000 000=3 832 000（元）

合同毛利=4 230 000−3 832 000=398 000（元）

借：主营业务成本 3 832 000

工程施工——合同毛利 398 000

贷：主营业务收入 4 230 000

⑤计算应交营业税126 900元（4 230 000×3%），城市维护建设税8 883元（126 900×7%），教育费附加3 807元（126 900×3%），做如下分录：

借：营业税金及附加 139 590

贷：应交税费——应交营业税　　126 900

——应交城市维护建设税　　8 883

——应交教育费附加　　3 807

（3）第 3 年。

①根据实际发生的合同成本，做如下分录：

借：工程施工　　2 318 000

贷：原材料、应付职工薪酬等　　2 318 000

②根据已结算的工程价款，做如下分录：

借：应收账款　　2 400 000

贷：工程结算　　2 400 000

③根据已收到的工程价款，做如下分录：

借：银行存款　　4 000 000

贷：应收账款　　4 000 000

④确认计量当年合同收入和费用，做如下分录：

合同收入＝9 000 000－2 250 000－4 230 000＝2 520 000（元）

合同费用＝8 150 000－2 000 000－3 820 000＝2 318 000（元）

合同毛利＝2 520 000－2 318 000＝202 000（元）

借：主营业务成本　　2 318 000

工程施工——合同毛利　　202 000

贷：主营业务收入　　2 520 000

⑤计算应交营业税 75 600 元（2 520 000×3%），城市维护建设税 5 292 元（75 600×7%），教育费附加 2 268 元（75 600×3%），做如下分录：

借：营业税金及附加　　83 160

贷：应交税费——应交营业税　　75 600

——应交城市维护建设税　　5 292

——应交教育费附加　　2 268

⑥工程完工时，将“工程施工”账户余额与“工程结算”账户余额对冲，做如下分录：

借：工程结算　　9 000 000

贷：工程施工——成本　　8 150 000

——毛利　　850 000

如果建造合同的结果不能可靠地估计，企业就不能采用完工百分比法确认合同的收入和费用，如果合同成本能够收回，那么合同收入应根据能够收回的合同成本加以确认；合同成本不能收回的，应在支出实际发生时立即确认为费用，不确认收入。

【例 11–5】某建筑公司与客户签订了一项总金额为 100 万元的建造合同，第 1 年实际发生工程成本 40 万元，双方均能履行合同规定的义务，但建筑公司在年末对该项工程的完工进度无法可靠确定。由于该合同执行结果不能可靠估计，因此不能采用完工百分比法确认收入，但由于客户能够履行合同，公司当年发生的成本能收回，因此该建筑公司应按当年发生的成本金额同时确认收入和支出，做如下分录：

借：主营业务成本　　400 000

　贷：主营业务收入　　400 000

11.2.5 合同预计损失

施工企业在承包工程的施工过程中，如果合同预计总成本超过合同预计总收入，形成合同预计损失，应提取损失准备，并确认为当期费用，合同完工时，用已提取的损失准备冲减合同费用。企业计提预计合同损失准备时，借记“资产减值损失——合同预计损失”账户；贷记“存货跌价准备——合同预计损失准备”账户。工程完工后冲减已计提的损失准备时，借记“存货跌价准备——合同预计损失准备”账户，贷记“主营业务成本”账户。

【例 11-6】某建筑公司签订了一项总金额为 100 万元的固定造价合同，最初预算总成本为 90 万元，第 1 年实际发生成本 66 万元，预计完成合同尚需发生成本 44 万元，该合同结果能够可靠估计，第 2 年完工。该公司年末账务处理如下：

第 1 年合同完工进度 = 660 000÷（660 000+440 000）×100% = 60%

第 1 年合同收入 = 1 000 000×60% = 600 000（元）

第 1 年合同费用 =（660 000+440 000）×60% = 660 000（元）

第 1 年合同毛利 = 600 000-660 000 = -60 000（元）

第 1 年预计合同损失 = ［（660 000+440 000）-100］×（1-60%）= 40 000（元）

借：主营业务成本　　660 000

　贷：主营业务收入　　600 000

　　工程施工——合同毛利　　60 000

借：资产减值损失——合同预计损失　　40 000

　贷：存货跌价准备——合同预计损失准备　　40 000

第 2 年合同完工进度 = 100%

第 2 年合同收入 = 1 000 000-600 000 = 400 000（元）

第 2 年合同费用 = 1 100 000-660 000 = 440 000（元）

第 2 年合同毛利 = 400 000-440 000 = -40 000（元）

借：主营业务成本　　440 000

　贷：主营业务收入　　400 000

　　工程施工——合同毛利　　40 000

借：存货跌价准备——合同预计损失准备　　40 000

　贷：主营业务成本　　40 000

11.3 其他业务收入的核算

11.3.1 其他业务收入的内容

施工企业除了主要从事建筑安装工程的施工业务，获得建造合同收入以外，还开展一些其他业务并获得其他业务收入，主要包括产品销售收入，材料销售收入，固定资产出租收入，机械作业收入以及无形资产出售、出租收入等。

11.3.2　账户设置

为了核算施工企业其他业务的收支情况，应设置“其他业务收入”和“其他业务成本”账户。“其他业务收入”账户核算企业确认的除主营业务活动以外的其他经营活动实现的收入或债务重组等实现的收入。该账户贷方登记实现的其他业务收入；借方登记期末结转“本年利润”账户的其他业务收入，结转后本账户期末应无余额。该账户应按业务收入的种类进行明细核算。

“其他业务成本”账户核算经确认的、除主营业务活动以外的、其他经营活动所发生的支出。该账户借方登记发生的其他业务成本，贷方登记期末转入“本年利润”账户的其他业务成本，结转后期末应无余额，该账户应按业务成本的种类进行明细核算。

11.3.3　账务处理

1）固定资产出租收入

【例 11-7】 本月企业对外出租施工机械取得租金收入 40 000 元，款项已收到存入银行，该施工机械本月应计提折旧 12 000 元。

①收到租金收入时，做如下分录：

借：银行存款　　40 000
　贷：其他业务收入——固定资产出租收入　　40 000

②计提本月出租机械设备折旧时，做如下分录：

借：其他业务成本——固定资产出租成本　　12 000
　贷：累计折旧　　12 000

③计算结转应交营业税 2 000 元（40 000×5%）、城市维护建设税 140 元（2 000×7%）、教育费附加 60 元（2 000×3%），做如下分录：

借：营业税金及附加　　2 200
　贷：应交税费——应交营业税　　2 000
　　　　　　——应交城市维护建设税　　140
　　　　　　——应交教育费附加　　60

2）材料销售收入

【例 11-8】 施工企业本月对外销售木材一批，售价 19 000 元，款项已收到存入银行。该批材料计划成本 17 000 元，材料成本差异率为 2%。

①收到销售材料货款时，做如下分录：

借：银行存款　　19 000
　贷：其他业务收入　　19 000

②结转对外销售材料成本时，做如下分录：

借：其他业务成本——材料销售　　17 340
　贷：原材料　　17 000
　　　材料成本差异（17 000×2%）　　340

3）作业劳务销售收入

【例 11-9】 施工企业本月施工机械对外提供作业，按台班标准收取价款 18 000 元，提供运输服务实现收入 12 000 元，款项均已收到存入银行，月末结转对外提供作业成本 14 000 元。

①取得劳务收入时，做如下分录：

借：银行存款　　30 000

　贷：其他业务收入　　30 000

②结转对外提供作业成本时，做如下分录：

借：其他业务成本　　14 000

　贷：机械作业　　14 000

本章小结

营业收入是施工企业从事生产经营活动实现的收入，包括建造合同收入和其他业务收入。建造合同收入是施工企业的主营业务收入，是施工企业营业收入核算的重点。建造合同收入的核算应重点掌握建造合同收入的内容、合同收入的确认和计量以及建造合同收入和费用的账务处理方法。其他业务收入是除建造合同收入以外实现的收入，主要包括固定资产，无形资产出租收入，材料销售收入，以及对外提供劳务、作业实现的收入等。其他业务收入的项目内容较多，应区别不同收入的内容，作出相应的账务处理。

关键概念

营业收入　建造合同　建造合同合并　建造合同分立　建造合同收入　完工百分比法　合同预计损失　其他业务收入　其他业务成本

第 12 章　工程成本和费用

◆ 学习目标

知识目标：了解企业工程成本和费用的内容，明确成本和费用核算的主要经济业务内容，掌握工程成本、财务费用、管理费用等概念和内容。

技能目标：通过本章学习，掌握工程实际成本各成本项目的归集和分配方法，正确计算工程成本，掌握管理费用和财务费用的内容，能正确地进行账务处理。

12.1　成本和费用概述

12.1.1　成本和费用的概念

1）成本

成本实质上是企业满足会计核算和经济管理需要，将费用按其支出的用途并以一定种类或数量的产品或劳务为对象进行归集汇总从而构成的。施工企业为进行一定的工程施工所发生的直接人工、直接材料、机械使用费、其他直接费用和间接费用的总和，构成工程成本。

成本的内涵有广义和狭义之分，广义认为，成本是指取得资产的代价，取得固定资产的代价就是固定资产的成本，购买原材料的代价就是原材料的成本，生产产品所花费的代价就是产品成本，施工建造建筑产品的代价就是工程成本，如此等等。在这种意义上成本与费用概念的内涵是一致的，都是为取得某种资产或收益的耗费。而狭义上认为，成本仅指制造成本，即工程成本或产品成本、劳务成本等。从会计核算上所定义的成本、费用都是狭义上的概念。

成本的实际内容在会计实践中并非是固定不变的，成本核算方法可划分为完全成本法和制造成本法。1993 年 7 月 1 日以前，我国企业成本核算采用的是完全成本法。在完全成本法下，不是将企业发生的费用划分制造成本和期间费用，而是将全部费用按照一定的分配方法归集到各个成本对象（或劳务对象）中去，从而计算出各个成本核算对象的成本。从 1993 年 7 月 1 日起，我国规范了成本计算方法采用制造成本法。其工程制造成本则由直接材料、直接人工、机械使用费、其他直接费用和间接费用五个成本项目构成。而管理费用、财务费用作为期间费用，不再计入工程（或产品）成本，直接计入当期损益，即直接从当期收入中扣除。从企业来看，成本的构成内容因管理体制的层次划分不同而有所变化。如一个企业实行“一级管理、一级核算”的情况下，由于减少了施工处（或生产车间）的二级管理层，本应属于二级管理的管理费用支出的间接费用（或制造费用）将归入企业管理费用中，不再构成制造成本的内容。反之，将一级管理一级核算改为多级管理多级核算，则施工现场（或车间）的制造费用将大大增加，从而使一些管理费用支出列入制造费用。

2）费用

费用是对企业生产过程中所掌握或控制的资产的耗费。施工企业在施工过程中，一方面生产出建筑产品；另一方面消耗一定数量的人力、物力和财力。这些消耗的货币表现，即为施工费用。简言之，施工费用是指施工企业在生产经营过程中发生的各种耗费，简称费用。

费用的内涵有广义和狭义之分。广义费用包括企业的各种消耗和损失；狭义费用只包括为获取营业收入、提供劳务或提供商品而发生的耗费，即这些耗费仅仅指与提供劳务或商品相联系的耗费。凡是同企业生产经营没有直接关系，与提供劳务或商品给客户的过程无关的资产耗用都不是费用而是一种损失，如自然灾害等非正常资产毁损及违规违纪受到经济处罚而招致的损失等，损失只是一种对企业收益的纯扣减。

从费用作为企业会计要素的角度看，任何一项支出如果构成企业的费用，它将具有如下特征：

（1）费用支出最终将导致企业资产的减少。这种减少具体表现为企业资金的支出或资产让渡，从这个意义上讲，费用本质上是企业资源流出企业，它与资源流入企业所形成的收入相配比，具体地说，支付工资和各项费用，消耗材料和机器设备等，最终都会耗费企业资源。

（2）费用支出最终将减少企业的所有者权益。一般企业的所有者权益会随着收入的增长而增加；相反，费用的增加会减少企业的所有者权益。

但是在理解和掌握费用这两方面特性时，应注意区分下列两类支出不视为费用：其一是企业偿债性支出，如以货币资产归还银行贷款或清偿往来债务，这只是一项资产和一项负债的等额减少，对所有者权益没有影响，因而不构成费用；其二是企业向投资者分配利润，虽然减少了企业的所有者权益，但其属性是对利润的分配，与经营过程无关，也不应作为费用。

3）费用与成本的关系

费用与成本有着密切的联系，其联系主要表现在：

①广义上的成本内涵与费用在本质上是一致的，都是指为取得资产或收益而付出的代价，或者说都是在生产经营过程中消耗的物化劳动的货币表现。

②成本由费用要素汇总形成，是对象化了的费用，也就是说当费用与一定种类和数量的产品相联系并进行归集汇总后即构成了相应对象的成本。

③成本与费用关系还可以用等式表现出来，即某一期间的成本与期间费用的合计等于该时期的生产费用，因此，从这一角度看，费用可以分为成本性费用和期间费用，其中成本性费用是指那些与施工生产或劳务作业对象直接相关的费用支出，如人工费用、材料费用、机械使用费、其他直接费用和间接费用，而期间费用则是指那些与施工生产或劳务作业对象不直接相关的费用支出，如管理费用、财务费用。

成本与费用虽然有着密切的联系，但又有着显著的区别，其区别主要表现在：

①从成本和费用所体现的价值上看，一般来说，费用可以看成是某一时期耗费的总量，而成本则是一定耗费按成本项目归集后的分量，费用总量一般大于成本分量之和，其差额为期间费用。例如，一个企业某月生产费用为 100 万元，通过成本计算，则分配给甲工程 30 万元，乙工程 40 万元，其余则为期间费用 30 万元。

②费用与一定的时期相关联，反映本期产品生产（或施工）所发生的全部支出，却不管这些支出是否应由本期工程成本负担；成本与一定的产品或劳务对象（工程成本核算对象）相关联，却不管这些费用是否是当期发生的。因而本期支出的生产费用不一定都计入本期成本；计入本期成本的费用，又不一定是本期发生的生产费用。例如，有些本期支出的费用（长期待摊费用）可能要计入下期工程成本，而有些本期尚未支出的费用（预提费用）又可能提前计入本期成本。

12.1.2　施工费用的分类

为了正确区分施工费用的经济性质、用途及其特征，加强对施工费用的管理、控制和核算，正确计算工程成本，必须对施工费用进行科学的分类，这是正确组织工程成本核算的重要前提。

1）施工费用按经济性质分类

施工费用按经济性质分类，就是将施工过程中发生的物化劳动费用和活动费用具体分为若干费用要素，一般包括：

（1）职工薪酬：指企业为获得职工提供的服务而给予的各种形式的报酬以及其他相关支出，包括职工工资、奖金、津贴和补贴、职工福利费、社会保险费、住房公积金、工会经费和职工教育经费等。

（2）外购材料：指企业为进行施工生产而耗用的一切从外部购入的主要材料、结构件、机械配件、其他材料以及低值易耗品和周转材料的摊销额。

（3）外购动力：指企业为进行生产而耗用的从外部购入的各种动力费用。

（4）折旧费：指企业按照规定的固定资产使用年限所确定的折旧率计算提取的折旧费。

（5）固定资产修理费：指施工企业固定资产修理时所发生的修理费用。

（6）租赁费：指企业为进行生产而支付的从外部租赁机械设备（经营性租赁）和周转材料等的费用。

（7）利息支出：指计入施工费用的借款利息净支出。

（8）税金：指应计入施工费用的各种税金。

（9）其他支出：指不属于以上各项费用要素的费用支出，如邮电费、差旅费、保险费及本期发生的长期待摊费用和长期预提费用等。

施工费用按经济性质分类和组织核算，可以提供企业在施工过程中耗费了什么以及耗费了多少的数据资料，从而用以分析各个时期各种费用占全部费用的比重，为企业编制和考核材料供应计划、工资基金计划提供重要的数据资料，同时又便于国家或地区汇总计算建筑业的净产值。

2）按施工费用的经济用途分类

按经济用途对施工费用进行分类，可将施工费用划分为工程成本和期间费用两大部分。该种分类方法重点在于对施工费用进行工程成本项目的划分。

（1）工程成本

①直接人工，是指在施工过程中直接从事建筑安装工程施工的工人以及在施工现场直接为工程制作构件和运料、配料等工人的职工薪酬。

②直接材料，是指在施工过程中耗用的、构成工程实体的材料、结构件、机械配件、有助于工程形成的其他材料和周转材料的租赁费和摊销等。

③机械使用费，是指在施工过程中使用自有施工机械所发生的机械使用费和租用外单位施工机械的租赁费以及施工机械安装、拆卸和进出场费等。

④其他直接费用，是指施工过程中发生的材料搬运费、材料装卸保管费、燃料动力费、临时设施摊销、生产工具用具使用费、检验试验费、工程定位复测费、工程点交费、场地清理费，以及能够单独区分和可靠计量的为订立建造承包合同而发生的差旅费、投标费等费用。

⑤分包成本，是指按照国家规定开展分包，支付给分包单位的工程价款。

⑥间接费用，是指企业各施工单位为组织管理工程施工所发生的费用，包括施工单位管理人员工资、奖金、职工福利费、行政管理用固定资产折旧费、修理费、物料消耗、低值易耗品的摊销、取暖费、水电费、办公费、差旅费、财产保险费、工程保修费、劳动保护费、排污费及其他费用等。

以上①~⑤项构成建筑安装工程的直接成本，第⑥项为间接成本，直接成本加间接成本，构成建筑安装工程成本。

（2）期间费用

施工企业的期间费用分为管理费用和财务费用。

①管理费用是指施工企业行政管理部门为了组织和管理生产经营活动所发生的管理费用。

②财务费用是指施工企业为筹集生产经营所需资金等而发生的各项费用，包括利息支出（减利息收入）、汇兑损失（减汇兑收益）以及金融机构手续费等。

3）施工费用按其与工程量的关系分类

施工费用按其与工程量的关系，可以分为变动费用和固定费用。

（1）变动费用

变动费用指随着工程数量的增减而相应增减的费用，它与工程量的变动成正比例关系，如工程成本中的直接材料、直接人工、机械使用费、其他直接费等。这些费用支出都将随着工程量的变动而变动。

（2）固定费用

固定费用指与工程量的增减没有直接联系，在一定工程量的范围内相对固定不变的费用。从单位成本看，这类费用与工程量成反比，工程量越大，单位成本分摊的固定费用越小，如企业的期间费用及工程成本中的大部分制造费用等。

把企业施工费用划分为变动费用和固定费用两大类，除了可以据此计算盈亏临界点，测算实现目标利润所要达到的工作量以外，还便于寻求降低工程成本的途径。例如，降低变动费用，主要从降低单位工程量的消耗定额着手，而降低固定费用，则除了增加工程量以外，应着重从节约这些费用支出的绝对额着手。

4）**施工费用按其计入工程成本的方法分类**

施工费用按照其计入工程成本的方法，可以分为直接费用、间接费用。

（1）直接费用

直接费用是指直接为某一工程施工而发生的费用，因而在费用发生的当时就可以直接计入各项工程的实际成本。

（2）间接费用

间接费用是指为几项工程施工共同发生的费用，因此，在费用发生的当时，无法确定该项费用在各个工程上各支出了多少。这就需要设置一些账户，先将这些共同发生的费用进行归集，然后再按一定的分配标准，把这些费用进行分摊，分别计入各个工程的实际成本。

12.2　工程成本核算对象、组织和程序

12.2.1　工程成本核算对象

工程成本核算对象，就是指在成本核算时，所选择的施工费用归集的目标。合理地划分工程成本核算对象是正确组织工程成本核算的前提条件。在实际工作中，如果对工程成本核算对象划分过粗，如不管施工工程的具体情况，笼统地将所有的单项工程或单位工程合并为一个成本核算对象，就无法正确反映各单项或单位工程的实际成本水平，不利于考核和分析工程成本的升降情况。反之，如果把工程成本核算对象划分过细，不但会大量增加核算工作量，还可能难以得到及时准确的成本信息。

施工企业应根据（《企业会计准则第 15 号——建造合同》）中有关“合同分立与合同合并”条款，结合工程实际情况合理确定成本核算对象，一般来说，施工企业应以订立的单项合同为工程成本核算对象。如果一项合同包括建造多项资产，企业应根据合同分立的原则确定工程成本计算对象，如果建造一项或数项资产而签订一组合同，企业应根据合同合并的原则确定工程成本核算对象。具体确定方法如下：

①以单项合同为成本核算对象。

②一项建造合同包括建造多项资产的，而每项资产有独立的建造计划，单独进行谈判，双方能够接受每项资产的合同条款，且成本可以单独辨认的，应以每项资产为成本核算对象。

③一项或数项资产签订一组合同，该组合同按一揽子交易签订，每项合同实际上构成一项综合利润率的组成部分，且该合同同时或依次履行，应以该组合同为成本核算对象。

成本核算对象确定后，在成本核算过程中不能任意变更。所有原始记录都必须按照确定的成本对象填写清楚，以便于归集和分配施工生产费用。为了集中反映和计算各个成本核算对象本期应负担的施工费用，财务部门应该为每一成本核算对象设置工程成本明细账，并按成本项目分设专栏来组织成本核算。

12.2.2　工程成本核算组织体制

为了有效地组织工程成本核算，施工企业应结合自身的规模和管理体制，建立和完善

成本核算体制。目前我国施工企业一般实行公司、工区（或工程处，下同）和施工队（或项目经理部）三级管理或公司、工区两级管理。与此相适应，成本核算的组织，一般也实行公司、工区和施工队三级核算或公司、工区两级核算体制。

1）实行三级核算的成本组织体制

公司一般负责全面领导所属单位的成本核算工作，指导所属单位健全成本管理制度，核算公司本身的管理费用；汇总整个企业的施工生产成本，审核汇总所属单位的成本报表，全面进行企业成本分析。

工区（或工程处）一级是内部独立核算单位，负责核算本级的管理费用，对施工工程的成本进行直接的指导或成本核算，编制成本报表或竣工决算，进行成本分析。

施工队（或项目经理部）一级是内部核算单位，负责签发工程任务单和定额领料单，登记工程各种消耗和间接费用的原始记录，核算制造成本，进行成本分析并按工程编制成本报表。

2）实行两级核算的施工企业

公司一级核算的内容，与实行三级核算的施工企业公司的内容基本相同。公司所属的工区及附属生产单位则应同时承担三级核算中的内部独立核算单位与基层核算两级的成本核算职责。

12.2.3 工程成本核算的要求

工程成本核算是施工企业经济管理的重要手段。通过工程成本核算可以客观地反映和监督施工过程中各成本对象的耗费情况和费用定额的执行情况，正确地计算已完工程的实际成本，据以合理收取工程价款。将工程实际成本与预算成本进行对比，提示工程成本升降的原因，寻求降低成本的途径，为编制同类工程成本计划、修订预算定额、施工定额和进行工程施工管理提供数据资料。为了充分发挥工程成本核算的作用，要求工程成本核算必须做到如下三个方面：

1）建立、健全工程成本管理制度，做好工程成本核算的基础

工程成本核算工作涉及工程施工过程中供应、施工和结算的各个环节和技术活动的各个方面，为了保证核算的程序与质量，必须建立、健全可供各级核算单位统一遵循的成本管理制度。

（1）建立、健全成本定额管理制度

施工定额是正常施工条件下，完成单位产品的人力、物力、财力的利用和消耗的数量标准。施工企业的定额按其经济内容可分为材料消耗定额、劳动消耗定额、机械台班定额等。定额是成本量化管理的工具，有了明确的定额，才能考核各项费用支出是否合理、是否节超。在具体执行中，材料消耗定额是签发工程任务单的基本依据；机械台班定额是考核机械、工具利用程度的依据；费用定额是控制费用开支标准的依据。

定额的编制应遵循先进合理，又切实可行的原则，并随着技术进步和劳动生产率的提高进行不断的修正和完善。

（2）建立、健全原始记录制度

原始记录是直接记载和反映施工企业活动中各种成本、费用、地点、用途、金额的记录，是工程成本核算的基础。

施工企业成本核算的主要原始记录有：工程任务单、材料领（退）料单、考勤表、机械使用日报表、周转材料摊销分配表、低值易耗品摊销表、间接费用分配表及未完施工盘点表、工程成本明细核算等。建立、健全这些原始记录的填（编）制、审核和交接责任制度，从而保证工程成本核算的真实准确。

（3）建立、健全企业内部计价制度

为了适应施工企业实行分级管理分级核算的组织管理体制，在企业各级核算单位之间及同级核算单位之间应制定统一的内部结算制度作为企业内部单位之间转移材料、产品、提供劳务等的结算依据，从而有利于考核各单位的成本管理水平、责任目标，同时有利于调动各考核部门控制成本的积极性，提高全面成本管理的综合效益。

企业的内部结算价格，一般以施工预算定额、单位估价表、地区材料预算价格，结合市场行情和企业实际，合理地加以确定。

（4）建立、健全企业内部成本管理责任制

工程施工活动周期长、涉及面广，每一施工单位和职能部门都要承担成本管理的责任，因此要求企业根据内部组织分工与岗位责任，建立、健全上下衔接、左右结合的全面成本管理责任制，对成本实行分级、归口管理。各有关部门应密切配合，为成本核算及时提供真实可靠的资料，为实现成本降低计划各负其责。

2）遵守成本开支范围，划清各项费用开支界限

成本开支范围是对企业在生产经营活动中发生的各项费用允许在成本中列支的范围，它体现着国家的财经方针和制度对企业财务管理的规定和要求，同时也是企业按现行制度规定、有效地进行成本管理、提高成本的可比性、降低成本、严格控制成本开支、避免重计漏计或挤占成本的基本依据。为此要求企业在成本核算中划清下列各项费用开支的界限。

（1）划清计入与不计入成本的费用界限

按照有关制度的规定，施工企业的费用可分为工程成本和期间费用两大部分，因此成本核算中首先应区分工程成本与期间费用界限，属于期间费用的管理费用、财务费用等不得列入成本。此外还有下列支出不得列入成本，也不得列入费用：

①为购置和建造固定资产、无形资产和其他资产的支出；

②对外投资支出；

③没收的财物、支付的滞纳金、罚款以及赞助捐赠支出；

④法律、法规规定的不得列入成本的其他支出。

（2）划清各个成本对象的费用界限

施工企业组织成本核算，一般先划分若干成本核算对象。工程成本核算对象一经确定，便不能变动，各个成本对象的费用不能相互混淆。财务部门应为每个成本对象设置一个工程成本明细账，凡不能直接计入的共同费用和间接费用，应按规定的方法分配计入相关成本对象的工程成本。

（3）划清本期成本与下期成本的界限

根据会计核算的配比原则和权责发生制的原则，凡是应由本期工程成本负担的费用，要全部计入本期工程成本，即使费用尚未实际支付，也应采用预提方法计入本期工程成本；凡不应由本期工程成本负担的费用，即使已经支付，也不能计入本期工程成本，而应采取待摊方法分摊到以后各期成本中，但不允许利用待摊和预提费用项目人为地调节成本。

3）正确、合理确定工程成本计算期

工程成本的计算期应与工程结算方式相适应，施工企业的工程价款结算方式一般有按月结算和按季结算的中间结算方式与竣工后一次结算方式。据此，在确定工程成本计算期进行成本核算时应按如下原则处理：

①建筑安装工程一般应按月或季计算当期工程的实际成本。

②实行内部独立核算的工业企业、机械施工、运输单位和物料供应部门应按月计算产品、作业和材料成本。

③改、扩建零星工程以及工期较短（在一年以内）的单位工程或按工程对象进行核算的工程，可相应采取竣工一次计算工程成本。

④对于施工期限长、气候条件影响大、施工活动难以在各个月均衡的项目，为了合理负担工程成本，对某些间接成本应按年度工程数量分配计算成本。

12.2.4 工程成本核算程序

工程成本核算程序，指企业在具体组织工程成本核算时应遵循的一般顺序和步骤。

施工企业的成本核算一般实施二级或三级核算，一些规模较小的企业也可以实行一级核算。在企业实行的二级或三级成本核算的体制下，公司一般只核算期间费用，工程成本的总分类核算主要是在工区及施工队进行。

在进行工程成本核算时，对施工过程中发生的各项施工费用，首先应按照施工费用的用途和发生的地点进行归集。即有些费用可以直接计入各受益成本对象，有些费用则要先进行汇集，然后按一定的方法分配计入各受益成本核算对象的成本中去。

施工企业为了总括地核算和监督在施工过程中各项施工费用的发生、归集和分配情况，正确计算工程成本，应设置下列账户：

①“工程施工”账户，用来核算企业进行建筑安装工程施工所发生的各类费用支出，并用以确定各种成本核算对象的实际成本。该账户借方登记进行合同建造时发生的人工费用、材料费用、机械使用费、其他直接费和间接费等施工实际成本和确认的合同毛利；贷方登记确认的合同亏损和合同完成后结转的已完工工程实际成本。该账户应按照成本核算对象设置明细账，并按照规定的成本项目分设专栏，进行明细核算。

②“机械作业”账户。用来核算企业内部独立核算的施工单位、运输队和机械站等使用自有施工机械和运输设备进行机械作业时发生的各项费用。该账户借方登记进行机械作业过程中实际发生的各项费用；贷方登记按受益对象分配结转的机械作业成本；分配结转后，该账户期末一般无余额。该账户一般按施工机械和运输设备的种类设置明细账进行明细核算，施工费用在各账户之间和成本核算对象之间的归集结转程序，包括以下步骤：

①将本期发生的各项施工费用，按其用途和发生地点，归集到有关成本、费用账户。

②月末，通过归集在“机械作业”账户的各项费用，计算机械作业成本，按照受益对象的受益数量分配记入“工程施工”账户。

③工程合同完工时，将已完工实际成本，从“工程施工”账户的贷方，转入“工程结算”账户的借方。

上述工程成本总分类核算的程序，如图 12-1 所示。

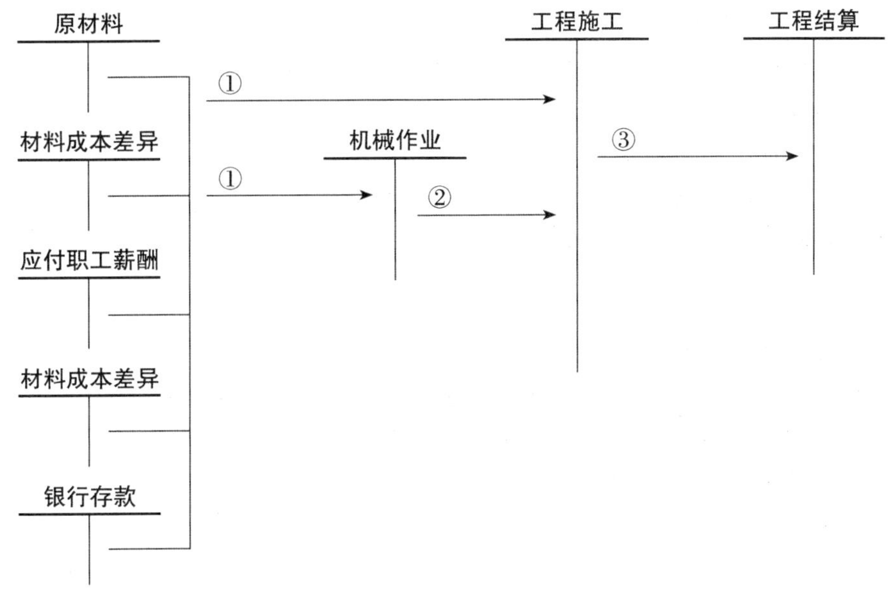

图 12-1　工程成本总分类核算程序

12.3　工程实际成本的核算

施工企业的工程成本，由直接人工、直接材料、机械使用费、其他直接费用和间接费用五个成本项目构成。工程施工过程中发生的各项施工费用，首先按照确定的成本核算对象和上述确定的 5 个成本项目进行归集，能直接计入有关成本核算对象的，直接计入，不能直接计入的，采用一定的分配方法计入，然后计算出该工程的实际成本。

12.3.1　直接人工

1）直接人工的内容

工程成本中的直接人工，是指在施工过程中直接从事建筑安装工程施工的工人以及在施工现场直接为工程制作构件和运料、配料等工人的职工薪酬。

2）直接人工费用的归集与分配

直接人工费用计入成本的方法，一般应根据企业实行的具体工资制度而定。

（1）计件工资制度下人工费用的分配

在实行计件工资制度时，所支付的工资，一般都能分清受益对象，应根据工程任务单和工资结算汇总表，将所归集的人工费用直接计入各工程成本中去。借记“工程施工——××工程（人工费用）”账户，贷记“应付职工薪酬”等账户。

（2）计时工资制度下人工费用的分配

在计时工资制度下，如果施工项目只有一个单位工程或所发生的人工工资能分清在哪一个工程上施工的，则应直接计入各成本核算对象中去；如果建筑安装工人同时在若干项工程施工，这样就需要将所发生的工资在各个成本核算对象之间进行分配。一般应按照当月工资总额和工人的出勤工日计算的日平均工资及各工程当月实际用工数计算分配，分配人工费用的计算公式如下：

$$某施工单位当月每工日平均工资=\frac{该单位当月全部计时工资总额}{各工程当月实际耗用工日总数}$$

$$\begin{array}{c}某成本核算对象\\应负担的人工费用\end{array}=\begin{array}{c}该成本核算对象当月\\实际耗用的工日数\end{array}\times\begin{array}{c}该施工单位当月\\每工日平均工资\end{array}$$

注：式中计时工资包括标准工资、奖金、工资性质的津贴等。

此外，企业职工福利费、社会保险费、住房公积金、工会经费、职工教育经费等其他薪酬，可以单独采取比例法进行分配。其公式如下：

$$\begin{array}{c}某成本核算对象当月\\负担的其他薪酬\end{array}=\begin{array}{c}该成本核算对象\\应负担的工资数\end{array}\times\begin{array}{c}工资附加\\费计提比例\end{array}$$

【例 12-1】 某市第一建筑公司下属一、二工程处，实施两级核算管理体制。现以第一工程处的施工工程为例，说明其工程成本的核算过程。第一工程处本年度有甲、乙两处工程，当月发生的人工费用资料如下：

①当月发生计件工资，分配见表 12-1。

表 12-1　　**人工费用分配表（计件工资）**

单位：第一工程处　　××年 6 月　　金额单位：元

队、组	甲工程	乙工程
A 瓦工组	36 000	—
B 瓦工组	—	34 000
合 计	36 000	34 000

②当月发生计时工资 40 000 元，其中甲工程耗用 1 920 工日，乙工程耗用1 280工日，计时工资分配见表 12-2。

表 12-2　　**人工费用分配表（计时工资）**

单位：第一工程处　　××年 6 月　　金额单位：元

成本核算对象	耗用工日	平均工日	分配人工费用
甲工程	1 920		24 000
乙工程	1 280		16 000
合 计	3 200	12. 5	40 000

在表 12-2 中，平均工资=40 000÷（1 920+1 280）= 12. 5（元/工日）。

根据上述人工费用分配表，做如下会计分录：

借：工程施工——甲工程（直接人工）　　60 000

　　　　　　——乙工程（直接人工）　　50 000

　贷：应付职工薪酬　　110 000

根据上述分录登记第一工程处“工程成本卡”直接人工费用栏内，见表 12-5、表12-6、表12-7。

12.3.2　直接材料

1）直接材料的内容

工程成本中的直接材料是指在施工过程中耗用的、构成工程实体的材料、结构件、机械配件、有助于工程形成的其他材料和周转材料的租赁费和摊销等。

除了主要用于工程施工外，施工企业的材料还用于固定资产等专项工程以及其他非生产性耗用，因此，企业进行材料费用核算，必须严格划分施工生产耗用与非生产性耗用的界限，只有直接用于工程的材料才能计入工程成本材料费用项目中。

2）直接材料费用的归集与分配

施工企业工程耗用的材料品种繁多，数量较大，领用的次数也比较频繁，因此，企业必须建立健全材料物资的收、发、领、退等管理制度，制定统一的定额领料单、领料单、大堆材料耗用计算单、集中配料耗用计算单、周转材料摊销分配表、退料单等自制原始凭证，并按照不同的情况进行材料费用的归集和分配。

（1）凡领用材料时能点清数量，分清对象的，应在有关领料凭证（定额领料单、领料单）上注明成本核算对象的名称，会计部门据以直接计入成本对象的材料费用项目。

（2）领用材料时虽能点清数量，但系集中配料或需统一下料的，如油漆、玻璃等，应在领料凭证上注明“工程集中配料”字样，月末由材料管理人员或领用部门，根据用料情况，结合材料消耗定额编制集中配料耗用计算表，据以分配计入各受益成本核算对象。

（3）领料时，既不易清点数量，又难以分清成本受益对象的材料，如砖瓦、灰、砂、石等大堆材料，可根据具体情况，由材料员或施工现场保管员验收保管，月末实地盘点结存数量后，按月初结存与本月购进数量，倒推本月实耗数量，综合材料耗用定额，编制大堆材料耗用计算单，据以计入各成本核算对象。

（4）周转使用的模板、脚手架等周转材料应根据各成本受益对象的实际在用数量和规定的摊销方法，计算当期的摊销额并编制各类材料摊销分配表，据以计入各成本核算对象。对某些租用的周转材料，则应按实际支付的租赁费用直接计入受益成本核算对象的材料费用成本项目。

（5）工程竣工后的剩余材料，应填写退料单或用红字填写领料单，据以办理材料退库手续，以便正确计算工程实际成本。

（6）施工中发生的残次材料和包装物等，应尽量回收利用，填制废料交库单估价入账，并冲减工程成本中的材料费用。

（7）采取按月结算工程成本时，月末对已经办理领料手续，但尚未耗用的材料，下月初仍需继续使用的，应进行盘点，办理“假退料”手续。

上述各种不同材料，采用不同的方法进行分配后，应根据各有关分配计算凭证及材料部门提供的资料，汇总编制材料发出汇总分配表，确定各受益成本核算对象应分摊的材料费用成本，借记“工程施工——××工程（材料费用）”账户，贷记“原材料”、“材料成本差异”等账户。

【例 12-2】 当月第一工程处根据审核无误的各种领料凭证、大堆材料耗用分配表、周转材料摊销分配表等汇总编制的材料分配表，见表 12-3。

表 12-3 **材料费用分配表**

单位：第一工程处 ××年 6 月 金额单位：元

工程成本核算对象	主要材料								结构件		其他材料		合计			周转材料摊销额
	黑色金属		硅酸盐		其他主要材料		合 计									
	计划成本	成本差异(+1%)	计划成本	成本差异(+2%)	计划成本	成本差异(+1%)	计划成本	成本差异	计划成本	成本差异(+1%)	计划成本	成本差异(−1%)	计划成本	成本差异		
														超支	节约	
甲工程	115 000	1 150	20 000	400	30 000	300	165 000	1850	75 000	750	20 000	−200	260 000	2 600	−200	5 000
乙工程	80 000	800	10 000	200	10 000	100	100 000	1 100	60 000	600	15 000	−150	175 000	1 700	−150	2 000
合 计	195 000	1 950	30 000	600	40 000	400	265 000	2 950	135 000	1 350	35 000	−350	435 000	4 300	−350	7 000

根据材料分配表资料，做如下会计分录：

①借：工程施工——甲工程（直接材料） 265 000
　　贷：原材料——主要材料 165 000
　　　　　　——结构件 75 000
　　　　　　——其他材料 20 000
　　　　周转材料——周转材料摊销 5 000

②借：工程施工——乙工程（直接材料） 177 000
　　贷：原材料——主要材料 100 000
　　　　　　——结构件 60 000
　　　　　　——其他材料 15 000
　　　　周转材料——周转材料摊销 2 000

③借：工程施工——甲工程（直接材料） 2 600
　　贷：材料成本差异——主要材料 1 850
　　　　　　　　——结构件 750

④借：工程施工——乙工程（直接材料） 1 700
　　贷：材料成本差异——主要材料 1 100
　　　　　　　　——结构件 600

⑤借：材料成本差异——其他材料 200
　　贷：工程施工——甲工程（直接材料） 200

⑥借：材料成本差异——其他材料 150
　　贷：工程施工——乙工程（直接材料） 150

根据上述分录，将各项材料费用及周转材料摊销分别登记到“工程成本明细账”和“工程成本卡”的材料费用栏内，见表 12-5、表 12-6、表 12-7。

12.3.3 机械使用费

1）机械使用费的内容

工程成本中的机械使用费是指在施工过程中使用自有施工机械所发生的机械台班费和

租入施工机械的租赁费，以及按规定支付的施工机械安装、拆卸和进出场费等。

2）机械使用费的归集与分配

企业施工中使用的施工机械，分为自有机械和租用施工机械，因此，机械使用费的核算也分为两种情况。

（1）租入机械费用

从外单位或本企业内部独立核算的机械站租入施工机械支付的租赁费，一般可以根据机械租赁费结算单所列金额，直接计入成本核算对象的机械使用费成本项目中。如果租入的施工机械是为两个以上的工程服务，应以租入机械所服务的各个工程受益对象提供的作业台班数量为基数进行分配。计算公式如下：

某成本核算对象应负担的租赁费＝该成本核算对象实际耗用台班×平均台班租赁费

$$\text{平均台班租赁费}=\frac{\text{支付的租赁费总额}}{\text{租入机械作业总台班数}}$$

（2）自有机械费用

施工企业使用自有施工机械或运输设备进行机械作业所发生的各项费用，首先应通过“机械作业”账户，按机械类别或每台机械分别归集，月末再根据各个成本核算对象实际使用机械的台班计算各成本核算对象应分摊的施工机械使用费。机械作业费用的分配方法主要有以下几种：

①台班分配法，即根据成本核算对象使用机械的台班数进行分配，其计算公式如下：

$$\begin{array}{c}\text{某成本核算对象应}\\\text{分摊的某种机械使用费}\end{array}=\begin{array}{c}\text{该种机械的}\\\text{每台班实际成本}\end{array}\times\begin{array}{c}\text{该成本核算对象}\\\text{实际使用台班数}\end{array}$$

其中：

$$\text{某种机械的每台班实际成本}=\frac{\text{该种机械本月实际发生的费用总额}}{\text{该种机械本月实际工作台班数}}$$

台班分配法适用于按单机或机组进行成本核算的施工机械。

②预算分配法，即根据实际发生的机械作业费用占预算定额规定的机械使用费的比率进行分配的方法，其计算公式如下：

$$\begin{array}{c}\text{某成本核算对象应}\\\text{分摊的机械使用费}\end{array}=\begin{array}{c}\text{该成本核算对象}\\\text{预算机械使用费}\end{array}\times\begin{array}{c}\text{实际机械作业费用占预}\\\text{算机械使用费的比率}\end{array}$$

其中：

$$\begin{array}{c}\text{某成本核算对象}\\\text{预算机械使用费}\end{array}=\begin{array}{c}\text{该成本核算对象}\\\text{实际完成工程量}\end{array}\times\begin{array}{c}\text{单位工程量机械}\\\text{使用费预算定额}\end{array}$$

$$\text{实际机械作业费用占预算机械使用费的比率}=\frac{\text{实际发生的机械作业费用总额}}{\text{受益成本核算对象预算机械费总额}}$$

预算分配法适用于不便于计算机械使用台班或无机械台班的中小型机械使用费的分配，如几个成本核算对象共同使用的混凝土搅拌机的费用。

③作业量分配法，即以各种机械所完成的作业量为基础进行分配的方法，其计算公式如下：

$$\begin{array}{c}\text{某成本核算对象应负担的}\\\text{某种机械使用费}\end{array}=\begin{array}{c}\text{某种机械为该成本}\\\text{核算对象提供的作业量}\end{array}\times\begin{array}{c}\text{某种机械单位}\\\text{作业量实际成本}\end{array}$$

其中：

$$\text{某种机械单位作业量实际成本}=\frac{\text{某种机械实际发生费用总额}}{\text{某机械实际完成作业量}}$$

作业量分配适用于能计算完成量的单台机械或某类机械，如汽车运输作业，按单台或某类汽车提供的吨公里计算作业量。

月末对按照上述方法计算各成本核算对象应负担的机械使用费进行结转时，借记“工程施工——××工程（机械使用费）”账户，贷记“机械作业”账户。

【例12-3】第一工程处有塔吊一台，当月发生各项费用6 000元，当月工作30个台班，其中甲工程16个台班，乙工程14个台班；搅拌机一台，当月发生费用6 000元，完成搅拌混凝土600立方米，其中甲工程350立方米，乙工程250立方米。根据上述资料编制机械使用费分配表，见表12-4。

表12-4 **机械使用费分配表**

单位：第一工程处 ××年6月 金额单位：元

成本核算对象	塔吊（每台班成本：200元）		搅拌机（每立方米成本：10元）		机械使用费合计
	台班	金额	工程量	金额	
甲工程	16	3 200	350	3 500	6 700
乙工程	14	2 800	250	2 500	5 300
合计	30	6 000	600	6 000	12 000

根据上述机械使用费分配表资料，做如下分录：

借：工程施工——甲工程（机械使用费） 6 700
　　　　　——乙工程（机械使用费） 5 300
　贷：机械作业——塔吊 6 000
　　　　　　——搅拌机 6 000

根据上述分配，将机械使用费分别登记到“工程成本明细账”和“工程成本卡”的机械使用费栏内，见表12-5、表12-6、表12-7。

12.3.4 其他直接费用

1）其他直接费用的内容

工程成本中的其他直接费用是指施工过程中发生的材料搬运费、材料装卸保管费、燃料动力费、临时设施摊销、生产工具用具使用费、检验试验费、工程定位复测费、工程点交费、场地清理费，以及能够单独区分和可靠计量的为订立建造承包合同而发生的差旅费、投标费等费用。

2）其他直接费用的归集与分配

在实际工作中，其他直接费用的核算，可分为以下三种情况：

（1）费用发生时能分清成本受益对象的，发生时可直接计入各成本核算对象的成本中，借记“工程施工——××工程（其他直接费）”账户，贷记有关账户。

（2）费用发生时不能分清受益对象的，将其发生的费用先归入“工程施工——其他直接费”账户，月末按适当方法分配计入各成本核算对象。

（3）费用发生时难于同成本中的其他项目分开，如冬雨季施工用的防雨、保温材料费、夜间施工的电器材料及电费、流动施工津贴、场地清理费、材料二次搬运费中的人工费用、机械使用费等。为了简化核算手续，便于成本分析和考核，可以将这些费用并入“人工费用”、“材料费用”、“机械使用费”成本项目中核算。

【例 12-4】当月第一工程处其他直接费用发生额 10 000 元，根据分配计算结果，其中甲工程应分摊 4 000 元，乙工程应分摊 6 000 元，做如下会计分录：

借：工程施工——甲工程（其他直接费用）　4 000

　　　　　　——乙工程（其他直接费用）　6 000

　贷：银行存款　10 000

根据上述分录分别登记“工程成本明细账”和“工程成本卡”的其他直接费用栏，见表 12-5、表 12-6、表 12-7。

表 12-5　**工程成本明细账**

单位：第一工程处　××年 6 月　金额单位：元

××年		凭证号数	摘　　要	直接费成本					间接费用	工程成本合计
月	日			直接人工	直接材料	机械使用费	其他直接费用	分包成本		
	1		月初余额	40 000	200 000	8 000	6 000		6 000	260 000
			分配直接人工	110 000						110 000
			分配直接材料		442 000					442 000
			调整材料成本差异		3 950					3 950
			分配机械使用费			12 000				12 000
			分配其他直接费用				10 000			10 000
			分包成本					100 000		100 000
			分配间接费用						57 795	57 795
			本月施工费用发生额	110 000	445 950	12 000	10 000	100 000	57 795	735 745
			本月已完工程实际成本	89 000	371 750	12 900	11 400		28 785	513 835
			未完工程累计实际成本	61 000	274 200	7 100	4 600	100 000	35 010	481 910

表 12-6　**工程成本卡**

成本核算对象：甲工程　××年 6 月　金额单位：元

××年		凭证号数	摘　　要	直接费成本					间接费用	工程成本合计
月	日			直接人工	直接材料	机械使用费	其他直接费用	分包成本		
	1		月初余额	1 000	6 800	400	600	0	1 200	10 000
			分配直接人工	60 000						60 000
			分配直接材料		265 000					265 000
			调整材料成本差异		2 400					2 400
			分配机械使用费			6 700				6 700
			分配其他直接费用				4 000			4 000
			分包成本					100 000		100 000
			分配间接费用						33 810	33 810
			本月施工费用发生额	60 000	267 400	6 700	4 000	100 000	33 810	471 910
			本月累计工程实际成本	61 000	274 200	7 100	4 600	100 000	35 010	481 910

表 12-7 **工程成本卡**

成本核算对象：乙工程 ××年 6 月 金额单位：元

××年		凭证号数	摘要	直接费成本				间接费用	工程成本合计
月	日			直接人工	材料费用	机械使用费	其他直接费用		
	1		月初余额	39 000	193 200	7 600	5 400	4 800	250 000
			分配人工费用	50 000					50 000
			分配材料费用		177 000				177 000
			调整材料成本差异		1 550				1 550
			分配机械使用费			5 300			5 300
			分配其他直接费				6 000		6 000
			分配间接费					23 985	23 985
			本月施工费用发生额	50 000	178 550	5 300	6 000	23 985	263 835
			本月累计工程实际成本	89 000	371 750	12 900	11 400	28 785	513 835
			工程完工结转	89 000	371 750	12 900	11 400	28 785	513 835

【去了解】

选择不同成本核算组织形式的施工企业，了解其施工生产过程，准确把握成本核算对象的确定，进一步理解和区分直接费用、间接费用、期间费用。

12.3.5 分包成本

1）分包成本的内容

分包成本是指按照国家规定开展分包，支付给分包单位的分包价款。

企业将部分工程分包出去，支付的分包工程款计入分包成本，分包成本一般能直接确定成本核算对象，可直接计入成本核算对象的工程成本中。

2）分包成本的归集

【例 12-5】 本月第一工程处将甲工程的部分工程分包出去，分包部分的工程已完工，支付分包费用 100 000 元。做如下会计分录：

借：工程施工——甲工程（分包成本） 100 000

贷：银行存款 100 000

根据上述分录分别登记“工程成本明细账”和“工程成本卡”的分包成本栏，见表 12-5、表 12-6。

12.3.6 间接费用

1）间接费用的内容

间接费用是指施工企业各施工单位（含工区、施工队）为组织管理施工所发生的全部支出，包括施工单位管理人员工资、奖金、职工福利费、行政管理用固定资产折旧费及修理费、物料消耗、低值易耗品摊销、取暖费、水电费、办公费、差旅费、财产保险费、检验试验费、工程保修费、劳动保护费、排污及其他费用。

2）间接费用的归集与分配

间接费用属于共同性费用，难以分清受益对象，企业应在“工程施工”账户下设置“间接费用”明细账户，汇总本期发生的各种间接费用，期末按一定标准分配计入有关工程成本。

间接费用分配方法一般有人工费用比例法、直接费用比例法等。

①人工费用比例法。人工费用比例法是以各成本核算对象实际发生的人工费用为标准来分配间接费用的一种方法。计算公式如下：

$$间接费用分配率=\frac{当期实际发生的全部间接费用之和}{当期各工程发生的人工费用之和}\times 100\%$$

某工程应负担的间接费=该项工程实际发生的人工费用×间接费用分配率

②直接费用比例法。直接费用比例法是以各种成本对象发生的直接费用为标准来分配间接费用的一种方法。计算公式如下：

$$直接费用分配率=\frac{当期实际发生的全部间接费用之和}{当期各工程发生的直接费用之和}\times 100\%$$

某工程应负担的间接费=该项工程实际发生的直接费用×间接费用分配率

【例 12–6】第一工程处在本期只有建筑工程没有安装工程和其他产品、劳务作业等。根据“工程施工——间接费用”账户归集的当月发生的间接费用为57 795元，按各工程直接费用比例分配。

根据工程成本明细账和成本卡各工程直接费用资料编制间接费用分配表见表 12–8。

表 12–8　　**间接费用分配表**

单位：第一工程处　　××年 6 月　　金额单位：元

成本核算对象	分配标准	分配率（%）	分配金额
甲工程	338 100	10	33 810
乙工程	239 850	10	23 985
合 计	577 950	10	57 795

根据表 12–8 数据，做如下会计分录：

借：工程施工——甲工程（间接费用）　　33 810

　　　　　　——乙工程（间接费用）　　23 985

　贷：工程施工——间接费用　　57 795

根据上述分录分别登记“工程成本明细账”和“工程成本卡”的间接费用栏，见表 12–5、表 12–6、表 12–7。

通过以上核算，该工程处当月发生的各项施工费用已经集中反映在“工程成本明细账”和“工程成本卡”的有关栏内，见表 12–5、表 12–6、表 12–7。

3）工程完工实际成本的结转

施工企业为正确进行合同工程成本核算，应根据工程合同确定的成本核算对象，开设成本明细账，工程施工中发生的各种成本费用，应及时记入按成本核算对象设置的成本明细账，以便及时反映工程施工中的各种支出，当合同工程完工时，该明细账汇总的累计发生的费用，即为该项已完工程的实际总成本。当工程完工时，应将“工程施工”账户的余额与“工程结算”账户余额对冲。

【例 12-7】乙工程本月完工，工程累计实际成本 513 835 元，累计结算工程价款 620 000元，工程合同毛利 106 165 元，结转已完工程成本，做如下会计分录：

借：工程结算　　620 000
　贷：工程施工——毛利　　106 165
　　　　　　——乙工程　　513 835

12.4　期间费用的核算

期间费用是指从属于一定会计期间，应于发生的当期与同期收入相配比的支出。施工企业期间费用主要包括管理费用和财务费用。

12.4.1　管理费用

1）管理费用的内容

管理费用是指企业为组织和管理企业施工生产经营所发生的各项费用，包括企业在筹建期间内发生的开办费用，董事会和行政管理部门在企业经营管理中发生的或者应由企业统一负担的公司经费（包括行政管理部门职工工资及福利、物料消耗、低值易耗品摊销、办公费和差旅费）、工会经费、董事会费（包括董事会成员津贴、会议费和差旅费等）、聘请中介机构费、咨询费、业务招待费、房产税、车船税、土地使用税、印花税、技术转让费、研究费用、排污费等。

2）管理费用的账务处理

为了核算施工企业的管理费用，企业应设置“管理费用”账户，该账户的借方登记企业发生的各项管理费用，贷方登记企业在期末结转的管理费用，结转后月末应无余额。

当企业发生各项管理费用时，借记“管理费用”账户，贷记“库存现金”、“银行存款”、“累计折旧”、“应交税费”、“应付职工薪酬”等账户。期末，将该账户的余额全部转入“本年利润”账户，借记“本年利润”账户，贷记“管理费用”账户，结转后本账户应无余额。

该账户应按管理费用项目设置明细账，进行明细核算。举例说明如下：

【例 12-8】企业行政管理部门购入办公用品 200 元，以现金支付，据有关凭证做如下会计分录：

借：管理费用——公司经费　　200
　贷：现金　　200

【例 12-9】企业聘请注册资产评估师进行资产评估，用银行存款支付评估费用 800 元，据有关凭证做如下会计分录：

借：管理费用——审计费　　800
　贷：银行存款　　800

【例 12-10】企业向南阳技术公司支付非专利技术的转让费 1 400 元，据有关凭证做如下会计分录：

借：管理费用——技术转让费　　1 400
　贷：银行存款　　1 400

【例 12-11】行政科张凡报销差旅费 560 元，根据有关凭证做如下会计分录：

借：管理费用——差旅交通费　　560
　贷：其他应收款（或现金）　　560

【例 12-12】企业公司管理部门领用材料 320 元，根据有关凭证做如下会计分录：

借：管理费用——公司经费　　320
　贷：原材料　　320

【例 12-13】企业当月按规定计算应缴纳房产税 400 元，车船税 230 元，做如下会计分录：

借：管理费用——房产税　　400
　　　　　　——车船税　　230
　贷：应交税费——应交房产税　　400
　　　　　　　——应交车船税　　230

【例 12-14】企业当月按规定提取管理部门使用固定资产折旧费 260 元，做如下会计分录：

借：管理费用——公司经费　　260
　贷：累计折旧　　260

【例 12-15】当月按规定计提无形资产摊销 1 300 元，做如下会计分录：

借：管理费用——无形资产摊销　　1 300
　贷：累计摊销　　1 300

【例 12-16】企业本月应付行政管理人员薪酬 1 200 元，做如下会计分录：

借：管理费用——职工工资　　1 200
　贷：应付职工薪酬　　1 200

【例 12-17】月终，结转当月发生的管理费用 6 670 元，做如下会计分录：

借：本年利润　　6 670
　贷：管理费用　　6 670

12.4.2　财务费用

1）财务费用内容

财务费用是指企业为筹集资金而发生的各项费用，包括企业经营发生的利息净支出、汇兑净损失、金融机构手续费以及企业筹资发生的财务费用。

利息净支出是指企业向银行借款或发行债券的利息支出减去银行存款利息收入后的净额。但需要注意的是：

①购建固定资产而发生的长期借款利息支出，在所购建的固定资产达到预定可使用状态之前，应计入有关资产的购建成本，不得计入财务费用；同时，与购建固定资产直接有关的借款，因使用前暂存银行而发生的利息收入，在固定资产达到预定可使用状态前发生的，应与相应计入资产成本的利息支出冲抵。

②允许冲抵利息支出的利息收入仅指企业流动资金存入开户银行的存款利息收入。对

于企业将闲置资金购入债券而获取的利息收入则不能冲抵财务费用，应列为“投资收益”。

汇兑净损失指企业在生产经营期间，涉及外汇结算业务，由于汇率变动，以及不同货币兑换中所发生的汇兑损失与汇兑收益的差额。

手续费是指企业在筹集生产经营所需资金时与金融机构发生的手续费用等。

2）财务费用的账务处理

为了核算企业在施工经营过程中，进行资金筹集等理财活动而发生的财务费用，企业应设置“财务费用”账户，该账户借方登记发生的财务费用，贷方登记期末结转的财务费用，结转后期末应无余额。企业发生财务费用时，借记该账户，贷记“银行存款”等账户，发生的应冲减财务费用的利息收入借记“银行存款”等账户，贷记该账户，月末结转时借记“本年利润”账户，贷记本账户。具体的业务核算举例说明如下：

【例 12-18】 年初，向银行借入短期借款 1 000 000 元，当月支付借款利息10 000元，做如下会计分录：

借：财务费用——利息支出　　10 000

　贷：银行存款　　10 000

如果借款利息按季计算支付，则每季前两个月应计提利息费用，做如下会计分录为：

借：财务费用——利息支出　　10 000

　贷：应付利息　　10 000

季末，实际支付利息时，会计分录为：

借：财务费用——利息支出　　10 000

　　应付利息　　20 000

　贷：银行存款　　30 000

【例 12-19】 当月银行存款利息收入 500 元，根据银行计息通知，做如下会计分录：

借：银行存款　　500

　贷：财务费用——利息收入　　500

【例 12-20】 企业用长期借款建造厂房，该厂房已竣工交付使用并已办完竣工决算。本月发生长期借款利息 25 000 元，做如下会计分录：

借：财务费用——利息支出　　25 000

　贷：应付利息　　25 000

【例 12-21】 月终，企业结转财务费用借方余额 34 500 元，做如下会计分录：

借：本年利润　　34 500

　贷：财务费用　　34 500

本章小结

工程成本和费用是两个既相联系又有区别的概念。费用是计算工程成本的基础，工程成本是由费用要素汇总而成的，是对象化了的费用。本章所指工程成本是指按照会计准则的规定应计入工程成本的制造成本，费用是指不计入工程成本，而应直接计入当期损益的期间费用，即管理费用和财务费用。

工程成本的核算是将工程施工中发生的各项应计入工程成本的费用，按照一定方法归集和分配到各成本核算对象，包括应计入工程成本的人工费用、材料费用、机械使用费、其他直接费和间接费用。正确组织工程成本核算，首先要正确区分哪些费用应计入工程成本，哪些费用不计入工程成本；其次应正确划分成本核算对象，确定工程成本归集的范围，并按照规定的成本项目，将应计入工程成本的费用在各成本核算对象之间进行分配和归集，从而计算出各成本核算对象的总成本。

期间费用包括管理费用和财务费用，期间费用的核算应正确区分其内容，掌握各项费用发生时的账务处理和期末结转方法。

关键概念

成本　费用　工程成本　人工费用　材料费用　机械使用费　其他直接费　间接费用　期间费用　财务费用　管理费用。

第 13 章　非货币性资产交换

◆ 学习目标

知识目标：了解货币性资产与非货币性资产的划分，非货币性资产交换的定义，货币性资产交易与非货币性资产交换的内容、区别。

技能目标：掌握非货币性资产交换的确认、计量，掌握非货币性资产交换的账务处理。

13.1　非货币性资产交换概述

13.1.1　非货币性资产交换的概念

企业拥有的资产可分为货币性资产和非货币性资产。货币性资产是指企业持有的货币资金及将以固定或可确定金额的货币收取的资产，包括库存现金、银行存款、其他货币资金，应收账款、应收票据、其他应收款和准备持有至到期的债券投资等。非货币性资产是指除货币性资产以外的资产，包括存货、固定资产、无形资产、长期股权投资以及不准备持有至到期的债券投资等。货币性资产与非货币性资产的区别在于资产在将来为企业带来的经济利益是否固定或可以确定，如果资产在将来为企业带来的经济利益是固定的，或者可以确定，则该资产是货币性资产，反之，则该项资产是非货币性资产。

非货币性资产交换，是指交易双方主要以存货、固定资产、无形资产和长期股权投资等非货币性资产进行交换，交易过程中不涉及或只涉及少量的货币资产（即补差价）。这种交换，可以使企业在市场环境对企业不利的情况下，互惠调节处理一些需要处理的资产，提高资产利用效率。

13.1.2　货币性资产交易与非货币性资产交换的界定

货币性资产交易是指一方持货币性资产购买另一方非货币性资产。非货币性资产交换是指一方的非货币性资产与另一方非货币性资产交换，当非货币性资产交换双方资产的交换价值不相等时，则需要用货币性资产进行差价找补，如果补价只涉及少量的货币性资产，补价率小于25%时仍属于非货币性资产交换，按非货币性资产交换准则规定的办法进行账务处理。如果补价涉及的货币性资产占整个交换价值比例，即补价率大于或等于25%时，则为货币性资产交易，对换出资产应作销售处理。补价率的计算方法如下：

收到补价方的补价率＝收到的补价÷换出资产的公允价值×100%

支付补价方的补价率＝支付的补价÷换入资产的公允价值×100%

【例 13-1】 某施工企业以一台施工机械换入甲公司生产的一批钢材，该施工机械账面价值为 500 000 元，钢材的账面价值为 550 000 元。双方协定交换价值为 550 000 元，由施工企业支付补价款 50 000 元给甲公司。其补价率的计算如下：

施工企业的补价率＝50 000÷550 000×100% ＝9. 1%

甲公司的补价率＝50 000÷550 000×100% ＝9. 1%

13. 2　非货币性资产交换的确认与计量

非货币性资产交换要解决两个主要问题，一是如何计量换入资产入账价值，二是是否需要确认或如保确认和计量换出资产的损益。

13. 2. 1　换入资产成本的确认

1）以换出资产公允价值和应支付的相关税费作为换入资产的成本

以换出资产公允价值和应支付的相关税费作为换入资产的成本的应同时具备两个条件：一是交换具有商业实质；二是换入资产或换出资产的公允价值能够可靠地计量。

判断非货币性资产交换是否具有商业实质应当遵循实质重于形式原则，根据换入资产的性质和换入企业经营活动的特征等，如果换入资产与换入企业其他资产相结合能够产生更大作用，使该换入资产的现金流量与换出资产明显不同，表明该交换具有商业实质；如果交易双方是关联方关系，由于关联方关系的存在可能导致发生的非货币性资产交换不具有商业实质，即使非货币性资产交换引起了现金流量的变化，也认为不具有商业实质。因此，只有那些引起企业现金流量发生变化且交换双方不是关联方的非货币性资产交换才具有商业实质。

满足下列条件之一的非货币性资产交换，可以认为具有商业实质。

①换入资产的未来现金流量在风险、时间和金额方面与换出资产显著不同，通常表现为企业之间不同类资产进行交换。

例如某施工企业以一批存货换入一项设备，因存货流动性强，能够在较短的时间内产生现金流量，设备作为固定资产要在较长时间才能为企业带来现金流量，两者产生现金流量的时间相差较大，则可判断该项交换具有商业实质。

②换入资产与换出资产的预计未来现金流量现值不同，其差额与换入资产和换出资产的公允价值相比是重大的。

换入资产与换出资产的公允价值能够可靠地计量是指换入资产或换出资产的公允价值能够可靠确定，能准确地确认和计量交换所产生的损益。

公允价值是指在公平交易中，熟悉情况的交易双方，自愿进行资产交换或债务清偿的金额。

2）以换出资产的账面价值和应支付的相关税费作为换入资产的成本

资产交换不具有商业实质，或者换入资产与换出资产的公允价值不能可靠计量的非货币性资产交换，应当以换出资产的账面价值和应支付的相关税费作为换入资产的成本。这类非货币性资产交换通常表现为同类资产进行交换或关联方之间的资产交换。

13.2.2 换出资产损益确认

在非货币性资产交换中，如果以换出资产公允价值作为确定换入资产成本的计量基础，不论是否涉及补价，都要将换出资产公允价值与其账面价值的差额计入当期损益，如果换出的是存货，其差额计入其他业务收入或其他业务成本，如果换出的是固定资产或无形资产，其差额计入营业外收入或营业外支出；如果换出的是长期股权投资，其差额计入投资收益。

在非货币性资产交换中，如果以换出资产账面价值作为换入资产成本的计量基础，则不确认交换损益。

13.3 非货币性资产交换的账务处理

13.3.1 以换出资产公允价值为计量基础的账务处理

1）不涉及补价的账务处理

非货币性资产交换，以换出资产公允价值与应支付的相关税款作为换入资产的成本时，换出资产公允价值与换出资产账面价值差额，扣除相关税费后的净额计入当期损益，一般情况下，不涉及补价的，交换双方资产的公允价值应该相等，若只有一方的资产有公允价值，应视为对方资产也具有相同的公允价值。

【例13-2】 某施工企业与甲公司不具有关联方关系。2014年1月，施工企业将一台不需用的工程设备与甲公司一批材料交换。设备账面原价为850 000元，已提折旧150 000元，公允价值为750 000元，为此项交换施工企业支付了设备清理费10 000元，甲公司材料账面价值800 000元，未计提减值准备，公允价值为750 000元。

该项交换，设备与材料将来为企业产生的现金流量、风险均不同，那么判断该项交换具有商业实质，且公允价值能可靠计量，满足按换出资产以公允价值为计量基础确定换入资产成本的条件。

施工企业账务处理如下：

（1）注销工程设备的账面原价和累计折旧：

借：固定资产清理 700 000

累计折旧 150 000

贷：固定资产——工程设备 850 000

（2）支付清理费用：

借：固定资产清理 10 000

贷：银行存款 10 000

（3）确定换入资产入账价值为750 000元：

借：原材料 750 000

贷：固定资产清理 750 000

（4）结转换出资产公允价值与账面价值的差额：

借：固定资产清理 40 000

贷：营业外收入　　40 000

2）涉及补价的账务处理

（1）.计算补价率

补价率是确定货币性资产交易和非货币性资产交换的重要标准，当补价率小于 25% 时，作为非货币性资产交换处理，如果补价率大于或等于 25%，则应作为货币性资产交易处理。

（2）确定换入资产的入账价值和换出资产产生的损益

非货币性资产交换符合按公允价值为计量基础确定换入资产入账价值时，按换出资产公允价值加上相关税费作为换入资产的成本。在涉及补价情况下，换入资产成本除考虑换出资产公允价值和应支付的相关税费外，还应考虑补价的影响，同时损益的确认也有所不同，应分别按补价的不同情况进行处理。

支付补价方：

换入资产的入账价值=换出（入）资产公允价值+支付的补价+支付的相关税费

应确认的交换损益=换出资产公允价值-换出资产账面价值

收到补价方：

换入资产入账价值=换出（入）资产公允价值+支付的相关税费-收到的补价

应确认的交换损益=换出资产公允价值-换出资产账面价值

如果换出资产无公允价值，换入资产有公允价值，则以换入资产公允价值为基础计量换出资产成本。

可见无论是支付补价的企业还是收到补价的企业，其损益的确认都是针对换出资产而言，且计算方法一致。

【例 13-3】 施工企业甲公司与乙公司不具有关联关系，2014 年 2 月 8 日，甲公司以一项机械设备与乙公司的小型办公楼交换，甲公司换出的机械设备账面原价为 3 000 000 元，已计提折旧 1 000 000 元，公允价值 2 200 000 元，乙公司换出的小型办公楼账面原价为 5 000 000 元，已计提折旧 3 200 000 元，公允价值为 2 300 000 元，甲公司另支付补价 100 000 元给乙公司。

甲公司以机械设备与乙公司办公楼交换，属不同类资产交换，未来现金流量、风险都明显不同，且双方不具有关联关系，应认定为交换具有商业实质，交换中只涉及少量货币性资产，先计算补价率判断是否属于非货币性资产交换。

甲公司的账务处理如下：

补价率=100 000÷2 300 000×100% =4. 35% <25%

换入资产入账价值=2 200 000+100 000=2 300 000（元）

应确认的收益=2 200 000-（3 000 000-1 000 000）=200 000（元）

借：固定资产清理	2 000 000	
累计折旧	1 000 000	
贷：固定资产——机械设备		3 000 000
借：固定资产——办公楼	2 300 000	
贷：固定资产清理		2 000 000
银行存款		100 000

贷：营业外收入 200 000

乙公司的账务处理如下：

补价率 = 100 000÷2 300 000 = 4.35% <25%

换入资产入账价值 = 2 300 000−100 000 = 2 200 000（元）

应确认的损益 = 2 300 000−（5 000 000−3 200 000）= 500 000（元）

借：固定资产清理 1 800 000

累计折旧 3 200 000

贷：固定资产——办公楼 5 000 000

借：固定资产——机械设备 2 200 000

银行存款 100 000

贷：固定资产清理 1 800 000

营业外收入 500 000

13.3.2 以换出资产账面价值为计量基础的账务处理

如果非货币性资产交换未同时满足会计准则规定的以公允价值为基础计量换入资产成本的两个条件，则该项非货币性资产交换则以换出资产的账面价值为基础计量换入资产的成本，不确认换出资产的交换损益。

（1）不涉及补价的账务处理

在不涉及补价的情况下，企业应当以换出资产的账面价值和应支付的相关税费作为换入资产的取得成本。

【例 13-4】 某施工企业与丙公司为关联方，施工企业以账面价值为 25 000 元、公允价值 21 000 元的工程物资 B 材料换取丙公司账面价值 27 000 元、公允价值 24 000 元的 A 材料，该材料已计提减值准备 1 000 元，施工企业为换入 A 材料支付运费 1 000 元，丙公司为换入 B 材料支付运费 2 000 元。双方均按原材料入库。

双方是关联方，该资产交换不具有商业实质，因此资产交换以换出资产账面价值为基础计量换入资产的成本，且不确认损益。

施工企业的账务处理如下：

换入材料入账价值 = 25 000+1 000 = 26 000（元）

借：原材料——A 材料 26 000

贷：工程物资——B 材料 25 000

银行存款 1 000

丙公司的账务处理如下：

换入的施工企业工程物资入账价值 = 27 000−1 000+2 000 = 28 000（元）

借：原材料——B 材料 28 000

存货跌价准备 1 000

贷：原材料——A 材料 27 000

银行存款 2 000

（2）涉及补价的账务处理

支付补价方，应当以换出资产的账面价值，加上支付的补价和应支付的相关税费作为换入资产成本，不确认损益。

换入资产入账价值=换出资产账面价值+支付的补价+支付的相关税费

收到补价方，应当以换出资产的账面价值，减去收到的补价，加上支付的相关税费作为换入资产成本，不确认损益。

换入资产入账价值=换出资产账面价值-收到的补价+支付的相关税费

【例 13-5】 甲公司与乙公司之间是关联方，甲公司以一台工程设备换入乙公司一辆运输车，该工程设备账面原值为 850 000 元，已提折旧 50 000 元，公允价值为 750 000 元，运输车账面原值 900 000 元，已提折旧 100 000 元，公允价值为 700 000 元，由乙公司支付补价款 50 000 元给甲公司，甲公司为换入设备支付运输费 15 000 元，乙公司为换入设备支付运输费 18 000 元，乙公司为运输车计提减值准备 10 000 元。

该项资产交换涉及补价 50 000 元，先计算补价率确定是否属于非货币性资产交换。

甲公司：补价率=50 000÷750 000×100% =6. 67% <25%

乙公司：补价率=50 000÷750 000×100% =6. 67% <25%

因此该项交换属于非货币性资产交换，甲、乙公司是关联方，该项交换不具有商业实质，因此资产交换以换出资产账面价值为基础计算换入资产成本。

甲公司的账务处理如下：

换入资产入账价值=（850 000-50 000）-50 000+15 000=765 000（元）

	借方	贷方
借：固定资产清理	800 000	
累计折旧	50 000	
贷：固定资产——工程设备		850 000
借：银行存款	50 000	
固定资产——运输车	765 000	
贷：银行存款		15 000
固定资产清理		800 000

乙公司的账务处理如下：

换入资产入账价值=900 000-100 000-10 000+50 000+18 000=858 000（元）

	借方	贷方
借：固定资产清理	790 000	
累计折旧	100 000	
固定资产减值准备	10 000	
贷：固定资产——运输车		900 000
借：固定资产——工程设备	858 000	
贷：固定资产清理		790 000
银行存款		68 000

13. 3. 3　非货币性资产交换同时换入多项资产的账务处理

非货币性资产交换涉及多项资产具体可分为三种：一项换多项，多项换一项，多项换多项。如果同时换入多项非货币性资产时，首先确定换入多项资产的入账价值总额，再将入账总价值按照每项换入资产公允价值占换入资产公允价值总额的比例进行分摊，来确定每项换入资产的入账价值。如果非货币性资产交换不具有商业实质，或者具有商业实质，但换入资产的公允价值不能可靠计量的，应当按照换入各项资产的原账面价值占换入资产原账面价值总额的比例，对换入资产的成本总额进行分配，确定各项换入资产的成本。

【例13-6】 甲公司以持有的一项长期股权投资同时换入乙公司的两项资产，一项专利权和一台机械设备，甲公司长期股权投资账面余额为600 000元，已计提减值准备50 000元，公允价值为500 000元。乙公司专利权账面价值为150 000元，累计摊销30 000元，公允价值为120 000元；机械设备账面原价为650 000元，累计折旧150 000元，公允价值450 000元，甲公司支付乙公司补价款70 000元，并支付运输费10 000元，假设双方交换具有商业实质，且公允价值可靠计量。

甲公司：补价率=70 000÷（120 000+450 000）×100%=12. 28%<25%

乙公司：补价率=70 000÷（120 000+450 000）×100%=12. 28%<25%

属于非货币性资产交换。

甲公司的账务处理如下：

换入资产入账价值总额=500 000+70 000+10 000=580 000（元）

专利权公允价值占换入资产公允价值比例=120 000÷（120 000+450 000）=21. 05%

专利权的入账价值=580 000×21. 05%=122 090（元）

机械设备公允价值占换入资产公允价值比例=450 000÷（120 000+450 000）=78. 95%

机械设备的入账价值=580 000÷78. 95%=457 910（元）

科目	借方	贷方
借：无形资产——专利权	122 090	
固定资产——机械设备	457 910	
长期股权投资减值准备	50 000	
投资收益	50 000	
贷：长期股权投资		600 000
银行存款		80 000

乙公司的账务处理如下：

换入长期股权投资入账价值=120 000+450 000-70 000=500 000（元）

科目	借方	贷方
借：固定资产清理	500 000	
累计折旧	150 000	
贷：固定资产——机械设备		650 000
借：长期股权投资	500 000	
累计摊销	30 000	
银行存款	70 000	
营业外支出	50 000	
贷：固定资产清理		500 000
无形资产——专利权		150 000

本章小结

非货币性资产交易，是指交易双方主要以存货、固定资产、无形资产和长期股权投资等非货币性资产进行交换，交易过程中不涉及或只涉及少量的货币资产，即补差价。补价率小于25%才可认为是非货币性资产交换。非货币性资产交换同时满足两个条件时应当以换出资产公允价值和应支付的相关税费作为换入资产的成本，按公允价值与其账面价值和相关税费的差额确认交换损益。①交换具有商业实质；②换入资产或换出资产公允价值能够可靠地计量。未同时满足上述两个条件的非货币性资产交换，应当以换出资产账面价值和应支付的相关税费作为换入资产的成本。

关键概念

货币性资产　非货币性资产　非货币性资产交换　补价率　公允价值　商业实质

第 14 章　利润和利润分配

◆ 学习目标

知识目标：了解企业利润的构成及利润分配的内容，明确利润及利润分配环节的主要经济业务，掌握利润、净利润、所得税费用、盈余公积、未分配利润等概念和内容。

技能目标：通过本章学习掌握利润形成及账务处理方法，所得税费用的确认、计量及账务处理、利润分配顺序及分配的账务处理方法，以及年终未分配利润的结算等。

14.1　利润概述

14.1.1　利润的构成

利润是指企业在一定会计期间的经营成果，就其构成来看，包括收入减去费用后的净额、直接计入当期损益的利得和损失等。其中，收入减去费用后的净额称为营业利润，反映企业正常生产经营的业绩；直接计入当期损益的利得和损失，是指应当计入当期损益，最终会引起所有者权益发生增减变动的、与所有者投入资本或者向所有者分配利润无关的利得或损失，即与企业经营业务没有直接关系的营业外收入和营业外支出。

1）营业利润

营业利润是指企业营业收入减去费用后的净额，它是企业利润的主要来源。用公式表示如下：

$$\begin{matrix}\text{营业}\\\text{利润}\end{matrix}=\begin{matrix}\text{营业}\\\text{收入}\end{matrix}-\begin{matrix}\text{营业}\\\text{成本}\end{matrix}-\begin{matrix}\text{营业税金}\\\text{及附加}\end{matrix}-\begin{matrix}\text{管理}\\\text{费用}\end{matrix}-\begin{matrix}\text{财务}\\\text{费用}\end{matrix}-\begin{matrix}\text{资产减}\\\text{值损失}\end{matrix}+\begin{matrix}\text{公允价值变}\\\text{动净收益}\end{matrix}+\begin{matrix}\text{投资}\\\text{收益}\end{matrix}$$

其中：营业收入是指企业经营活动所实现的收入，包括主营业务收入和其他业务收入。营业成本是指经营业务所发生的实际成本总额，包括主营业成本和其他业务成本。资产减值损失是指企业计提各项资产减值准备所形成的损失。公允价值变动净收益是指企业交易性金融资产等公允价值变动形成的应计入当期损益的利得或损失。投资收益是指企业以各种方式对外投资所取得的收益。

2）利润总额

利润总额是指营业利润加减直接计入当期损益的利得和损失后的金额，用公式表示如下：

利润总额=营业利润+营业外收入−营业外支出

其中：营业外收入是指与生产经营业务没有直接联系的各项收入，如非流动资产处置利得、非货币性资产交换利得、盘盈利得、政府补贴、捐赠利得等；营业外支出是指与生产经营业务没有直接联系的支出，如非流动资产处置损失、非货币性资产交换损失、公益性捐赠支出、非常损失、盘亏损失等。

3）净利润

净利润是企业利润总额减去所得税费用后的余额，用公式表示如下：

净利润=利润总额-所得税费用

14.1.2　营业外收支

1）营业外收入

（1）营业外收入的内容

营业外收入是指企业发生的与日常经营活动业务没有直接联系的各项利得。包括下列内容：

①非流动资产处置利得，指处置固定资产、无形资产等非流动资产的利得，如出售固定资产所取得价款或报废固定资产的材料价值和变价收入扣除固定资产的账面价值、处置相关税费后的净收益。

②盘盈利得，指企业清查盘点中盘盈的现金等，经批准后计入营业外收入的部分。

③政府补贴，指企业从政府无偿取得的货币性资产或非货币性资产形成的利得。

④捐赠利得，指企业接受捐赠产生的利得。

⑤非货币性资产交换利得，指在非货币性资产交换中，换入资产公允价值大于换出资产账面价值的差额，扣除相关费用后计入营业外收入的金额。

⑥债务重组利得，指重组债务的账面价值超过清偿债务的现金、非现金资产的公允价值、所转让股份的公允价值或重组后债务账面价值的差额。

（2）营业外收入的账务处理

企业应设置“营业外收入”账户，核算企业发生的各项营业外收入。该账户贷方登记企业发生的各项营业外收入；借方登记期末转入“本年利润”账户的数额；期末结转后，该账户应无余额。该账户按项目内容进行明细核算。

【例 14-1】 企业一台不需用的设备出售，该设备账面原价 65 000 元，累计已提折旧 25 000 元，没有计提该固定资产减值准备，双方协议作价 45 000 元，款项已收妥存入银行。

①出售固定资产时，做如下会计分录：

借：固定资产清理	40 000	
累计折旧	25 000	
贷：固定资产		65 000

②收到出售价款时，做如下会计分录：

借：银行存款	45 000	
贷：固定资产清理		45 000

③结转出售净收益，做如下会计分录：

借：固定资产清理	5 000	
贷：营业外收入——非流动资产处置利得		5 000

【例 14-2】 企业月末库存现金清查时，发现库存现金较账面金额多出 200 元，原因不

明，经批准列作营业外收入，做如下会计分录：

借：待处理财产损溢——待处理流动资产损溢 200

贷：营业外收入——盘盈利得 200

【例 14-3】企业收到政府无偿拨入的补贴款项 40 000 元，款项已存入银行，做如下会计分录：

借：银行存款 40 000

贷：营业外收入——政府补贴 40 000

【例 14-4】接受甲企业捐赠设备一台，该设备公允价值为 45 600 元，做如下会计分录：

借：固定资产 45 600

贷：营业外收入——捐赠利得 45 600

【例 14-5】期末将营业外收入发生额 90 800 元转入"本年利润"，做如下会计分录：

借：营业外收入 90 800

贷：本年利润 90 800

2）营业外支出

（1）营业外支出的内容

营业外支出是指企业发生的与日常经营业务没有直接联系的各项损失。包括下列内容：

①非流动资产处置损失，是指处置各项非流动资产发生的损失，如处置固定资产所取得的价款收入或报废固定资产的残料收入等抵补处置固定资产账面价值、清理费用后的净损失。

②公益性捐赠支出，指对外进行公益性捐赠发生的支出，如对国内救灾的捐赠和对慈善事业的捐赠。

③非常损失，指企业因自然灾害等原因造成的损失，在扣除保险赔款后计入营业外支出的金额。

④盘亏损失，指在清查盘点时发现资产盘亏，经批准后列入营业外支出的金额。

⑤非货币性资产交换损失，指在非货币性资产交换中换入资产公允价值小于换出资产账面价值的差额，扣除相关费用后计入营业外支出的金额。

⑥债务重组损失，指重组债权的账面余额与受让资产的公允价值、所转让股份的公允价值或重组后债权的账面价值之间的差额。

（2）营业外支出的账务处理

企业应设置"营业外支出"账户，核算企业发生的各项营业外支出。该账户借方登记发生的各项营业外支出；贷方登记期末转入"本年利润"账户的数额；期末结转后，该账户应无余额。

【例 14-6】企业向"希望工程"捐赠 5 000 元，以银行存款支付，做如下会计分录：

借：营业外支出——公益性捐赠支出 5 000

贷：银行存款 5 000

【例 14-7】企业因火灾毁损材料一批，实际成本 40 000 元，扣除保险公司赔款36 000 元后净损失经批准列作营业外支出，做如下会计分录：

借：营业外支出——非常损失 4 000

其他应收款——保险公司赔款 36 000

　　贷：待处理财产损溢——待处理流动资产损溢　　40 000

【例 14-8】期末，将当期发生的营业外支出 9 000 元转入“本年利润”账户，做如下会计分录：

借：本年利润　　9 000

　　贷：营业外支出　　9 000

14.1.3　本年利润的结转

企业在日常核算中，运用损益类账户对企业利润的各项构成内容进行连续、系统记录，为了全面反映每一会计期间企业利润的实现情况，应于月份、季度或年度结束时，根据各个损益类账户的记录，结计各期实现的营业利润和企业利润总额以及净利润。在实务上，对于各期利润的结计，通常有表结法和账结法两种方法。

所谓表结法是通过编制月份损益表计算出本期利润总额和净利润。采用表结法结账时，不需将损益类各账户的余额逐月结转到“本年利润”账户，只有到年度终了进行年度决算时，才用账结法将损益类账户的全年累计余额转入“本年利润”账户，以结出全年累计利润总额和净利润。平时通过损益计算表结计利润总额和净利润。具体结计的方法是：每月月末结账时，分别结出各损益账户本年利润累计数额；将各损益账户的本年利润累计数逐项填入损益表中相应项目的“本年累计栏”，计算出从年初至当月末止的累计利润及净利润；然后减去至上月末的累计利润及净利润，即可确定当月的利润总额及净利润。

所谓账结法是不论月份或年度，都应通过“本年利润”账户结计企业实现的利润总额和净利润。在账结法下，应于每月终了将损益类各收入账户的余额转入“本年利润”账户的贷方；将损益类各费用账户的余额转入“本年利润”账户的借方，通过“本年利润”账户结算出当月净利润或净亏损总额以及当年累计损益。

为了核算企业年度内实现的利润（或亏损）总额，企业应设置“本年利润”账户。贷方登记从损益类收入账户转入的数额，借方登记从损益类费用账户转入的数额，期末贷方余额表示企业实现的净利润，借方余额表示企业发生的净亏损。年度终了，应将年度实现的净利润额或发生的净亏损额，全部转入“利润分配——未分配利润”账户，结转后，该账户应无余额。

现举例说明“账结法”下本年利润的结转方法。

【例 14-9】某施工企业某年 5 月损益类账户发生额如表 14-1。

表 14-1　**本月损益账户发生额**　金额单位：元

账户名称	借方发生额	贷方发生额
主营业务收入		1 600 000
主营业务成本	1 217 000	
营业税金及附加	64 000	
其他业务收入		200 000
其他业务成本	164 000	
管理费用	26 000	
财务费用	6 000	
投资收益		80 000
营业外收入		12 000
营业外支出	34 000	
所得税费用	125 000	

(1) 根据损益类各收入账户发生额做如下会计分录：

借：主营业务收入	1 600 000	
其他业务收入	200 000	
投资收益	80 000	
营业外收入	12 000	
贷：本年利润		1 892 000

(2) 根据损益类各费用账户发生额做如下会计分录：

借：本年利润	1 636 000	
贷：主营业务成本		1 217 000
营业税金及附加		64 000
其他业务成本		164 000
管理费用		26 000
财务费用		6 000
营业外支出		34 000
所得税费用		125 000

本年利润结转核算程序如图 14-1 所示。

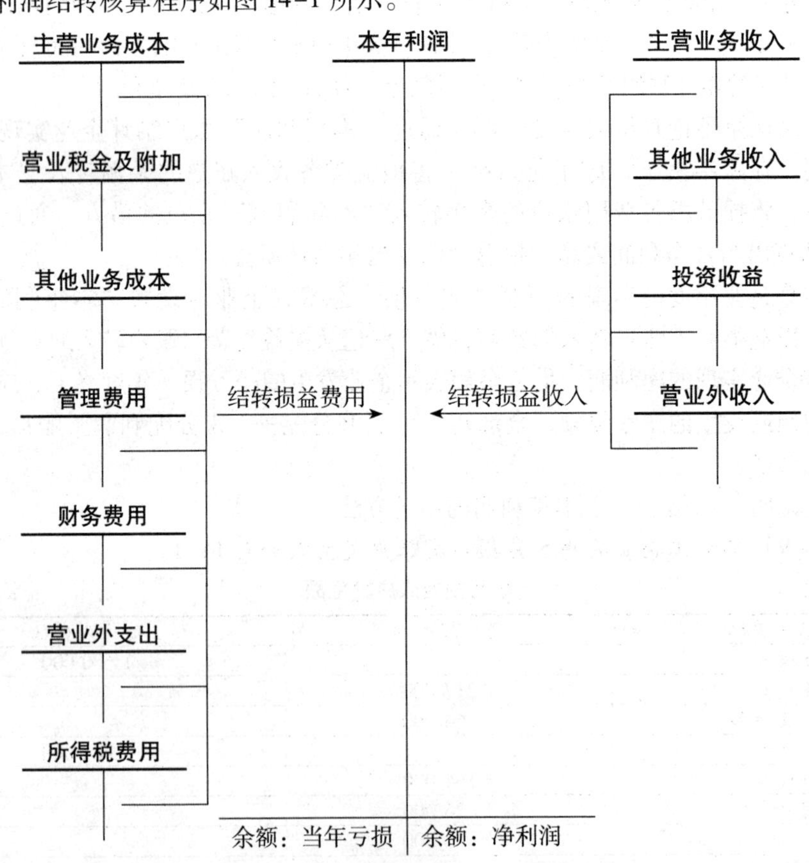

图 14-1 本年利润结转核算程序

14.2　所得税的核算

14.2.1　所得税会计核算的一般程序

我国企业会计准则规定，企业所得税会计采用资产负债表债务法计算所得税费用。资产负债表债务法要求企业从资产负债表出发，通过比较资产负债表上列示的资产、负债按照会计准则规定确定的账面价值与按照税法规定确定的计税基础，对于两者之间差异分为应纳税暂时性差异与可抵扣暂时性差异，确认相关的递延所得税负债与递延所得税资产，并在此基础上确定每一会计期利润表中的所得税费用。

资产负债表债务法下，企业所得税会计核算的一般程序如下：

1）按照会计准则确定资产和负债项目的账面价值

企业应按照企业会计准则资产、负债确认和计量的规定，确定企业除递延所得税资产和递延所得税负债以外的其他资产和负债项目的账面价值。资产和负债的账面价值是指企业按照相关会计准则的规定进行核算后在资产负债表中列示的金额。例如，企业持有的应收账款账面余额为 2 000 000 元，企业对应收账款计提了坏账准备 100 000 元，其账面价值为 1 900 000 元，为应收账款在资产负债表中列示的金额。

2）以税收法规为基础，确定资产、负债项目的计税基础

所得税会计的关键在于确定资产、负债的计税基础。在确定资产、负债的计税基础时，应严格遵循税收法规中对于资产的税务处理以及可以税前扣除的费用等的规定进行。

（1）资产的计税基础

资产的计税基础是反映企业收回资产账面价值过程中，计算应纳税所得额时按照税法规定可以自应税经济利益中抵扣的金额，即某项资产在未来期间计税时按照税法规定可以税前扣除的金额。

通常情况下，资产取得时入账价值与计税基础是相同的，后续计量过程中因会计准则规定与税法规定不同，可能产生资产的账面价值与其计税基础的差异。主要有：

①固定资产计提折旧的方法、折旧年限与税法规定不同以及固定资产减值准备的提取而产生的差异。

【例 14-10】企业于第一年末以 600 万元购入一项施工机械，估计使用寿命为 20 年，按照直线法计提折旧，预计净残值为零。假设税法规定的折旧年限、折旧方法以及净残值与会计规定相同。第三年 12 月 31 日，企业估计该项固定资产可收回的金额为 500 万元。计提资产减值准备 40 万元。

该项固定资产第三年 12 月 31 日的账面价值 = 6 000 000 − 6 000 000 ÷ 20 × 2 − 400 000
= 5 000 000（元）

该项固定资产第三年 12 月 31 日计税基础 = 6 000 000 − 6 000 000 ÷ 20 × 2
= 5 400 000（元）

该项固定资产的账面价值 500 万元与其计税基础 540 万元之间的差额 40 万元，在未来期间会减少企业应纳税所得额和应交所得税。

②无形资产是否需要摊销以及无形资产减值准备的提取而产生的差异。

③以公允价值计量且其变动计入当期损益的金融资产，与该金融资产会计期末计税基础为其取得成本而产生的差异。

【例 14-11】企业于某年 10 月 20 日，在交易市场取得一项权益性投资，支付价款 1 400万元，作为交易性金融资产。同年 12 月 31 日，该项权益性投资的市场价为 1 560 万元，假定税法规定对于交易性金融资产，持有期间公允价值的变动不计入应纳税所得额，待出售后一并计入应纳税所得额。

按照会计准则规定进行核算该年资产负债表日，该项交易性金融资产账面价值为 1 560万元。

按税法规定该年资产负债表日该项交易性金融资产的计税基础为原取得成本，即为 1 400万元。

该项交易性金融资产账面价值与计税基础产生了差异 160 万元，该差异在未来时间转回时会增加未来期间的应纳税所得额，导致企业所得税的增加。

④其他资产（如存货、应收账款等）因会计准则规定与税收法规不同，如计提其他资产减值准备或坏账准备而产生的差异。

（2）负债的计税基础

负债计税基础是指负债账面价值减去未来期间计算应纳税所得额时按照税法规定可予抵扣的金额。用公式来表示如下：

负债计税基础=账面价值-未来期间按照税法规定可予税前扣除的金额

负债的确认和偿还一般不会影响企业的损益，也不会影响其应纳税所得额，其计税基础即为账面价值。但某些情况下，负债的确认可能会影响损益，并影响不同期间的应纳税所得额，使计税基础与账面价值之间产生差额。

①企业因提供售后服务等原因确认的预计负债。

②按照会计准则计入成本费用的应付职工薪酬超过税法规定标准的部分。

③其他负债项目按照会计规定确认为费用，按税法规定不允许在税前扣除而产生的差异，如罚款、滞纳金会计准则确认为费用，按税法规定不允许在税前扣除。

（3）暂时性差异

资产、负债的账面价值与计税基础不同产生的差额称为暂时性差异。根据暂时性差异对未来期间应纳税所得额的影响，分为应纳税暂时性差异和可抵扣暂时性差异。

①应纳税暂时性差异

应纳税暂时性差异是指在确定未来收回资产或清偿负债期间的应纳税所得额时，将产生应税金额的暂时性差异，该差异在未来转回时，会增加转回期间的应纳税所得额。应纳税暂时性差异通常产生于以下两种情况：第一种，资产的账面价值大于其计税基础；第二种，负债的账面价值小于其计税基础。

②可抵扣暂时性差异

可抵扣暂时性差异是指在确定未来收回资产或清偿负债期间的应纳税所得额时，将产生可抵扣金额的暂时性差异，该差异在未来期间转回时，会减少转回期间的应纳税所得额，减少未来期间的应交所得税。可抵扣暂时性差异通常产生于以下两种情况：第一种，资产的账面价值小于其计税基础；第二种，负债的账面价值大于其计税基础。

3）确认递延所得税资产和递延所得税负债

企业应于资产负债表日，分析比较资产、负债的账面价值与计税基础，两者之间存在差异的，确认递延所得税资产、递延所得税负债和递延所得税费用。

（1）确认应纳税暂时性差异产生的递延所得税负债

【例 14-12】 依据【例 14-11】中有关资料，假定企业当年除该交易性金融资产外，当期发生的交易和事项不存在其他应纳税暂时性差异。企业适用的所得税税率为 25%，递延所得税负债不存在期初余额，企业递延所得税负债计算如下：

递延所得税负债＝1 600 000×25%＝400 000（元）

（2）确认可抵扣暂时性差异产生的递延所得税资产

【例 14-13】 依据【例 14-10】中有关资料，假定企业当年发生的交易和事项不存在其他可抵扣暂时性差异。企业适用所得税税率为 25%，递延所得税资产不存在期初余额，企业递延所得税资产计算如下：

递延所得税资产＝400 000×25%＝100 000（元）

（3）计算确认递延所得税费用

递延所得税负债与递延所得税资产之间的差额为递延所得税费用（递延所得税负债小于递延所得税资产时为递延所得税收益）。计算公式如下：

递延所得税费用＝递延所得税负债－递延所得税资产

【例 14-14】 依据【例 14-12】计算的递延所得税负债，【例 14-13】计算的递延所得税资产，计算企业当年递延所得税费用如下：

递延所得税费用＝400 000－100 000＝300 000（元）

4）确认当期应交所得税

企业当期应交所得税应根据应纳税所得额乘以所得税税率计算，计算公式如下：

当期应交所得税＝应纳税所得额×所得税税率

应纳税所得额是指企业按所得税法规定计算确定的收益，它是在会计利润的基础上，按照税收法规规定进行调整计算的，其计算公式如下：

应纳税所得额＝会计利润＋按照会计准则规定计入利润表但计税时不允许税前扣除的费用±计入利润表的费用与按照税法规定可予税前抵扣的费用金额之间的差额±计入利润表的收入与按照税法规定计入应纳税所得额的收入之间的差额－税法规定不征税的收入±其他需要调整的因素

【例 14-15】 设企业某年度利润表中利润总额为 18 000 000 元，适用所得税税率 25%，计算当年纳税所得额时需要调整的项目见【例 14-10】、【例 14-11】。该企业当年应交所得税计算如下：

应纳税所得额＝18 000 000－1 600 000＋400 000＝16 800 000（元）

应交所得税＝16 800 000×25%＝4 200 000（元）

5）确定当期所得税费用

计算确定了当期所得税以及递延所得税以后，应将两者之和确认为利润表中的所得税费用，用公式表示如下：

所得税费用＝当期所得税费用＋递延所得税费用

【例 14-16】 企业当期按照税法规定计算应交所得税为 4 200 000 元，确认递延所得税负债 400 000 元，递延所得税资产 100 000 元，递延所得税费用 300 000 元，该企业当年所得税费用计算如下：

所得税费用=4 200 000+300 000=4 500 000（元）

14.2.2 所得税核算账户设置

1）“所得税费用”账户

“所得税费用”账户用来核算企业按照规定从当期损益中扣除的所得税费用。该账户借方登记企业应从损益中扣除的所得税费用；贷方登记期末转入“本年利润”账户的数额；结转后，期末应无余额。

2）“递延所得税资产”账户

“递延所得税资产”账户用来核算企业确认的可抵扣暂时性差异产生的递延所得税资产。该账户借方登记资产负债表日企业确认的递延所得税资产，以及资产负债表日递延所得税资产的应有余额大于其账面余额的差额；贷方登记企业资产负债表日递延所得税资产的应有余额小于其账面余额的差额；期末余额在借方，反映企业已确认的递延所得税资产。

3）“递延所得税负债”账户

“递延所得税负债”账户用来核算企业确认的应纳税暂时性差异产生的递延所得税负债。该账户贷方登记资产负债表日企业确认的递延所得税负债，以及资产负债表日递延所得税负债的应有余额大于账面余额的差额；借方登记企业资产负债表日递延所得税负债应有余额小于其账面余额的差额；期末余额在贷方，反映企业已确认的递延所得税负债。

14.2.3 企业所得税的账务处理

【例14-17】企业本期应交所得税为4 200 000元，递延所得税负债为400 000元，递延所得税资产为100 000元，所得税费用为4 500 000元。根据有关凭证，账务处理如下：

①登记应所得税，做如下分录：

借：所得税费用	4 500 000	
递延所得税资产	100 000	
贷：应交税费——应交所得税		4 200 000
递延所得税负债		400 000

②以银行存款缴纳所得税，做如下会计分录：

借：应交税费——应交所得税	4 200 000	
贷：银行存款		4 200 000

③期末，将所得税费用结转“本年利润”账户，做如下会计分录：

借：本年利润	4 500 000	
贷：所得税费用		4 500 000

14.3 利润分配的核算

14.3.1 利润分配的内容

企业取得的净利润，应按国家有关规定、企业章程或股东大会决议等进行分配。企业本年实现的净利润加上年初未分配利润为可供分配的利润。企业利润分配主要内容包括弥补以前年度亏损、提取盈余公积和向股东分配利润等。

1）弥补以前年度亏损

企业以前年度发生的亏损，可以用以后年度实现的利润弥补。根据《中华人民共和国企业所得税法》规定，企业以前年度发生的亏损，可以在其后 5 年内用税前利润弥补，从第 6 年开始，只能用税后利润弥补，如果税后利润不够弥补，可以用以前年度提取的盈余公积弥补。

2）提取盈余公积

企业税后利润在弥补以前年度亏损后，如果还有剩余，应按一定比例提取盈余公积，包括提取法定盈余公积和任意盈余公积。

法定盈余公积，公司制企业按照《中华人民共和国公司法》规定，按净利润 10% 提取，其他企业可以根据需要确定比例，但至少应按 10% 提取。累计提取的盈余公积达到注册资本 50% 时，可以不再提取。

任意盈余公积是指提取法定盈余公积后，经股东大会决议，按照企业本年实现净利润的一定比例提取的盈余公积，其他企业也可以根据需要提取任意盈余公积，任意盈余公积的提取比例由企业视情况而定。

3）向投资者分配利润

企业当年实现净利润在弥补以前年度亏损和提取盈余公积后，按规定可以向投资者分配利润。企业以前年度未分配的利润，可以并入本年度向投资者分配。

上述利润分配的顺序说明，企业在以前年度亏损未弥补完之前，不得提取盈余公积；企业在提取法定盈余公积前（按规定可不再提的除外）不得向投资者分配利润。

14.3.2　利润分配的账务处理

为了核算企业利润的分配和历年分配后的余额，企业应设置“利润分配”账户。该账户借方登记已经分配的利润和年终结转的亏损；贷方登记企业以盈余公积弥补的亏损和年终结转的净利润总额；年末如为贷方余额，则为年末未分配利润，如为借方余额，则为年末未弥补的亏损。该账户应分别按“提取法定盈余公积”、“提取任意盈余公积”、“应付现金股利或利润”、“转作股本的股利”、“盈余公积补亏”和“未分配利润”等进行明细核算。

【例 14-18】 甲企业某年年末实现净利润 13 800 000 元，没有以前年度未弥补的亏损，企业按规定提取 10% 法定盈余公积，并按公司章程提取 5% 任意盈余公积，决定向投资者分配利润 10 000 000 元，做如下会计分录：

	借方	贷方
借：利润分配——提取法定盈余公积	1 380 000	
——提取任意盈余公积	690 000	
贷：盈余公积——法定盈余公积		1 380 000
——任意盈余公积		690 000
借：利润分配——应付现金股利	10 000 000	
贷：应付利润		10 000 000

【例 14-19】 乙企业当年发生亏损 40 000 元，用以前年度提取的法定盈余公积弥补，

做如下会计分录：

借：盈余公积——法定盈余公积　　40 000

　贷：利润分配——盈余公积补亏　　40 000

【例 14-20】丙企业当年实现净利润 1 300 000 元。以前年度未弥补的亏损100 000元，用当年实现的利润弥补，弥补亏损后提取 10% 法定盈余公积，提取 5% 任意盈余公积，并向投资者分配利润 90 000 元。

提取法定盈余公积=（1 300 000-100 000）×10% =120 000（元）

提取任意盈余公积=（1 300 000-100 000）×5% =60 000（元）

借：利润分配——提取法定盈余公积　　120 000

　　　　　　——提取任意盈余公积　　60 000

　贷：盈余公积——法定盈余公积　　120 000

　　　　　　　——任意盈余公积　　60 000

借：利润分配——应付现金股利　　90 000

　贷：应付利润　　90 000

企业当年实现利润弥补以前年度亏损，不需要单独编制会计分录进行账务处理。

14.3.3 年末本年利润和利润分配的结转

企业年度实现的利润（或发生亏损）平时只在“本年利润”账户核算，而实现利润分配情况在“利润分配”账户反映，年度终了应将本年实现的净利润，自“本年利润”账户转入“利润分配”账户。借记“本年利润”账户，贷记“利润分配——未分配利润”账户，如为亏损则作相反的分录。同时将“利润分配”账户所属明细账户的余额转入“未分配利润”明细账户。结转后“利润分配——未分配利润”明细账户如为贷方余额，反映累计未分配的利润；如为借方余额，反映尚未弥补的亏损。

【例 14-21】甲企业年终将“本年利润”账户贷方余额 13 800 000 元，转入“利润分配——未分配利润”账户，做如下会计分录：

借：本年利润　　13 800 000

　贷：利润分配——未分配利润　　13 800 000

【例 14-22】甲企业年终将利润分配所属各明细账户余额 1 207 万元，其中提取法定盈余公积 138 万元，提取任意盈余公积 69 万元，应付现金股利 1 000 万元，转入“利润分配——未分配利润”账户，做如下会计分录：

借：利润分配——未分配利润　　12 070 000

　贷：利润分配——提取法定盈余公积　　1 380 000

　　　　　　　——提取任意盈余公积　　690 000

　　　　　　　——应付现金股利　　10 000 000

年终利润及利润分配结转核算程序，如图 14-2 所示。

亏损企业年终“本年利润”账户余额在借方，年终结转时，应将其转入“利润分配——未分配利润”账户的借方。亏损企业不得进行利润分配，因此，不存在年终利润分配明细账户结转问题，如用盈余公积弥补亏损，年终则应将盈余公积补亏转入“利润分配——未分配利润”账户。

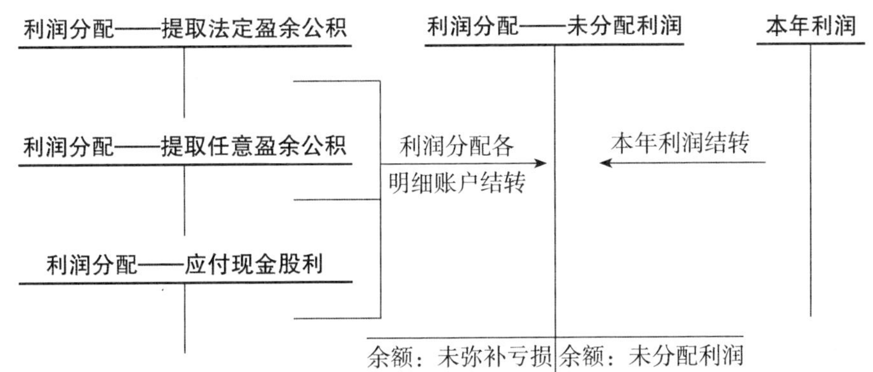

图 14-2　年终利润及利润分配结转核算程序

【例 14-23】 乙企业年终“本年利润”账户借方余额 40 000 元，并在当年用盈余公积弥补，年终结转时，做如下会计分录：

（1）结转“本年利润”账户余额，做如下会计分录：

借：利润分配——未分配利润　　　　40 000

　贷：本年利润　　　　40 000

（2）盈余公积补亏转入“未分配利润”账户，做如下会计分录：

借：利润分配——盈余公积补亏　　　　40 000

　贷：利润分配——未分配利润　　　　40 000

本章小结

利润是企业一定会计期间的经营成果，包括营业利润、直接计入当期损益的利得和损失（即营业外收支净额）。营业利润是企业利润的最主要组成部分，由营业收入减营业成本、营业税金及附加、管理费用、财务费用，加上投资净收益后的金额形成。企业实现的利润总额，应按有关税法规定计算缴纳所得税，利润总额减去所得税后为净利润。净利润是可以向投资者分配的利润，企业应按照利润分配的顺序进行分配。净利润可以用于弥补以前年度亏损，按有关规定提取法定盈余公积、任意盈余公积，以及向投资者进行分配。年度终了应将企业实现的利润与利润分配进行结算，结算出未分配利润。

利润、所得税费用、利润分配是施工企业会计的一项重要核算内容，反映企业经营成果的形成及分配情况，应着重掌握有关利润形成、所得税费用以及利润分配的计提及账务处理方法。

关键概念

利润　营业利润　利润总额　净利润　所得税费用　递延所得税资产　递延所得税负债　暂时性差异　应纳税暂时性差异　可抵扣暂时性差异　应纳税所得额　法定盈余公积　任意盈余公积　未分配利润

第 15 章　财务报告

◆ 学习目标

知识目标：了解财务报告的意义、构成、编制原理和要求。

技能目标：通过本章学习，熟练掌握资产负债表、利润表、现金流量表和所有者权益变动表的编制方法，掌握报表附注披露的主要内容。

15.1　财务报告概述

15.1.1　财务报告的意义

财务报告是企业对外提供的反映企业某一特定时期的财务状况和某一会计期间经营成果、现金流量等会计信息的文件。它是企业会计核算工作的总结，也是对外传递会计信息的主要手段和途径。

企业在日常会计核算中，对于一定时期内所发生的经济业务，都按照一定的会计处理程序和方法，在有关凭证、账簿中连续、系统地进行了记录和反映，但这些会计记录所提供的资料仍是比较分散的，不能集中概括地反映经济活动全貌，也不便于定期向外报送。为此，企业就有必要定期地将日常会计核算资料加以分类调整、汇总，按照一定的形式编制财务报告，总括、综合地反映企业的经济活动过程和结果，为有关方面进行管理决策提供所需会计信息。

企业编制财务报告，对改善企业内部有关方面的经济决策环境和加强企业内部管理具有重要作用。具体来说，表现在以下几个方面：

（1）企业内部管理者利用财务会计报告，可以总括地了解企业财务状况和经营成果，考核和分析财务报告计划的完成情况，发现经营管理中的薄弱环节和存在的问题，及时制定切实可行的措施，不断改善经营管理，提高经济效益。

（2）企业的投资人和债权人利用财务会计报告，可以了解有关企业经营成果、财务状况及现金流动情况的会计信息，正确进行投资和信贷决策。

（3）国家有关部门利用财务会计报告，并通过汇总分析，可以了解和掌握各部门、各地区经济计划（预算）完成情况，各种财经法律制度的执行情况，并针对问题及时运用经济杠杆及其他手段，调控经济活动，优化资源配置。

15.1.2　财务报表的分类

财务报表是财务报告的核心内容，财务报表是对企业财务状况、经营成果和现金流量的结构性表述，一套完整的财务报表至少应当包括下列组成部分：①资产负债表；②利润表；③现金流量表；④所有者权益变动表；⑤附注。

财务报表可以按照不同的标准进行分类。

1）按财务报表编报时间分类

财务报表按照编报时间可以分为中期财务报表和年度财务报表。

中期财务报表是以短于一个完整会计年度的报告期间为基础编制的财务报表，包括月报、季报和半年报等。中期财务报表至少包括资产负债表、利润表、现金流量表和附注。其中，中期资产负债表、利润表和现金流量表应当是完整的报表，其格式和内容应当与年度财务报表相一致，中期财务报表中的附注披露可以适当简略。

年度财务报表是以一个完整的会计年度为基础编制的财务报表。根据《中华人民共和国会计法》的规定，会计年度自公历 1 月 1 日起至 12 月 31 日止。企业至少应当编制年度财务报表。但企业编制财务报表时，可能存在年度财务报表涵盖期短于 1 年的情况，如企业在年度中间（如 3 月 1 日）开始设立，当年披露的年度财务报表的实际涵盖期间短于 1 年。

2）按财务报表编制主体分类

财务报表按编制主体不同分为个别财务报表和合并财务报表。

个别财务报表是由企业在自身会计核算基础上对账簿记录进行加工而编制的财务报表，它主要用来反映企业自身的财务状况、经营成果和现金流量等情况。

合并财务报表是以母公司和子公司组成的企业集团为会计主体，根据母公司和子公司的财务报表，由母公司编制的综合反映企业集团财务状况、经营成果及现金流量的财务报表。

15.1.3　财务报表列报的基础要求

财务报表列报是指交易和事项在报表中的列示和在附注中的披露。财务报表列报应遵循下列基本要求。

1）遵循各项会计准则的规定进行确认和计量

企业应当根据实际发生的交易和事项，遵循各项具体会计准则的规定进行确认和计量，并在此基础上编制财务报表。企业应当在附注中对遵循企业会计准则编制的财务报表做出声明，只有遵循了企业会计准则的所有规定，财务报表才应当被称为“遵循了企业会计准则”。

企业不应以在附注中披露代替对交易和事项的确认和计量，也就是说，企业采用的不恰当的会计政策，不得通过在附注中披露等其他形式予以更正，企业应当对交易和事项进行正确的确认和计量。

2）以持续经营为列报基础

持续经营是会计的基本前提，是会计确认、计量及编制会计报表的基础。会计准则规范的是持续经营条件下企业对所发生交易和事项的确认、计量及列报；企业应当遵循各项会计具体准则的规定对交易和事项进行确认和计量，并以持续经营为财务报表的列报基础。

3）项目应当保持列报的一致性

为了使同一企业不同期间和同一期间不同企业的财务报表相互可比，在会计信息质量要求中规定了可比性原则。按照可比性原则要求，财务报表的列报应当在各个会计期间保持一致，不得随意变更。一致性要求财务报表中的项目名称、财务报表项目的分类和排列顺序前后保持一致。

财务报表项目列报应当保持一致性，并不是说财务报表项目的列报不可改变。当会计准则要求改变，或企业经营业务性质发生重大变化后，变更财务报表项目的列报能够提供更可靠、更相关的会计信息时，财务报表项目的列报是可以改变的。

4）项目依据重要性原则列报

财务报表是通过对大量的交易或其他事项进行处理而生成的，这些交易或其他事项按其性质或功能汇总归类而形成财务报表中的项目。关于项目在财务报表中是单独列报还是合并列报，应当依据重要性原则来判断。如果一个项目具有重要性，则应单独列报；如果不具有重要性，则可将其与其他项目合并列报。具体而言，应当遵循以下几点：①性质或功能不同的项目，一般应当在财务报表中单独列报，但不具有重要性的可以合并列报；②性质和功能类似的项目，一般可以合并列报，但是对其具有重要性的类别应该单独列报；③项目单独列报的原则不仅适用于报表，还适用于附注。④无论是财务报表列报准则规定的单独列报项目，还是其他具体会计准则规定单独列报的项目，企业都应予以单独列报。

5）财务报表项目应当以总额列报

财务报表项目应当以总额列报，资产和负债、收入和费用不能相互抵销，即不得以净额列报。如果相互抵销，提供的信息就不完整，掩盖了交易的实质，信息的可比性大为降低，难以在同一企业不同期间以及同一期间不同企业的财务报表之间实现相互可比，报表的使用者也难以据以做出判断。

下列两种情况，可以以净额列示，不属于抵销。

①计提的资产减值准备，实质上意味着资产的价值确实发生了减损，资产项目应当按扣除减值准备后的净额列示，这样才反映了资产当时的真实价值。

②非企业主要业务的非日常活动，且具有偶然性，从重要性来讲，非日常活动产生的损益以收入和费用抵销后的净额表示，对公允反映企业财务状况和经营成果影响不大，抵销后反映更有利于报表使用者的理解。如非流动资产处置形成的利得和损失，应按处置收入扣除该资产账面金额和相关费用后的余额列示，并不属于抵销。

6）财务报表项目应当列报比较信息

企业在列报当期财务报表时，至少应当提供所有列报项目上一可比会计期间的比较数据，以及与理解当期财务报表相关的说明，目的是向报表使用者提供对比数据，提高信息在会计期间的可比性，以反映企业财务状况、经营成果和现金流量的发展趋势，提高报表使用者的判断和决策能力。

财务报表项目的列报确需发生变更的情况下，企业应当对上期比较数据按照当期的列报要求进行调整，并在附注中披露调整的原因和性质，以及调整的各项目的金额。

7）财务报表表首的列报要求

财务报表一般分为表首、正表两部分，其中表首部分应当概括地说明下列基本信息：①编制企业名称；②对资产负债表而言，须披露资产负债表日，对利润表、现金流量表、所有者权益变动表而言，须披露报表涵盖的会计期间；③货币名称和货币单位，企业应当以人民币作为记账本位币列报；④财务报表是合并财务报表的，应当予以标明。

15.2　资产负债表

15.2.1　资产负债表的作用

资产负债表是反映企业在某一特定日期的财务状况的会计报表。

资产负债表主要提供有关企业财务状况方面的信息，即某一特定日期企业资产、负债、所有者权益及其相互关系。资产负债表的作用主要有以下几个方面。

（1）资产负债表可以提供某一日期资产的总额及其结构，表明企业拥有或控制的资源及分布情况，使用者可以一目了然地从资产负债表上了解企业在某一特定日期所拥有的资产总量及结构。

（2）资产负债表可以提供某一日期负债总量及结构，表明企业未来需要用多少资产或劳务清偿债务以及清偿的时间。

（3）资产负债表可以反映所有者拥有的权益，据以判断资本保值、增值的情况以及对偿还负债的保障程度。

（4）资产负债表可以提供进行财务分析的基本资料，可以据以计算流动比率、速动比率等财务指标，分析企业的变现能力、偿债能力和资金周转能力，从而有助于报表使用者做出经营决策。

15.2.2　资产负债表的结构

资产负债表有报告式资产负债表和账户式资产负债表两种格式。

报告式资产负债表是上下结构，上半部列示资产，下半部列示负债和权益，依“资产=负债+所有者权益”的原理排列。账户式资产负债表是左右结构，左边列示资产，右边列示负债和所有者权益。我国企业的资产负债表采用账户式结构。

账户式资产负债表左边列示资产项目，并按资产流动性强弱进行排列，先列报流动性强的资产，再列报流动性弱的资产；右边列示负债和权益项目，负债分为流动负债和非流动负债在资产负债表中进行列示，所有者权益一般按照净资产的不同来源和特定用途分项列示。

15.2.3　资产负债表的列报方法

资产负债表“年初余额”栏内各项数据，应当根据上年末资产负债表的“期末余额”栏内所列数据填列。如果上年度资产负债表各项目的名称和内容与本年度不一致，应对上年末资产负债表各项目的名称和数据按照本年度的规定进行调整后填列。

资产负债表“期末余额”栏内各项数据，应根据有关资产、负债、所有者权益类账户的期末余额填列，具体有以下几种填列方式。

1）根据总分类账户期末余额填列

资产负债表中的有些项目，可以根据有关总分类账户的余额直接填列，如“交易性金融资产”、“应付票据”、“应付职工薪酬”等项目；有些项目，需要根据几个总分类账户的余额计算填列，如“货币资金”项目需根据“库存现金”、“银行存款”、“其他货币资金”三个总分类账的期末余额合计数填列。

2）根据有关明细账户余额计算填列

资产负债表中的有些项目，需要根据有关明细分类账户的期末余额分析计算填列。如“应收账款”项目，需要根据“应收账款”和“预收账款”两个总分类账户所属明细账户的期末借方余额计算填列。“应付账款”项目，需要根据“应付账款”和“预付账款”两个总分类账户所属明细账户的期末贷方余额计算填列。

3）根据总分类账户和明细分类账户余额计算填列

资产负债表中有些项目，需要根据有关总分类账户和有关明细分类账户的余额分析计算填列。如“长期借款”项目，应根据“长期借款”总分类账户期末余额扣除“长期借款”账户所属明细账户中将在资产负债表日起1年内到期的长期借款后的金额计算填列。

4）根据有关总分类账户余额减去备抵账户余额后的净额填列

资产负债表中的有些项目，需要根据有关总分类账户余额减去备抵账户余额后的净额填列。如“固定资产”项目，应根据“固定资产”账户余额减去“累计折旧”和“固定资产减值准备”备抵账户余额后的净额填列；“应收账款”项目，应根据“应收账款”账户余额减去“坏账准备”账户余额后的净额填列。

5）综合运用上述填列方法分析填列

资产负债表中的有些项目需要根据上述填列方法分析后填列，如“存货”项目，需要根据“原材料”、“周转材料”、“材料采购”、“在途物资”、“材料成本差异”等总分类账户余额的分析汇总数，再减去“存货跌价准备”账户余额后的金额填列。

15.2.4 资产负债表各项目的列报说明

1）资产项目的列报说明

（1）“货币资金”项目。反映企业库存现金、银行结算户存款、外埠存款、银行汇票存款、银行本票存款、信用卡存款、信用证保证金存款等的合计数。本项目应根据“库存现金”、“银行存款”、“其他货币资金”账户期末余额的合计数填列。

（2）“交易性金融资产”项目。反映企业持有的以公允价值计量且其变动计入当期损益的为交易目的所持有的债券投资、股票投资、基金投资、权证投资等资产。本项目应根据“交易性金融资产”账户的期末余额填列。

（3）“应收票据”项目。反映企业因销售商品、提供劳务等而收到的商业汇票，包括银行承兑汇票和商业承兑汇票。本项目应根据“应收票据”账户的期末余额，减去“坏账准备”账户中有关应收票据计提的坏账准备期末余额后的金额填列。

（4）“应收账款”项目。反映企业因销售商品、提供劳务等经营活动应收取的款项。本项目应根据“应收账款”和“预收账款”账户所属各明细账户的期末借方余额合计数，减去“坏账准备”账户中有关应收账款计提的坏账准备期末余额后的金额填列。如“应收账款”账户所属明细账户期末有贷方余额的，应在资产负债表“预收款项”项目内填列。

（5）“预付款项”项目。反映企业按照购货合同规定预付给供应单位的款项等。本项目应根据“预付账款”和“应付账款”账户所属各明细账户的期末借方余额合计数，减去“坏账准备”账户中有关预付款项计提的坏账准备期末余额后的金额填列。如“预付账款”账户所属各明细账户期末有贷方余额的，应在资产负债表“应付账款”项目内填列。

（6）“应收利息”项目。反映企业应收取的债券投资等的利息。本项目应根据“应收利息”账户的期末余额，减去“坏账准备”账户中有关应收利息计提的坏账准备期末余额后的金额填列。

（7）“应收股利”项目。反映企业应收取的现金股利和应收取的其他单位分配的利润。本项目应根据“应收股利”账户的期末余额，减去“坏账准备”账户中有关应收股利计提的坏账准备期末余额后的金额填列。

（8）“其他应收款”项目。反映企业除应收票据、应收账款、预付账款、应收股利、应收利息等经营活动以外的其他各种应收、暂付的款项。本项目应根据“其他应收款”账户的期末余额，减去“坏账准备”账户中有关其他应收款计提的坏账准备期末余额后的金额填列。

（9）“存货”项目。反映企业期末在库、在途和在加工中的各种存货的可变现净值。包括原材料、周转材料、低值易耗品、未完施工工程、已完工尚未结算款的施工工程等。本项目应根据“材料采购”、“在途物资”、“原材料”、“低值易耗品”、“库存商品”、“周转材料”、“委托加工物资”、“委托代销商品”、“生产成本”、“材料成本差异”、“工程施工”、“机械作业”等账户的期末余额合计，减去“受托代销商品款”、“存货跌价准备”、“工程结算”账户期末余额后的金额填列。材料采用计划成本核算，以及库存商品采用计划成本核算或售价核算的企业，还应按加或减材料成本差异、商品进销差价后的金额填列。

其中，已完工尚未结算款的施工工程，应根据在建施工合同的“工程施工”科目余额减去“工程结算”科目余额后的差额填列。

（10）“1 年内到期的非流动资产”项目。反映企业将于 1 年内到期的非流动资产项目金额。本项目应根据有关账户的期末余额填列。

（11）“其他流动资产”项目。反映企业除货币资金、交易性金融资产、应收票据、应收账款、存货等流动资产以外的其他流动资产。本项目应根据有关账户的期末余额填列。

（12）“可供出售金融资产”项目。反映企业持有的以公允价值计量的可供出售的股票投资、债券投资等金融资产。本项目应根据“可供出售金融资产”账户的期末余额，减去“可供出售金融资产减值准备”账户期末余额后的金额填列。

（13）“持有至到期投资”项目。反映企业持有的以摊余成本计量的持有至到期投资。本项目应根据“持有至到期投资”账户的期末余额，减去“持有至到期投资减值准备”账户期末余额后的金额填列。

（14）“长期应收款”项目。反映企业融资租赁产生的应收款项、采用递延方式具有融资性质的销售商品和提供劳务等产生的长期应收款项等。本项目应根据“长期应收款”账户期末余额，减去相应的“未实现融资收益”账户和“坏账准备”账户所属明细账户余额后的金额填列。

（15）“长期股权投资”项目。反映企业持有的对子公司、联营企业和合营企业的长期股权投资。本项目应根据“长期股权投资”账户的余额，减去“长期股权投资减值准备”账户期末余额后的金额填列。

（16）“投资性房地产”项目。反映企业持有的投资性房地产。企业采用成本模式计量投资性房地产的，本项目应根据“投资性房地产”账户的期末余额，减去“投资性房地产累计折旧（摊销）”和“投资性房地产减值准备”账户期末余额后的金额填列；企业采用公允价值模式计量投资性房地产的，本项目应根据“投资性房地产”账户的期末余额填列。

（17）“固定资产”项目。反映企业各种固定资产原价减去累计折旧和累计减值准备后的净额。本项目应根据“固定资产”账户的期末余额，减去“累计折旧”和“固定资产减值准备”账户期末余额后的金额填列。

（18）“在建工程”项目。反映企业期末各项未完工程的实际支出，包括交付安装的设备价值、未完建筑安装工程已经耗用的材料、工资和费用支出、预付出包工程的价款等的可收回金额。本项目应根据“在建工程”账户的期末余额，减去“在建工程减值准备”账户期末余额后的金额填列。

（19）“工程物资”项目。反映企业尚未使用的各项工程物资的实际成本。本项目应根据“工程物资”账户的期末余额填列。

（20）“固定资产清理”项目。反映企业因出售、毁损、报废等原因转入清理但尚未清理完毕的固定资产的净值，以及固定资产清理过程中所发生的清理费用和变价收入等各项金额的差额。本项目应根据“固定资产清理”账户的期末借方余额填列，如“固定资产清理”账户期末为贷方余额，以“-”号填列。

（21）“无形资产”项目。反映企业持有的无形资产，包括专利权、非专利技术、商标权、著作权、土地使用权等。本项目应根据“无形资产”账户的期末余额，减去“累计摊销”和“无形资产减值准备”账户期末余额后的金额填列。

（22）“开发支出”项目。反映企业开发无形资产过程中能够资本化形成无形资产成本的支出部分。本项目应根据“研发开支”账户中所属的“资本化支出”明细账户期末余额填列。

（23）“商誉”项目。反映企业合并中形成的商誉的价值。本项目应根据“商誉”账户的期末余额，减去相应减值准备后的金额填列。

（24）“长期待摊费用”项目。反映企业已经发生但应由本期和以后各期负担的分摊期限在1年以上的各项费用。长期待摊费用中在1年内（含1年）摊销的部分，在资产负债表“1年内到期的非流动资产”项目填列。本项目应根据“长期待摊费用”账户的期末余额减去将于1年内（含1年）摊销的数额后填列。

（25）“递延所得税资产”项目。反映企业确认的可抵扣暂时性差异产生的递延所得税资产。本项目应根据“递延所得税资产”账户的期末余额填列。

（26）“其他非流动资产”项目。反映企业长期股权投资、固定资产、在建工程、工程物资、无形资产等资产以外的其他非流动资产。本项目应根据有关账户的余额填列。

2）负债项目的列报说明

（1）“短期借款”项目。反映企业向银行或其他金融机构等借入的期限在 1 年以下（含 1 年）的各项借款。本项目应根据“短期借款”账户的期末余额填列。

（2）“交易性金融负债”项目。反映企业承担的以公允价值计量且其变动计入当期损益的为交易目的所持有的金融负债。本项目应根据“交易性金融负债”账户的期末余额填列。

（3）“应付票据”项目。反映企业购买材料、商品和接受劳务供应等而开出、承兑的商业汇票，包括银行承兑汇票和商业承兑汇票。本项目应根据“应付票据”账户的期末余额填列。

（4）“应付账款”项目。反映企业因购买材料、商品和接受劳务供应等经营活动应支付的款项。本项目应根据“应付账款”和“预付账款”账户所属各明细账户的期末贷方余额合计数填列；如“应付账款”账户所属明细账户期末有借方余额的，应在资产负债表“预付账款”项目内填列。

（5）“预收账款”项目。反映企业按照购货合同规定预收供应单位的款项。本项目应根据“预收账款”和“应收账款”账户所属各明细账户的期末贷方余额合计数填列。如“预收账款”账户所属各明细账户期末有借方余额，应在资产负债表“应收账款”项目内填列。

（6）“应付职工薪酬”项目。反映企业根据有关规定应付给职工的工资、职工福利、社会保险费、住房公积金、工会经费、职工教育经费、非货币性福利、辞退福利等各种薪酬。外商投资企业按规定从净利润中提取的职工奖励及福利基金，也在本项目列示。应根据“应付职工薪酬”账户期末余额填列。

（7）“应交税费”项目。反映企业按照税法规定计算应交纳的各种税费，包括增值税、消费税、营业税、所得税、资源税、土地增值税、城市维护建设税、房产税、土地使用税、车船税、教育费附加、矿产资源补偿费等。企业代扣代交的个人所得税，也通过本项目列示。企业所缴纳的税金不需要预计应交数的，如印花税、耕地占用税等，不在本项目列示。本项目应根据“应交税费”账户的期末贷方余额填列；如“应交税费”账户期末为借方余额，应以“-”号填列。

（8）“应付利息”项目。反映企业按照规定应当支付的利息，包括分期付息到期还本的长期借款应支付的利息、企业发行债券应支付的利息等。本项目应根据“应付利息”账户的期末余额填列。

（9）“应付股利”项目。反映企业分配的现金股利或利润。企业分配的股票股利，不通过本项目列示。本项目应根据“应付股利”账户的期末余额填列。

（10）“其他应付款”项目。反映企业除应付票据、应付账款、预收账款、应付职工薪酬、应付股利、应付利息、应交税费等经营活动以外的其他各项应付、暂收的款项。本项目应根据“其他应付款”账户的期末余额填列。

（11）“1 年内到期的非流动负债”项目。反映企业非流动负债中将于资产负债表日后 1 年内到期部分的金额，如将于 1 年内偿还的长期借款。本项目应根据有关账户的期末余额填列。

（12）“其他流动负债”项目。反映企业除短期借款、交易性金融负债、应付票据、应付账款、应付职工薪酬、应交税费等流动负债以外的其他流动负债。本项目应根据有关账户的期末余额填列。

（13）“长期借款”项目。反映企业向银行或其他金融机构借入的期限在1年以上（不含1年）的各项借款。本项目应根据“长期借款”账户的期末余额填列。

（14）“应付债券”项目。反映企业为筹集资金发行的债券本金和利息。本项目应根据“应付债券”账户的期末余额填列。

（15）“长期应付款”项目。反映企业除长期借款和应付债券以外的其他各种长期应付款项。本项目应根据“长期应付款”账户的期末余额，减去相应的“未确认融资费用”账户期末余额后的金额填列。

（16）“专项应付款”项目。反映企业取得政府作为企业所有者投入的具有专项或特定用途的款项。本项目应根据“专项应付款”账户的期末余额填列。

（17）“预计负债”项目。反映企业确认的对外提供担保、未决诉讼、产品质量保证、重组义务、亏损性合同等预计负债。本项目应根据“预计负债”账户的期末余额填列。

（18）“递延所得税负债”项目。反映企业确认的应纳税暂时性差异产生的所得税负债。本项目应根据“递延所得税负债”账户的期末余额填列。

（19）“其他非流动负债”项目。反映企业除长期借款、应付债券等负债以外的其他非流动负债。本项目应根据有关账户的期末余额减去将于1年内（含1年）到期偿还数后的余额填列。非流动负债各项目中于1年内到期的非流动负债，应在“1年内到期的非流动负债”项目内单独反映。

3）所有者权益项目的列报说明

（1）“实收资本（或股本）”项目。反映企业各投资者实际投入的资本（或股本）总额。本项目应根据“实收资本”（或“股本”）账户的期末余额填列。

（2）“资本公积”项目。反映企业资本公积的期末余额。本项目应根据“资本公积”账户的期末余额填列。

（3）“库存股”项目。反映企业持有尚未转让或注销的本公司股份金额。本项目应根据“库存股”账户的期末余额填列。

（4）“盈余公积”项目。反映企业盈余公积的期末余额。本项目应根据“盈余公积”账户的期末余额填列。

（5）“未分配利润”项目。反映企业尚未分配的利润。本项目应根据“本年利润”账户和“利润分配”账户的余额计算填列。未弥补的亏损在本项目内以“-”号填列。

15.2.5 资产负债表编制举例

【例15-1】A企业本年12月31日总分类账户余额见表15-1，根据资料编制A企业本年12月31日的资产负债表，见表15-2。

表 15-1

A 企业总分类账户余额表

××年 12 月 31 日　　金额单位：元

账户名称	年初余额	期末余额	账户名称	年初余额	期末余额
库存现金	2 000	2 000	短期借款	300 000	50 000
银行存款	1 280 000	748 425	应付票据	200 000	100 000
其他货币资金	124 300	24 300	应付账款	53 800	53 800
交易性金融资产	15 000	0	预收账款	900 000	900 000
应收票据	246 000	226 000	其他应付款	50 000	50 000
应收账款	300 000	249 000	坏账准备	900	1 800
预付账款	100 000	100 000	应付利息	1 000	160 000
其他应收款	5 000	5 000	应付职工薪酬	110 000	180 000
材料采购	225 000	400 300	应交税费	36 600	40 600
原材料	650 000	45 000	长期借款	1 600 000	1 000 000
周转材料	88 050	38 050	实收资本	5 000 000	5 000 000
材料成本差异	36 950	4 450	盈余公积	100 000	127 772. 50
长期股权投资	250 000	250 000	利润分配	50 000	119 952. 50
固定资产	1 600 000	2 501 000	累计折旧	500 000	270 000
无形资产	600 000	600 000	累计摊销		60 000
在建工程	1 500 000	478 000	应付股利		180 000
工程施工	1 680 000	2 181 000			
工程物资	—	150 000			
机械作业	—	91 400			
长期待摊费用	200 000	200 000			
合 计	8 902 300	8 293 925	合计	8 902 300	8 293 925

表 15-2

资产负债表

××年 12 月 31 日　　金额单位：元

资 产	期末数	年初数	负债和所有者权益	期末数	年初数
流动资产：			流动负债：		
货币资金	774 725	1 406 300	短期借款	50 000	300 000
交易性金融资产		15 000	应付票据	100 000	200 000
应收票据	226 000	246 000	应付账款	53 800	53 800
应收账款	247 200	299 100	预收账款	900 000	900 000
预付账款	100 000	100 000	应付职工薪酬	180 000	110 000
应收利息			应交税费	40 600	36 600
应收股利			应付利息	160 000	1 000
其他应收款	5 000	5 000	应付股利	180 000	
存 货	2 760 200	2 680 000	其他应付款	50 000	50 000
1 年内到期的非流动资产			1 年内到期的非流动负债		
其他流动资产			其他流动负债		
流动资产合计	4 113 125	4 751 400	流动负债合计	1 714 400	1 651 400
非流动资产：			非流动负债：		
可供出售金融资产			长期借款	1 000 000	1 600 000
持有至到期投资			应付债券		
长期应收款			长期应付款		
长期股权投资	250 000	250 000	专项应付款		
投资性房地产			预计负债		
固定资产	2 231 000	1 100 000	递延所得税负债		
在建工程	478 000	1 500 000	其他非流动负债		
工程物资	150 000		非流动资产合计	1 000 000	1 600 000
固定资产清理			负债合计	2 714 400	3 251 400
无形资产	540 000	600 000	所有者权益：		
开发支出			实收资本	5 000 000	5 000 000
商　誉			资本公积		
长期待摊费用	200 000	200 000	盈余公积	127 772. 50	100 000
递延所得税资产			未分配利润	119 952. 50	50 000
其他非流动资产					
非流动资产合计	3 849 000	3 650 000	所有者权益合计	5 247 725	5 150 000
资产总计	7 962 125	8 401 400	负债和所有者权益总计	7 962 125	8 401 400

15.3 利润表

15.3.1 利润表的作用

利润表是反映企业一定会计期间经营成果的会计报表。

利润表的主要作用在于以下几个方面：

（1）反映企业一定会计期间收入的实现情况，如实现营业收入有多少、实现投资收益有多少、实现营业外收入有多少等。

（2）反映一定会计期的费用耗费情况，如耗费的营业成本有多少、营业税金及附加有多少、管理费用和财务费用有多少、营业外支出有多少等。

（3）反映企业生产经营活动的成果，即净利润的实现情况，据以判断资本的保值、增值等情况。

（4）利润表中提供的信息与资产负债表中的信息，是企业进行财务分析的基本资料。

15.3.2 利润表的结构

利润表有单步式和多步式两种格式。

单步式利润表是将当期所有收入列在一起，然后将所有费用列在一起，两者相减得出当期净损益，是一种简单对比的计算方式。

多步式利润表通过对当期的收入、费用、支出项目按性质加以归类，按利润形成的主要环节列示一些中间性指标分步计算当期损益。我国财务报表列报准则规定，企业应当采用多步式列报利润表。

多步式利润表的列报分为三个步骤。

第一步：计算营业利润。

营业利润＝营业收入－营业成本－营业税金及附加－管理费用－财务费用－资产减值损失＋公允价值变动收益（减去公允价值变动损失）＋投资收益（减去投资损失）

第二步：计算出利润总额。

利润总额＝营业利润＋营业外收入－营业外支出

第三步：计算出净利润。

净利润＝利润总额－所得税费用

采用多步式利润表，便于同类型企业之间的比较，也便于前后各期利润表上相应项目之间的比较，更有利于预测企业今后的盈利能力。

15.3.3 利润表的列报方法

利润表“上期金额”栏内各项数字，应根据上年度利润表“本期金额”栏内所列数字填列。如果上年度利润表规定的各个项目的名称和内容同本期不一致，应对上年度利润表各项目的名称和数字按本期的规定进行调整，填入利润表“上期金额”栏内。

利润表“本期金额”栏内各项数字一般应根据损益账户的发生额分析填列。

15.3.4 利润表各项目的填报说明

1）利润表各项目的列报说明

（1）“营业收入”项目。反映企业经营主要业务和其他业务所确认的收入总额。本项目应根据“主营业务收入”和“其他业务收入”账户的发生额分析填列。

（2）“营业成本”项目。反映企业经营主要业务和其他业务所发生的成本总额。本项目应根据“主营业务成本”和“其他业务成本”账户的发生额分析填列。

（3）“营业税金及附加”项目。反映企业经营业务应负担的消费税、营业税、城市建设维护税、资源税、土地增值税和教育费附加等。本项目应根据“营业税金及附加”账户发生额分析填列。

（4）“销售费用”项目。反映企业在销售商品过程中发生的包装费、广告费等费用和为销售本企业商品专设的销售机构的职工薪酬、业务费等经营费用。本项目应根据“销售费用”账户的发生额分析填列。

（5）“管理费用”项目。反映企业为组织和管理生产经营发生的管理费用。本项目应根据“管理费用”账户的发生额分析填列。

（6）“财务费用”项目。反映企业筹集生产经营所需资金等而发生的筹集费用。本项目应根据“财务费用”账户的发生额分析填列。

（7）“资产减值损失”项目。反映企业各项资产发生的减值损失。本项目应根据“资产减值损失”账户的发生额分析填列。

（8）“公允价值变动收益”项目。反映企业应当计入当期损益的资产或负债公允价值变动收益。本项目应根据“公允价值变动损益”账户的发生额分析填列，如为净损失，本项目以“-”号填列。

（9）“投资收益”项目。反映企业以各种方式对外投资所取得的收益。本项目应根据“投资收益”账户的发生额分析填列。如为投资损失，本项目以“-”号填列。

（10）“营业利润”项目。反映企业实现的营业利润。如为亏损，本项目以“-”号填列。

（11）“营业外收入”项目。反映企业发生的与经营业务无直接关系的各项收入。本项目应根据“营业外收入”账户的发生额分析填列。

（12）“营业外支出”项目。反映企业发生的与经营业务无直接关系的各项支出，本项目应根据“营业外支出”账户的发生额分析填列。

（13）“利润总额”项目，反映企业实现的利润。如为亏损，本项目以“-”号填列。

（14）“所得税费用”项目，反映企业应从当期利润总额中扣除的所得税费用。本项目应根据“所得税费用”账户的发生额分析填列。

（15）“净利润”项目。反映企业实现的净利润。如为亏损，本项目以“-”号填列。

2）每股收益

（1）基本每股收益。每股收益是指普通股股东持有一股享有的企业利润或需承担的企业亏损。基本股每股收益只考虑当期实际发行在外的普通股股份，按照归属于普通股股东的当期净利润除以当期实际发行在外的普通股加权平均数计算确定。计算公式为：

$$基本每股收益=\frac{归属于普通股股东的当期净利润}{实际发行在外普通股的加权平均数}$$

（2）稀释每股收益。稀释每股收益是以基本每股收益为基础，假设企业所有发行在外的稀释性潜在普通股均已转换为普通股，从而分别调整归属于普通股股东的当期净利润以及发行在外普通股的加权平均数计算而得每股收益。潜在普通股是指赋予其持有者在报告期或以后期间享有普通股权利的一种金融工具或其他合同，目前，我国发行的潜在普通股主要有可转换公司债券、认股权证、股份期权等。

15.3.5 利润表编制举例

【例 15-2】 A 企业本年度有关损益账户累计发生额见表 15-3，根据损益类账户资料编制的利润表见表 15-4。

表 15-3 **损益类账户本年累计发生额资料表** 金额单位：元

账户名称	本年累计借方发生额	账户名称	本年累计贷方发生额
主营业务成本	500 000	主营业务收入	1 000 000
其他业务成本	100 000	其他业务收入	200 000
营业税金及附加	102 000	投资收益	31 500
管理费用	167 100	营业外收入	50 000
财务费用	21 500		
资产减值损失	900		
所得税费用	92 575		
营业外支出	19 700		

表 15-4 **利润表**

编制单位：A 企业 ××××年 12 月 31 日 金额单位：元

项　目	本期金额栏	上期金额栏
一、营业收入	1 200 000	
减：营业成本	600 000	
营业税金及附加	102 000	
管理费用	167 100	
财务费用	21 500	
资产减值损失	900	
加：公允价值变动收益（损失以“-”号填列）		
投资收益（损失以“-”号填列）	31 500	
二、营业利润（损失以“-”号填列）	340 000	
加：营业外收入	50 000	
减：营业外支出	19 700	
三、利润总额（损失以“-”号填列）	370 300	
减：所得税费用	92 575	
四、净利润（损失以“-”号填列）	277 725	
五、每股收益		
基本每股收益		
稀释每股收益（元）		

15.4　所有者权益变动表

15.4.1　所有者权益变动表的作用

所有者权益变动表是反映构成所有者权益的各组成部分当期的增减变动情况的报表。

所有者权益变动表能全面反映一定时期所有者权益变动的情况，不仅包括所有者权益总量的增减变动，还包括所有者权益增减变动的重要结构信息，以及直接计入所有者权益的利得和损失等。通过所有者权益变动表，报表使用者可以准确地理解所有者权益增减变动的根源。

15.4.2　所有者权益变动表的结构

所有者权益变动表通常为矩阵的形式，列示构成所有者权益的各个组成部分当期增减变动情况。一方面，列示导致所有者权益变动的交易或事项，对一定时期所有者权益变动情况进行全面反映；另一方面，按照所有者权益各组成部分（包括实收资本、资本公积、盈余公积、未分配利润和库存股）及其总额列示交易或事项对所有者权益的影响。此外，所有者权益变动表还就各项目再分为“本年金额”和“上年金额”两栏分别填列，提供比较所有者权益变动表。

15.4.3　所有者权益变动表的列报方法

所有者权益变动表“上年金额”栏内各项数字，应根据上年度所有者权益变动表“本年金额”栏内所列数字填列。如果上年度所有者权益变动表规定的各项目的名称和内容同本年度不相一致，应对上年度所有者权益变动表各项目的名称和数字按本年度的规定进行调整，填入所有者权益变动表“上年金额”栏内。

所有者权益变动表“本年金额”栏内各项数字一般应根据“实收资本”、“资本公积”、“盈余公积”、“利润分配”、“以前年度损益调整”等账户的本年发生额分析填列。

15.4.4　所有者权益变动表各项目的列报说明

1）上年年末余额和本年年初余额

（1）“上年年末余额”项目，反映企业上年资产负债表中实收资本（或股本）、资本公积、盈余公积、未分配利润的年末余额。

（2）“会计政策变更”和“前期差错更正”项目，分别反映企业采用追溯调整法处理的会计政策变更的累积影响金额和采用追溯重述法处理的会计差错更正的累积影响金额。

为了体现会计变更和前期差错更正的影响，企业应当在上期期末所有者权益余额的基础上进行调整得出本期期初所有者权益，根据“盈余公积”、“利润分配”、“以前年度损益调整”等账户的发生额分析填列。

（3）“本年年初余额”项目，根据表中“上年年末余额”、“会计政策变更”、“前期差错更正”项目有关数字计算填列。

2）本年增减变动额

（1）“净利润”项目，反映企业当年实现的净利润（或净亏损）金额，并对应列在“未分配利润”栏。

（2）“直接计入所有者权益的利得和损失”项目，反映企业当年直接计入所有者权益的利得和损失金额。其中：

“可供出售金融资产公允价值变动净额”项目，反映企业持有的可供出售金融资产当年公允价值变动金额，并对应列在“资本公积”栏。

“权益法下被投资单位所有者权益变动的影响”项目，反映企业对按照权益法核算的长期股权投资，在被列投资单位除当年实现的净损益以外其他所有者权益当年变动中应享有的份额，并对应列在“资本公积”栏。

“与计入所有者权益相关的所得税影响”项目，反映企业根据《企业会计准则第18号——所得税》规定应计入所有者权益项目的当年所得税影响金额，并对应列入在“资本公积”栏。

（3）“净利润”和“直接计入所有者权益的利得和损益”小计项目，反映企业当年实现的净利润（或净亏损）金额和当年直接计入所有者权益的利得和损失金额的合计额。

（4）“所有者投入和减少资本”项目，反映企业当年所有者投入的资本和减少的资本。其中：

“所有者投入资本”项目，反映企业接受投资者投入形成的实收资本（或股本）和资本溢价或股本溢价，并对应列在“实收资本”和“资本公积”栏。

“股份支付计入所有者权益的金额”项目，反映企业处于等待期中的权益结算的股份支付当年计入资本公积的金额，并对应列在“资本公积”栏。

（5）“利润分配”下各项目，反映当年对所有者（或股东）分配的利润（或股利）金额和按照规定提取的盈余公积金额，并对应列在“未分配利润”和“盈余公积”栏。其中：

“提取盈余公积”项目，反映企业按照规定提取的盈余公积。

“对所有者（或股东）的分配”项目，反映对所有者（或股东）分配的利润（或股利）金额。

（6）“所有者权益内部结转”下各项目，反映不影响当年所有者权益总额的所有者权益各组成部分之间当年的增减变动，包括资本公积转增资本（或股本）、盈余公积转增资本（或股本）、盈余公积弥补亏损等金额。为了全面反映所有者权益各组成部分的增减变动情况，所有者权益内部结转也是所有者权益变动表的重要组成部分，主要指不影响所有者权益总额、所有者权益的各组成部分当期的增减变动。其中：

“资本公积转增资本（或股本）”项目，反映企业以资本公积转增资本或股本的金额。

“盈余公积转增资本（或股本）”项目，反映企业以盈余公积转增资本或股本的金额。

“盈余公积弥补亏损”项目，反映企业以盈余公积弥补亏损的金额。

3）本年年末余额

“本年年末余额”行内各项目，根据本表各项目本年年初余额加上（或减去）本年增减变动后的金额填列。

15.4.5 所有者权益变动表举例

【**例 15-3**】依据【例 15-1】、【例 15-2】的资料，编制 A 企业本年度所有者权益变动表，见表 15-5。

表 15-5 所有者权益变动表

编制单位：A 企业 ××××年 12 月 31 日 金额单位：万元

项目	本年金额						上年金额					
	实收资本	资本公积	减：库存股	盈余公积	未分配利润	所有者权益合计	实收资本	资本公积	减：库存股	盈余公积	未分配利润	所有者权益合计
一、上年年末余额	500			10	5	515						
加：会计政策变更												
前期差错更正												
二、本年年初余额	500			10	5	515						
三、本年增减变动金额（减少以“-”号填列）				2.77725	6.99525	9.7725						
（一）净利润					27.7725	27.7725						
（二）直接计入所有者权益的利得和损失												
1. 可供出售金融资产公允价值变动净额												
2. 权益法下被投资单位其他所有者权益变动的影响												
3. 与计入所有者权益项目相关的所得税影响												
4. 其他												
已述（一）和（二）小计					27.7725	27.7725						
（三）所有者投入和减少资本												
1. 所有者投入资本												
2. 股份支付计入所有者权益的金额												
3. 其他												
（四）利润分配				2.77725	-20.77725	-18						
1. 提取盈余公积				2.77725	-2.77725	0						
2. 对所有者的分配					-18	-18						
3. 其他												
（五）所有者权益内部结构												
1. 资本公积转增资本（或股本）												
2. 盈余公积转增资本（或股本）												
3. 盈余公积弥补亏损												
4. 其他												
四、本年年末余额	500			12.77725	11.99525	524.7725						

15.5 现金流量表

15.5.1 现金流量表的作用

现金流量表是反映企业一定会计期间现金和现金等价物流入和流出的报表。

现金流量是指一定会计期间内企业现金和现金等价物的流入和流出。现金是指企业库存现金以及可以随时用于支付的存款和其他货币资金。现金等价物是指企业持有的期限短、流动性强、易于转换为已知金额现金、价值变动风险很小的投资。

现金流量表的作用主要体现在以下几个方面：

①评价企业支付能力、偿债能力和周转能力。

②预测企业未来现金流量。

③分析企业收益质量及影响现金流量的因素，从现金流量的角度了解净利润的质量，来分析和判断企业的财务前景。

15.5.2 现金流量表的结构

现金流量表以现金和现金等价物为基础，采用报告式结构，分类反映企业生产经营活动产生的现金流量、投资活动产生的现金流量和筹资活动产生的现金流量，按照收付实现制原则，将权责发生制下的盈利信息调整为收付实现制下的现金流量信息。

经营活动是指企业投资活动和筹资活动以外的所有交易和事项。就施工企业来说，经营活动主要包括：承建工程、销售产品、提供劳务、购买材料、接受劳务、缴纳税费等。经营活动产生的现金流量是指由经营活动产生的现金流入和流出。

投资活动是指企业长期资产的购建和不包括在现金等价物内的投资及处置活动，既包括实物资产投资，也包括金融资产投资。投资活动产生现金流量是由投资产生的现金流入和流出。

筹资活动是指导致企业资本及债务规模和构成发生变化的活动。资本包括实收资本（股本）和资本溢价（股本溢价）；债务是指企业对外举债所借入的款项，包括向银行借款、发行债券以及偿还债务等，筹资活动产生的现金流量是指筹资产生的现金流入和流出。

15.5.3 现金流量表的列报方法和程序

1）直接法和间接法

编制现金流量表时，列报经营活动现金流量的方法有两种：一是直接法；二是间接法。这两种方法通常也称为编制现金流量表的方法。

所谓直接法，是指按现金收入和现金支出的主要类别直接反映企业经营活动产生的现金流量，如销售商品、提供劳务收到的现金，购买商品、接受劳务支付的现金等就是按现金收入和支出的类别直接反映的。在直接法下，一般是以利润表中的营业收入为起算点，调节与经营活动有关的项目的增减变动，然后计算出经营活动产生的现金流量。

所谓间接法，是指以净利润为起算点，调整不涉及现金的收入、费用、营业外收支等有关项目，剔除投资活动、筹资活动对现金流量的影响，据以计算出经营活动产生的现金流量。由于净利润是按照权责发生制原则确定的，且包括与投资活动和筹资活动相关的收益和费用，将净利润调节为经营活动现金流量，实际上就是将按权责发生制原则确定的净利润调整为现金净流入，并剔除投资活动和筹资活动对现金流量的影响。

采用直接法编报的现金流量表，便于分析企业经营活动产生的现金流量的来源和用途，预测企业现金流量的未来前景；采用间接法编报的现金流量表，便于将净利润与经营活动产生的现金流量净额进行比较，了解净利润与经营活动产生的现金流量差异的原因，从现金流量的角度分析净利润的质量。所以，现金流量表准则规定企业应采用直接法编报现金流量表，同时要求在附注中提供以净利润为基础调节到经营活动现金流量的信息。

2）工作底稿法或 T 型账户法

在具体编制现金流量表时，可以采用工作底稿法或 T 型账户法，也可以根据有关账户记录分析填列。

（1）工作底稿法

采用工作底稿法编制现金流量表，是以工作底稿为手段，以资产负债表和利润表数额为基础，对每一项进行分析并编制调整分录，从而编制现金流量表。工作底稿法的程序是：

第一步，将资产负债表期初数和期末数过入工作底稿的期初数栏和期末数栏。

第二步，对当期业务进行分析并编制调整分录。编制调整分录时，要以利润表项目为基础，从“营业收入”开始，结合资产负债表项目逐一进行分析，在调整分录中，有关现金和现金等价物的事项，并不直接借记或贷记现金，而是分别计入“经营活动产生的现金流量”、“投资活动产生的现金流量”、“筹资活动产生的现金流量”有关项目。借记表示现金流入，贷记表示现金流出。

第三步，将调整分录过入工作底稿中的相应部分。

第四步，核对调整分录，借方、贷方合计数均已经相等，资产负债表项目期初数和加减调整分录中的借贷金额以后，也等于期末数。

第五步，根据工作底稿中的现金流量表项目部分编制正式的现金流量表。

（2）T 型账户法

采用 T 型账户法编制现金流量表，是以 T 型账户为手段，以资产负债表和利润表数据为基础，对每一项目进行分析并编制调整分录，从而编制现金流量表。T 型账户法的程序是：

第一步，为所有的非现金项目（包括资产负债表项目和利润表项目）分别开设 T 型账户，并将各自的期末期初变动数过入各相应账户。如果项目的期末数大于期初数，则将差额过入和项目余额相同的方向；反之，过入相反方向。

第二步，开设一个大的“现金及现金等价物”T 型账户，每边分为经营活动、投资活动和筹资活动三个部分，左边记现金流入，右边记现金流出。与其他账户一样，过入期末期初变动数。

第三步，以利润表项目为基础，结合资产负债表分析每一个非现金项目的增减变动，并据此编制调整分录。

第四步，将调整分录过入各 T 型账户，并进行核对，该账户借贷相抵后的余额与原先过入的期末期初变动数应当一致。

第五步，根据大的“现金及现金等价物”T型账户编制正式的现金流量表。

15.5.4　现金流量表各项目列报说明

1）经营活动产生的现金流量

（1）销售商品、提供劳务收到的现金

本项目反映企业承包工程销售商品、提供劳务实际收到的现金，包括本期工程结算、销售商品、提供劳务收到的现金，以及以前期间工程结算、销售商品、提供劳务本期收到的现金和本期预收的款项，企业销售材料也在本项目反映。本项目可以根据“库存现金”、“银行存款”、“应收票据”、“应收账款”、“预收账款”、“主营业务收入”、“其他业务收入”账户的记录分析填列。

（2）收到的税费返还

本项目反映企业收到返还的各种税费，如收到的营业税、所得税、教育费附加返还款等，本项目可以根据“库存现金”、“银行存款”、“营业税金及附加”、“营业外收入”等账户的记录分析填列。

（3）收到其他与经营活动有关的现金

本项目反映企业除上述各项目外，收到的其他与经营活动有关的现金，如罚款收入，经营租赁固定资产收到的现金、流动资产损失中由个人赔偿的现金收入、除税费返还外的其他政府补助收入等。其他与经营活动有关的现金，如果价值较大，应单列项目反映。本项目可以根据“库存现金”、“银行存款”、“管理费用”等账户的记录分析填列。

（4）购买商品、接受劳务支付的现金

本项目反映企业购买材料、商品、接受劳务实际支付的现金，包括支付的货款以及与货款一并支付的增值税进项税额，具体包括：本期购买商品、接受劳务支付的现金，以及本期支付前期购买商品、接受劳务的未付款项和本期预付款项，减去本期发生的购货退回收到的现金。为购置存货而发生的借款利息资本化部分，应在“分配股利、利润或偿付利息支付的现金”项目中反映。本项目可以根据“库存现金”、“银行存款”、“应付票据”、“应付账款”、“预付账款”、“主营业务成本”、“其他业务成本”等账户的记录分析填列。

（5）支付给职工以及为职工支付的现金

本项目反映企业实际支付给职工的现金以及为职工支付的现金，包括企业为获得职工提供的服务，本期实际给予各种形式的报酬以及其他相关支出，如支付给职工的工资、奖金、各种津贴和补贴等，以及为职工支付的其他费用，不包括支付给在建工程人员的工资。支付的在建工程人员的工资，在“购建固定资产、无形资产和其他长期资产支付的现金”项目中反映。

企业为职工支付的医疗、养老、失业、工伤、生育等社会保险基金、补充养老保险、住房公积金，企业为职工交纳的商业保险金，因解除与职工劳动关系给予的补偿，现金结算的股份支付，以及企业支付给职工或为职工支付的其他福利费用等，应根据职工的工作性质和服务对象，分别在“购建固定资产、无形资产和其他长期资产支付的现金”和“支付给职工以及为职工支付的现金”项目中反映。

本项目可以根据“库存现金”、“银行存款”、“应付职工薪酬”等账户的记录分析填列。

（6）支付的各项税费

本项目反映企业按规定支付的各项税费，包括本期发生并支付的税费，以及本期支付以前各期发生的税费和预交的税金。如支付的教育费附加、印花税、房产税、土地增值税、车船税、营业税、所得税等。不包括本期退回的税费。本期退回的税费等，在“收到的税费返还”项目中反映。本项目可以根据“应交税费”、“库存现金”、“银行存款”等账户分析填列。

（7）支付其他与经营活动有关的现金

本项目反映企业除上述各项目外，支付的其他与经营活动有关的现金，如罚款支出、支付的差旅费、业务招待费、保险费、经营租赁支付的现金等。其他与经营活动有关的现金，如果金额较大的，应单列项目反映。本项目可以根据有关账户的记录分析填列。

2）投资活动产生的现金流量

（1）收回投资收到的现金

本项目反映企业出售、转让或到期收回除现金等价物以外的交易性金融资产、持有至到期投资、可供出售金融资产、长期股权投资、投资性房地产而收到的现金，不包括债权性投资收回的利息、收回的非现金资产，以及处置子公司及其他营业单位收到的现金净额。债权性投资收回的本金，在本项目反映，债权性投资收回的利息，不在本项目中反映，而在“取得投资收益收到的现金”项目中反映。处置子公司及其他营业单位收到的现金净额单设项目反映。本项目可以根据“交易性金融资产”、“持有至到期投资”、“可供出售金融资产”、“投资性房地产”、“库存现金”、“银行存款”等账户的记录分析填列。

（2）取得投资收益收到的现金

本项目反映企业因股权投资而分得的现金股利，从子公司、联营企业或合营企业分回利润而收到的现金，因债权性投资而取得的现金利息收入。股票股利不在本项目中反映；包括在现金等价物范围内的债券性投资，其他利息收入在本项目中反映。本项目可以根据“应收股利”、“应收利息”、“投资收益”、“库存现金”、“银行存款”等账户的记录分析填列。

（3）处置固定资产、无形资产和其他长期资产收回的现金净额

本项目反映企业出售固定资产、无形资产和其他长期资产所取得的现金，减去为处置这些资产而支付的有关费用后的净值。处置固定资产、无形资产和其他长期资产所收到的现金，与处置活动支付的现金，两者在时间上比较接近，以净额更能准确反映处置活动对现金流量的影响。由于自然灾害等原因所造成的固定资产等长期资产报废、毁损而收到的保险赔偿收入，在本项目中反映。处置固定资产、无形资产和其他长期资产所收回的现金净额为负数，则应作为投资活动产生的现金流量，在“支付其他与投资活动有关的现金”项目中反映。本项目可以根据“固定资产清理”、“库存现金”、“银行存款”等账户的记录分析填列。

（4）处置子公司及其他营业单位收到的现金净额

本项目反映企业处置子公司及其他营业单位所取得的现金减去子公司或其他营业单位

持有的现金和现金等价物以及相关处置费用后的净额。本项目可以根据有关账户的记录分析填列。

处置子公司及其他营业单位收到的现金净额如为负数，则将该金额填列至“支付其他与投资活动有关的现金”项目中。

(5) 收到其他与投资活动有关的现金

本项目反映企业除上述各项目外，收到的其他与投资活动有关的现金，其他与投资活动有关的现金，如果价值较大的，应单列项目反映。本项目可以根据有关账户的记录分析填列。

(6) 购建固定资产、无形资产和其他长期资产支付的现金

本项目反映企业购买、建造固定资产，取得无形资产和其他长期资产支付的现金，包括购买机器设备所支付的现金及增值税款、建造工程支付的现金、支付在建工程人员的工资等现金支出，不包括为购建固定资产、无形资产和其他长期资产而发生的借款利息资本化部分，以及融资租入固定资产所支付的租赁费。为购建固定资产、无形资产和其他长期资产而发生的借款利息资本化部分，在“分配股利、利润或偿付利息支付的现金”项目中反映；融资租入固定资产所支付的租赁费，在“支付其他与筹资活动有关的现金”项目中反映，不在本项目中反映。本项目可以根据“固定资产”、“在建工程”、“工程物资”、“无形资产”、“库存现金”、“银行存款”等账户的记录分析填列。

(7) 投资支付的现金

本项目反映企业进行权益性投资和债权性投资所支付的现金，包括企业取得的除现金等价物以外的交易性金融资产、持有至到期投资、可供出售金融资产而支付的现金，以及支付的佣金、手续费等交易费用。企业购买债券的价款中含有债券利息的，以及溢价或折价购入的，均按实际支付的金额反映。

企业购买股票和债券时，实际支付的价款中包含的已宣告但尚未领取的现金股利或已到付息期但尚未领取的债券利息，应在“支付其他与投资活动有关的现金”项目中反映；收回购买股票和债券时支付的已宣告但尚未领取的现金股利或已到付息期但尚未领取的债券利息，应在“收到其他与投资活动有关的现金”项目中反映。

本项目可以根据“交易性金融资产”、“持有至到期投资”、“可供出售金融资产”、“投资性房地产”、“长期股权投资”、“库存现金”、“银行存款”等账户的记录分析填列。

(8) 取得子公司及其他营业单位支付的现金净额

本项目反映企业取得子公司及其他营业单位购买出价中以现金支付的部分，减去子公司或其他营业单位持有的现金和现金等价物后的净额。本项目可以根据有关账户的记录分析填列。

(9) 支付其他与投资活动有关的现金

本项目反映企业除上述各项目外，支付的其他与投资活动有关的现金。其他与投资活动有关的现金，如果价值较大的，应单列项目反映，本项目可以根据有关账户的记录分析填列。

3）筹资活动的现金流量

(1) 吸收投资收到的现金

本项目反映企业以发行股票、债券等方式筹集资金实际收到的款项净额（发行收入

减去支付的佣金等发行费用后的净额）。以发行股票等方式筹集资金而由企业直接支付的审计、咨询等费用，不在本项目中反映，而在“支付的其他与筹资活动有关的现金”项目中反映；由金融企业直接支付的手续费、宣传费、咨询费、印刷费等费用，从发行股票、债券取得的现金收入中扣除，以净额列示。本项目可以根据“实收资本（或股本）”、“资本公积”、“库存现金”、“银行存款”等账户的记录分析填列。

（2）取得借款收到的现金

本项目反映企业举借各种短期、长期借款而收到的现金。本项目可根据“短期借款”、“长期借款”、“交易性金融负债”、“应付债券”、“库存现金”、“银行存款”等账户的记录分析填列。

（3）收到其他与筹资活动有关的现金

本项目反映除上述各项目外，收到的其他与筹资活动有关的现金。其他与筹资活动有关的现金，如果价值较大的，应单列项目反映。本项目可根据有关账户的记录分析填列。

（4）偿还债务支付的现金

本项目反映企业以现金偿还债务的本金，包括：归还金融企业的借款本金、偿还企业到期的债券本金等。企业偿还的借款利息、债券利息，在“分配股利、利润或偿付利息支付的现金”项目中反映，不在本项目中反映。本项目可以根据“短期借款”、“长期借款”、“交易性金融负债”、“应付债券”、“库存现金”、“银行存款”等账户的记录分析填列。

（5）分配股利、利润或偿付利息支付的现金

本项目反映企业实际支付的现金股利、支付给其他投资单位的利润或用现金支付的借款利息、债券利息。不同用途的借款，其利息的开支渠道不一样，如在建工程、财务费用等，均在本项目中反映。本项目可以根据“应付股利”、“应付利息”、“利润分配”、“财务费用”、“在建工程”、“制造费用”、“研发支出”、“库存现金”、“银行存款”等账户的记录分析填列。

（6）支付其他与筹资活动有关的现金

本项目反映企业除上述各项目外，支付的其他与投资活动有关的现金，如以发行股票、债券等方式筹集资金而由企业直接支付的审计、咨询等费用，融资租赁所支付的现金以及分期付款方式购建固定资产以后各期支付的现金等。其他与筹资活动的关的现金，如果价值较大的，应单列项目反映。本项目可以根据有关账户的记录分析填列。

4）汇率变动对现金的影响

编制现金流量表时，应当将企业外币现金流量以及境外子公司的现金流量折算成记账本位币。现金流量表准则规定，外币现金流量以及境外子公司的现金流量，应当采用现金流量发生日的即期汇率或按照系统合理的方法确定的、与现金流量发生日即期汇率近似的汇率折算。汇率变动对现金的影响额应当作为调节项目，在现金流量表中单独列报。

汇率变动对现金的影响，指企业外币现金流量及境外子公司的现金流量折算成记账本位币时，所采用的是现金流量发生日的汇率或按照系统合理的方法确定的、与现金流量发生日即期汇率近似的汇率，而现金流量表“现金及现金等价物净增加额”项目中外币现金净增加额是按资产负债表日的即期汇率折算。这两者的差额即为汇率变动对现金的影响。

5）补充资料

现金流量表补充资料包括将净利润调节为经营活动现金流量、不涉及现金收支的重大投资和筹资活动、现金及现金等价物净变动情况等项目。

（1）将净利润调节为经营活动现金流量

①资产减值准备。资产减值准备包括坏账准备、存货跌价准备、投资性房地产减值准备、长期股权投资减值准备、持有至到期投资减值准备、在建工程减值准备、工程物资减值准备、生物资产减值准备、无形资产减值准备、商誉减值准备等。企业计提的各项资产减值准备，包括在利润表中，属于利润的减除项目，但没有发生现金流出。所以，在将净利润调节为经营活动现金流量时，需要加回。本项目可根据“资产减值损失”账户的记录分析填列。

②固定资产折旧。企业计提的固定资产折旧，有的包括在管理费用中，有的包括在制造费用中。计入管理费用中的部分，作为期间费用在计算净利润时扣除，但没有发生现金流出，在将净利润调节为经营活动现金流量时，需要予以加回。计入制造费用中的已经变现的部分，在计算净利润时通过销售成本予以扣除，但没有发生现金流出；计入制造费用中的没有变现的部分，既不涉及现金收支，也不影响企业当期净利润。由于在调节存货时，已经从中扣除，在此处将净利润调节为经营活动现金流量时，需要予以加回。本项目可根据“累计折旧”账户的贷方发生额分析填列。

③无形资产摊销和长期待摊费用摊销。企业对使用寿命有限的无形资产计提摊销时，计入管理费用或制造费用。长期待摊费用摊销时，有的计入管理费用，有的计入销售费用，有的计入制造费用。计入管理费用等期间费用和计入制造费用中的已变现的部分，在调节存货时已经从中扣除，但不涉及现金收支，所以，在此处将净利润调节为经营活动现金流量时，需要予以加回。这个项目可能根据“累计摊销”、“长期待摊费用”账户的贷方发生额分析填列。

④处置固定资产、无形资产和其他长期资产损失（减：收益）。企业处置固定资产、无形资产和其他长期资产发生的损益，属于投资活动产生的损益，不属于经营活动产生的损益，所以，在将净利润调节为经营活动现金流量时，需要予以剔除。如为损失，在将净利润调节为经营活动现金流量时，应当加回；如为收益。在将净利润调节为经营活动现金流量时，应当扣除。本项目可根据“营业外收入”、“营业外支出”等账户所属有关明细分类账户记录分析填列；如为净收益，以“-”号填列。

⑤固定资产报废损失。企业发生的固定资产报废损益，属于投资活动产生的损益，不属于经营活动产生的损益，所以，在将净利润调节为经营活动现金流量时，需要予以剔除。如为净损失，在将净利润调节为经营活动现金流量时，应当加回；如为净收益，在将净利润调节为经营活动现金流量时，应当扣除。本项目可根据“营业外支出”、“营业外收入”等账户所属有关明细账户的记录分析填列。

⑥公允价值变动损失。公允价值变动损失反映企业在初始确认时划分为公允价值计量且其变动计入当期损益的金融资产或金融负债、衍生工具、套期等业务中公允价值变动形成的应计入当期损益的利得或损失。企业发生的公允价值变动损益，通常与企业投资活动或筹资活动有关，而且并不影响企业当期的现金流量。为此，应当将其从净利润中剔除。本项目可以根据“公允价值变动损益”账户的发生额分析填列。如为持有损失，在将净

利润调节为经营活动现金流量时，应当加回；如为持有利得，在将净利润调节为经营活动现金流量时，应当扣除。

⑦财务费用。企业发生的财务费用中不属于经营活动的部分，应当将其从净利润中剔除。本项目可根据“财务费用”账户本期借方发生额分析填列；如为收益，以“-”号填列。

⑧投资损失（减：收益）。企业发生的投资损益，属于投资活动产生的损益，不属于经营活动产生的损益，所以，在将净利润调节为经营活动现金流量时，需要予以剔除，如为净损失，在将净利润调节为经营活动现金流量时，应当加回；如为净收益，在将净利润调节为经营活动现金流量时，应当扣除。本项目可根据利润表中“投资收益”项目的数字填列；如为投资收益，以“-”号填列。

⑨递延所得税资产减少（减：增加）。如果递延所得税资产减少使计入所得税费用的金额大于当期应交的所得税金额，其差额没有发生现金流出，但在计算净利润时已经扣除，在将净利润调节为经营活动现金流量时，应当加回，如果递延所得税资产增加使计入所得税费用的金额小于当期应交的所得税金额，两者之间的差额并没有发生现金流入，但在计算净利润时已经包括在内，在将净利润调节为经营活动现金流量时，应当扣除。本项目可根据资产负债表“递延所得税资产”项目期初、期末余额分析填列。

⑩递延所得税负债增加（减：减少）。递延所得税负债增加使计入所得税费用的金额大于当期应交的所得税金额，其差额没有发生现金流出，但在计算净利润时已经扣除，在将净利润调节为经营活动现金流量时，应当加回。如果递延所得税负债减少使计入当期所得税费用的金额小于当期应交的所得税金额，其差额并没有发生现金流入，但在计算净利润时已经包括在内，在将净利润调节为经营活动现金流量时，应当扣除。本项目可以根据资产负债表“递延所得税负债”项目期初、期末余额分析填列。

⑪存货的减少（减：增加）。期末存货比期初存货减少，说明本期生产经营过程耗用的存货有一部分是期初的存货，耗用这部分存货并没有发生现金流出，但在计算净利润时已经扣除，所以，在将净利润调节为经营活动现金流量时，应当加回。期末存货比期初存货增加，说明当期购入的存货除耗用外，还剩余了一部分，这部分存货也发生了现金流出，但在计算净利润时没有包括在内，所以，在将净利润调节为经营活动现金流量时，需要扣除。当然，存货的增减变化过程还涉及应付项目，这一因素在“经营性应付项目的增加（减：减少）”中考虑。本项目可根据资产负债表中“存货”项目的期初数、期末数之间的差额填列；期末数大于期初数的差额，以“-”号填列。如果存货的增加变化过程属于投资活动，如在建工程领用存货，应当将这一因素剔除。

⑫经营性应收项目的减少（减：增加）。经营性应收项目包括应收票据、应收账款、预付账款、长期应收款和其他应收款中与经营活动有关的部分。经营性应收项目期末余额小于经营性应收项目期初余额，说明本期收回的现金大于利润表中所确认的销售收入，所以，在将净利润调节为经营活动现金流量时，需要加回。经营性应收项目期末余额大于经营性应收项目期初余额，说明本期销售收入中有一部分没有收回现金，但是，在计算净利润时这部分销售收入已包括在内，所以，在将净利润调节为经营活动现金流量时，需要扣除，本项目应当根据有关账户的期初、期末余额分析填列；如为增加，以“-”填列。

⑬经营性应付项目的增加（减：减少）。经营性应付项目包括应付票据、应付账款、

应付职工薪酬、应交税费、应付利息、长期应付款、其他应付款中与经营活动有关的部分。经营性应付项目期末余额大于经营性应付项目期初余额，说明本期购入的存货中有一部分没有支付现金，但是，在计算净利润时却通过销售成本包括在内，在将净利润调节为经营活动现金流量时，需要加回；经营性应付项目期末余额小于经营性应付项目期初余额，说明本期支付的现金大于利润表中所确认的销售成本，在将净利润调节为经营活动产生的现金流量时，需要扣除。本项目应当根据有关账户的期初、期末余额分析填列；如为减少，以"-"号填列。

（2）不涉及现金收支的重大投资和筹资活动的披露

不涉及现金收支的重大投资和筹资活动，反映企业一定期间影响资产或负债但不形成该期现金收支的所有投资和筹资活动的信息。这些投资和筹资活动虽然不涉及当期现金收支，但对以后各期的现金流量有重大影响。例如，企业融资租入设备，将形成的负债计入"长期应付款"账户，当期并不支付设备款及租金，但以后各期必须为此支付现金，从而在一定期间内形成了一项固定的现金支出。

因此，现金流量表准则规定，企业应当在附注中披露不涉及当期现金收支，但影响企业财务状况或在未来可能影响企业现金流量的重大投资和筹资活动，主要包括：①债务转为资本，反映企业本期转为资本的债务金额；②1 年内到期的可转换公司债券，反映企业 1 年内到期有可转换公司债券的本息；③融资租入固定资产，反映企业本期融资租入的固定资产。

15.5.5 现金流量表及补充资料的格式

现金流量表及补充资料的格式见表 15-6 所示。

表 15-6 **现金流量表**

编制单位： ××××年度 金额单位：元

项　　目	本期金额	上期金额
一、经营活动产生的现金流量		
工程结算、销售商品、提供劳务收到的现金	1 271 000	
收到的税费返还		
收到其他与经营活动有关的现金		
经营活动现金流入小计	1 271 000	
购买商品、接受劳务支付的现金	375 300	
支付给职工以及为职工支付的现金	300 000	
支付的各项税费	190 575	
支付其他与经营活动有关的现金	70 000	
经营活动现金流出小计	935 875	
经营活动产生的现金流量净额	335 125	
二、投资活动产生的现金流量		

续表

项　目	本期金额	上期金额
收回投资收到的现金	15 000	
取得投资收益收到的现金	31 800	
处置固定资产、无形资产和其他长期资产收回现金净额	300 000	
处置子公司及其他营业单位收到的现金净额		
收到其他与投资活动有关的现金		
投资活动现金流入小计	346 800	
购建固定资产、无形资产和其他长期资产支付的现金	451 000	
投资支付的现金		
取得子公司及其他营业单位支付的现金净额		
支付其他与投资活动有关的现金		
投资活动现金流出小计	451 000	
投资活动产生的现金流量净额	-104 200	
三、筹资活动产生的现金流量		
吸收投资收到的现金		
取得借款收到的现金	400 000	
收到其他与筹资活动有关的现金		
筹资活动现金流入小计	400 000	
偿还债务支付的现金	1 250 000	
分配股利、利润或偿付利息支付的现金	12 500	
支付其他与筹资活动有关的现金		
筹资活动现金流出小计	1 262 500	
筹资活动产生的现金流量净额	-862 500	
四、汇率变动对现金及现金等价物的影响		
五、现金及现金等价物净增加额	-631 575	
加：期初实现金及现金等价物余额	1 406 300	
六、期末现金及现金等价物余额	774 725	
补 充 资 料		
1. 将净利润调节为经营活动现金流量		
净利润	277 725	
加：资产减值准备	900	
固定资产折旧	100 000	

续表

项　　目	本期金额	上期金额
无形资产摊销	60 000	
处置固定资产、无形资产和其他长期资产的损失（收益以“-”号填列）	-50 000	
固定资产报废损失（收益以“-”号填列）	19 700	
公允价值变动损失（收益以“-”号填列）		
财务费用（收益以“-”号填列）	21 500	
投资损失（收益以“-”号填列）	-31 500	
递延所得税资产减少（增加以“-”号填列）		
递延所得税负债增加（减少以“-”号填列）		
存货的减少（增加以“-”号填列）	-80 200	
经营性应收项目的减少（增加以“-”号填列）	71 900	
经营性应付项目的增加（减少以“-”号填列）	-54 900	
其他		
经营活动产生的现金流量净额	335 125	
2. 不涉及现金收支的重大投资和筹资活动		
债务转为资本		
1 年内到期的可转换公司债券		
融资租入固定资产		
3. 现金及现金等价物净变动情况		
现金的期末余额	774 725	
减：现金的期初余额	1 406 300	
加：现金等价物的期末余额		
减：现金等价物的期初余额		
现金及现金等价物净增加额	-631 575	

15.6 附　注

15.6.1 附注的概念及作用

附注是指财务报表不可缺少的组成部分，是对资产负债表、利润表、现金流量表和所有者权益变动表等报表中列示项目的文字描述或明细资料，以及对未能在这些报表中列示的项目的说明等。

财务报表中的数字是经过分类与汇总的结果，是对企业发生的经济业务高度简化和浓缩的数字，如果没有形成这些数字所使用的会计政策、理解这些数字所必需的披露，财务报表就不可能充分发挥效用。因此，附注与资产负债表、利润表、现金流量表、所有者权益变动表等报表具有同等的重要性，是财务报表的重要组成部分。报表使用者了解企业的财务状况、经营成果和现金流量应当全面阅读附注。

会计报表附注的作用主要表现在以下三个方面：

1）突出会计报表信息的重要性

会计报表中所含有的数量信息已比较全面，内容繁多，报表使用者可能抓不住重点，对其中重要信息的了解可能不够全面详细。通过附注说明，可将会计报表中的重要数据进一步予以分解、说明，有助于报表用户了解哪些是重要的信息，应当引起注意，并在决策中有所考虑。

2）提高报表内信息的可比性

会计准则在许多方面规定了多种会计处理方法，并允许企业根据本行业特点及其所处的经济环境选择能最恰当、公允地反映财务状况和经营成果的会计原则和方法，结果导致不同行业或同一行业各企业所提供的会计信息产生较大的差异。此外，由于经济环境发生变化，采用新的会计方法会影响信息的可比性。因此，在财务报告中用适当的方式通过附注来说明企业所采用的会计方法及其变更，有助于提高财务报表的可比性。

3）增加报表内信息的可理解性

企业财务报告的使用者颇多，信息需求及侧重点各不相同，仅有财务报表不能满足所有报表使用者的需要。对财务报告中的数据进行解释，将一个抽象的数据分解成若干个具体项目，并说明产生各项目的会计方法，有助于使用者理解财务报表中的信息。

15.6.2 附注披露的基本要求

（1）附注披露的信息应是定量、定性信息的结合，从量和质两个角度对企业经济事项完整地进行反映，以满足信息使用者的决策需求。

（2）附注应当按照一定的结构进行系统合理的排列和分类，有序地披露信息。由于附注披露的内容较多，应按一定的逻辑顺序排列，分类披露，使之条理清晰，便于使用者的理解和掌握，更好地实现财务报表的可比性。

（3）附注相关信息应当与资产负债表、利润表、现金流量表和所有者权益变动表等报表中列示的项目相互参照，以有助于使用者联系相关联的信息，从整体上更好地理解财务报表。

15.6.3 附注披露的内容

1）企业的基本情况

（1）企业的注册地、组织形式和总部地址。

（2）企业的业务性质和主要经营活动，如企业所处的行业、所提供的主要产品或服务、客户的性质、监督环境的性质等。

（3）母公司及集团最终母公司的名称。

（4）财务报告批准报出者和财务报告批准报出日。

2）财务报表的编报基础

企业应当根据实际发生的交易和事项，遵循各项具体会计准则的规定进行确认和计量，并在此基础上编制财务报表。

3）遵循企业会计准则的声明

企业应当声明编制的财务报表符合企业会计准则的要求，真实、完整地反映了企业的财务状况、经营成果和现金流量等有关信息，以此明确企业编制财务报表所依据的制度基础。

如果企业编制财务报表只是部分地遵循了企业会计准则，附注中不得做出上述声明。

4）重要会计政策和会计估计

企业应当披露采用的重要会计政策和会计估计，不重要的会计政策和会计估计可以不披露。

（1）重要会计政策的说明

会计政策是指企业在会计确认、计量和报告中采用的原则、基础和具体会计处理方法。企业应当披露采用的重要会计政策有：

①财务报表项目的计量基础。会计计量基础包括历史成本、重置成本、可变现净值、现值和公允价值，企业选择的计量基础直接影响报表使用者的分析。例如企业存货是按成本计量还是按可变现净值计量等，就是报表使用者需要了解的。企业必须在附注中披露财务报表项目的计量基础。

②企业选择的不同会计处理方法。企业经济业务复杂多样化，某些经济业务可以有多种会计处理方法，例如存货的计价可以有先进先出法、加权平均法、移动平均法、个别计价法；固定资产的折旧，可以有平均年限法、工作量法、双倍余额递减法、年数总和法等。企业必须从允许的会计处理方法中选择适合本企业的会计处理方法，不同的会计处理方法直接影响企业的财务状况和经营成果。为了便于报表使用者理解和分析财务报表，企业必须在附注中披露选择的会计处理方法。

③会计政策的确定依据。会计政策的确定依据是指企业运用会计政策过程中所作的对报表中确认的项目金额最具影响的判断，例如，企业如何判断持有的金融资产是持有至到期投资而不是交易性投资等。披露会计政策的确定依据，有助于报表使用者理解企业选择和运用会计政策的背景，增强财务报表的可理解性。

（2）重要的会计估计说明

会计估计是指企业对结果不确定的交易或事项以最近可利用的信息为基础所作的判断。企业应当披露会计估计所采用的关键假设和不确定因素的确定依据。

资产负债表日，企业在确认资产和负债的账面价值时，有时需要对不确定的未来事项对资产和负债的影响进行估计。例如，固定资产可回收金额的计算需要根据其公允价值减去处置费用后的净额与预计未来现金流量的现值两者之间的较高者确定，在计算资产预计未来现金流量的现值时需要对未来现金流量进行预测，并选择适当的折现率，应当在附注中披露未来现金流量预测所采用的假设及其依据、所选择的折现率为什么是合理的等。为了提高财务报表的可理解性，企业必须披露在会计估计中所采用的关键假设和不确定因素的确定依据。

5）会计政策和会计估计变更以及会计差错更正的说明

企业应当按照会计准则的规定，披露会计政策和会计估计变更以及会计差错更正的有关情况。

6）报表重要项目说明

企业应当以文字和数字描述相结合的方式，披露财务报表重要项目的构成或当期增减变动情况。附注中报表重要项目的构成、明细金额和当期增减变动情况，应尽可能采用列表的形式，以便于报表使用者阅读和理解，有关明细项目的合计应与报表项目中的总金额相衔接。

7）其他需要说明的重要事项

其他需要说明的重要事项主要包括或有和承诺的事项，资产负债表日后非调整事项、关联方关系及交易事项等。

本章小结

财务报告是企业对外提供的反映某一特定时期的财务状况和某一会计期间经营成果和现金流量等会计信息的文件。财务报告由资产负债表、利润表、所有者权益变动表、现金流量表等财务报表和附注组成。财务报表是财务报告的核心内容。资产负债表是反映企业在某一特定日期的财务状况的会计报表，应根据所有总分类账户和有关明细分类账户的余额直接填列，或分析计算填列。利润表反映一定会计期间经营成果的会计报表，应根据损益账户的发生额分析计算填列。所有者权益变动表是反映构成所有者权益的各项组成部分当期增减变动情况的报表，应根据所有者权益类账户的本年发生额分析填列。现金流量表是反映一定会计期间现金和现金等价物流入和流出的报表，应分为经营活动产生的现金流量、投资活动产生的现金流量、筹资活动产生的现金流量、汇率变动对现金及现金等价物的影响列示。附注是为了便于会计报表使用者理解会计报表的内容，对企业报表的编制基础、编制依据、编制原则和方法，以及主要项目所作的解释和进一步说明，它与会计报表具有同等的重要性。

关键概念

财务报告　资产负债表　利润表　所有者权益变动表　现金流量　现金　现金等价物　现金流量表

附录　施工企业会计综合实训

一、华程中天建筑工程公司基本情况介绍

公司名称：华程中天建筑工程公司

法定代表人：李××

资质等级：房屋建筑工程总承包三级

注册地址：滨海市杉林路15号

注册资本：人民币1 000万元整

开户银行：中国建设银行××支行　　账号：4596 ×××× ×××× 6698

经营范围：房屋建筑工程总承包

二、华程中天建筑工程公司组织机构设置及核算规定

华程中天建筑工程公司下设两个项目经理部，并设置若干行政科室，实行公司及项目部二级管理，经济核算均在公司会计部门集中核算。

会计核算遵守权责发生制原则，采取科目汇总表会计核算形式，按月核算，编制会计月报表，自行申报纳税。营业税按月申报，企业所得税按月申报，年底汇算清缴。

材料成本按实际成本计价核算。周转材料采用一次摊销法，临时设施按工期分期摊销。固定资产折旧的计算方法采用平均年限法。计算时小数点后保留两位小数。

三、华程中天建筑工程公司2012年承建工程的概况

本年度第一项目部承建滨海市邮政局综合楼工程。该工程为6层框架结构，合同造价为13 500 000元。9月份中标，12月1日开工，本年度施工期为1个月，工程进度达到完成基础砖砌工程。预计总成本为10 000 000元。本年末，按完工百分比法确认主营业务收入。明年2月10日开工，10月31日竣工，工期为12个月。

其中，邮政局综合楼工程的基础工程由分包单位华能建筑安装工程公司施工，双方签订的合同价为400 000元。

第一项目部承建的锦程集团的商用楼工程为跨年度工程，上年度开工，预计本年度12月25日交付使用，合同价款为1 520万元；承建的滨海大学的办公楼工程于2月份开始施工，11月20日交付使用，合同价款560万元，提前完工1个月，此项工程于12月办理竣工决算。

四、华程中天建筑工程公司会计核算资料

华程中天建筑工程公司会计核算资料如下：

（一）2012 年 12 月总账及部分明细账户余额表

2012 年 12 月总账及部分明细账户余额表　　单位：元

总账科目	明细科目	借或贷	金额
库存现金		借	5 480
银行存款		借	4 521 700
应收票据		借	100 000
应收账款		借	6 080 000
	滨海大学——办公楼	借	2 000 000
	锦程集团——商用楼	借	3 000 000
	兴胜公司	借	580 000
	华鑫集团——住宅楼	借	500 000
坏账准备		贷	19 890
应收利息		借	4 500
预付账款	湘益公司	借	100 000
其他应收款	职工罗××	借	8 010
原材料		借	990 340
持有至到期投资	国库券	借	120 000
固定资产		借	6 201 980
累计折旧		贷	1 584 760
在建工程		借	590 500
临时设施	滨海邮政局综合楼工程	借	41 380
无形资产		借	59 800
应付账款	滨海机械厂	贷	508 000
其他应付款	设备厂	贷	12 000
应交税费		贷	18 950
应付职工薪酬		贷	210 980
短期借款	建设银行	贷	500 000
长期借款	工商银行	贷	4 260 000
工程施工		借	19 280 500
	滨海大学办公楼（合同成本）	借	4 800 000
	滨海大学办公楼（合同毛利）	借	800 000
	锦程集团商用楼（合同成本）	借	11 700 000
	锦程集团商用楼（合同毛利）	借	1 980 000
工程结算		贷	18 000 000
	滨海大学办公楼	贷	5 600 000
	锦程集团商用楼	贷	12 400 000
实收资本		贷	10 000 000
资本公积	股本溢价	贷	34 500
盈余公积	法定盈余公积	贷	901 720
利润分配	未分配利润	贷	2 053 390

（二）2012 年 12 月份发生的经济业务

1. 12 月 1 日，承建的滨海市邮政局综合楼工程开工，项目部购买各种办公用品 900 元，购入铁锹、钢卷尺等工具 550 元，直接交付使用。以上均以现金支付。

2. 12 月 1 日，开出转账支票，支付邮政局综合楼工程质量保证金 50 000 元以及定位测定费 11 000 元。

3. 12 月 1 日，第一项目部向市机械租赁站租入挖掘机械一台，租期 3 个月，用于邮政局综合楼和锦程商用楼工程施工。以银行存款支付本月租赁费 10 000 元。

4. 12 月 2 日，开出转账支票支付邮政局综合楼工程招投标费 5 500 元。

5. 12 月 3 日，为邮政局综合楼工程搭建项目部临时办公用房完工，该临时用房领用材料 30 000 元，应付人员工资 10 800 元。

6. 12 月 3 日，开出转账支票预付分包单位华能建筑公司分包工程款 100 000 元。

7. 12 月 4 日，计提应交纳邮政局综合楼工程意外伤害保险费 9 800 元。

8. 12 月 5 日，收到邮政局预拨工程款 1 000 000 元，存入银行。

9. 12 月 6 日，向滨海商贸有限公司赊购钢材 98 200 元，发票账单已到，材料已入库。

10. 12 月 6 日，以银行存款支付上月工资 130 960 元。

11. 12 月 6 日，开出现金支票支付意外伤害保险费 9 800 元。

12. 12 月 7 日，向高桥建材批发站购入水泥 100 吨，单价 295 元/吨，价款 29 500 元，以转账支票支付，水泥还没运到工地。

13. 12 月 8 日，水泥运抵工地，验收合格。

14. 12 月 8 日，签发现金支票，从银行提取现金 20 000 元备用。

15. 12 月 9 日，购入各种施工用的零星材料，价款 600 元，以现金支付，材料已收到。

16. 12 月 11 日，本单位自建的办公楼工程已完工交付使用，价款 590 500 元，办理验收，预计使用 20 年。

17. 12 月 12 日，以电汇支付方式，将款项 508 000 元汇往滨海机械厂偿还前欠款，同时支付办理电汇手续费 10. 5 元。

18. 12 月 12 日，以银行存款交纳上月应交的营业税 15 000 元，城建税 1 050 元，教育费附加 450 元，个人所得税 2 450 元。

19. 12 月 12 日，以银行存款支付上月的住房公积金 25 300 元，社会保险费 54 720 元，其中养老保险 36 480 元，失业保险 3 648 元，医疗保险 14 592 元。

20. 12 月 13 日，购入板材 20 立方米，单价 2 150 元，计 43 000 元，以银行存款支付，板材已验收入库。

21. 12 月 14 日，以银行存款支付邮政局综合楼工程的残土运费 5 000 元。

22. 12 月 14 日，以银行存款购入混凝土搅拌机一台，价款 320 000 元，设备已验收，预计使用 10 年。

23. 12 月 15 日，公司会计张娜外出开会回来报销差旅费 850 元，以现金支付。

24. 12 月 16 日，购入碎石 350 立方米，单价 30 元/立方米，价款 10 500 元，中沙 300 立方米，单价 32 元/立方米，价款 9 600 元，以银行存款支付，材料尚未运到。

25. 12 月 18 日，财务科购买账簿凭证等价款 180 元，以现金支付。

26. 12 月 18 日，邮政局综合楼项目部购入安全帽及安全标志等，价款 680 元，以现金付讫。

27. 12 月 18 日，12 月 16 日购入的碎石和中沙均运到工地存放，验收合格。

28. 12 月 30 日，以银行存款支付第一项目部本月电费 4 200 元，水费 1 200 元。

29. 12 月 30 日，分包工程完工，分包单位华能建筑公司开出邮政局综合楼基础工程款发票，结算工程价款 400 000 元，结转原预付款，余款暂欠。

30. 12 月 31 日，邮政局综合楼工程本月施工结束，施工现场盘存材料，有已领未用的材料共计金额 11 000 元，其中：螺纹钢 2 吨，单价 3 250 元/吨，金额 6 500 元，红松圆木 5 立方米，单价 900 元/立方米，金额 4 500 元。办理退库手续，调整工程成本。

31. 12 月 31 日，计提邮政局临时设施的摊销额。该临时设施的原值为 40 800 元，施工期 12 个月，不考虑残值。

32. 12 月 31 日，计提长期借款利息费用 248 500 元，该长期借款属于前期已完工程借款。

33. 12 月 31 日，计算本月应付工资。工资到下个月 6 号发放，代扣款暂未交。

本月应付工资计算表　　单位：元

人员类别	应付工资总额				代扣款		实发工资
	工资	奖金	津贴	合计	个人所得税	社会保险公积金	
工程施工人员	120 000	20 000	40 000	180 000	6 400	7 500	166 100
其中：锦程商用楼	70 000	15 000	25 000	110 000	4 100	4 800	10 100
邮政局综合楼	50 000	5 000	15 000	70 000	2 300	2 700	65 000
机械作业人员	8 000	1 000	2 000	11 000	400	600	10 000
第一项目部管理人员	15 000	1 000	3 000	19 000	600	700	17 700
公司管理人员	20 000	4 000	5 000	29 000	1 100	1 300	26 600
合计	163 000	26 000	50 000	239 000	8 500	10 100	220 400

34. 12 月 31 日，计提应由企业负担的养老保险、失业保险、医疗保险及住房公积金，编制社会保险及住房公积金计算表。（三险一金的计提基数为职工当月应付工资总额，计提比例为：养老保险 20%，失业保险 2%，医疗保险 8%，住房公积金 8%）

本月社会保险及住房公积金计算表　　单位：元

人员类别	工资总额	医疗保险	养老保险	失业保险	住房公积金	合计
计提比例		8%	20%	2%	8%	
工程施工人员	180 000	14 400	36 000	3 600	14 400	68 400
其中：锦程商用楼	110 000	8 800	22 000	2 200	8 800	41 800
邮政局综合楼	70 000	5 600	14 000	1 400	5 600	26 600
机械作业人员	11 000	880	2 200	220	880	4 180
第一项目部管理人员	19 000	1 520	3 800	380	1 520	7 220
公司管理人员	29 000	2 320	5 800	580	2 320	11 020
合计	23 900	19 120	47 800	4 780	19 120	90 820

35. 12 月 31 日，计提本月工资附加费，计提基数为本月应付工资总额。其中职工福

利费计提比例14%，工会经费计提比例为2%，职工教育经费计提比例为1.5%（注：职工教育经费和工会经费均计入管理费用）。

本月工资附加费计算表　　金额单位：元

人员类别	工资总额	职工福利费	工会经费	职工教育经费	合计
计提比例		14%	2%	1.5%	
工程施工人员	180 000	25 200	3 600	2 700	31 500
其中：锦程商用楼	110 000	15 400	2 200	1 650	19 250
邮政局综合楼	70 000	9 800	1 400	1 050	12 250
机械作业人员	11 000	1 540	220	165	1 925
第一项目部管理人员	19 000	2 660	380	285	3 325
公司管理人员	29 000	4 060	580	435	5 075
合计	23 900	33 460	4 780	3 585	41 825

36. 12月份邮政局综合楼工程领用材料情况如下表：

邮政局综合楼工程领用材料情况表　　金额单位：元

材料名称	实发数量	计量单位	单价	金额
螺纹钢	20	吨	3 200	64 000
钢管	30	吨	1 600	48 000
水泥	100	吨	295	29 500
板材	15	立方米	2 150	32 250
碎石	350	立方米	30	10 500
中沙	300	立方米	32	9 600
混凝土	100	立方米	258	25 800
红砖	30 000	块	0.15	4 500
合计				224 150

37. 12月份锦程商用楼工程领用材料情况如下表：

锦程商用楼工程领用材料情况表　　金额单位：元

材料名称	实发数量	计量单位	单价	金额
螺纹钢	100	吨	3 200	320 000
钢管	10	吨	1 600	16 000
水泥	200	吨	295	29 500
外墙砖	10 000	块	15	59 000
碎石	200	立方米	30	6 000
中沙	250	立方米	32	8 000
混凝土	300	立方米	258	77 400
红砖	20 000	块	0.15	3 000
合计				639 400

38. 12月31日，计提本月固定资产折旧如下表：

本月固定资产折旧计算表

单位：元

资产类别	使用对象				月折旧额
	邮政局综合楼	锦程商用楼	机械作业部	管理部门	
房屋建筑物	4 000	6 000		9 810	19 810
施工机械			37 800		37 800
其他固定资产	4 000	14 000		1 000	19 000
合计	8 000	20 000	37 800	10 810	76 610

39. 本月施工机械为邮政局综合楼工程工作100个台班，为锦程商用楼工作200个台班，分配施工机械费用。

40. 分配第一项目部两个工程的间接费用，按各工程人员工资总额分配。

41. 12月31日，根据本月实际发生的合同成本，计算邮政局综合楼和锦程商用楼的完工百分比，向建设单位提出工程价款结算单办理结算，并同时确认本月主营业务收入、主营业务成本及合同毛利。

42. 12月31日，本年开工的滨海大学的办公楼工程及上年开工的通程集团的商用楼工程现已决算，办理两个工程的价款结算，如下表，确认主营业务收入及主营业务成本。

湖南大学办公楼工程决算账单

金额单位：元

单位工程名称	已确认合同收入	工程决算	累计已收工程款	尚欠工程款	年末应确认合同收入
办公楼工程	5 600 000	5 800 000	3 600 000	2 200 000	200 000
因合同变更追加收入150 000元，提前完工奖励50 000元					

通程商用楼工程决算账单

金额单位：元

单位工程名称	已确认合同收入	工程决算	累计已收工程款	尚欠工程款	年末应确认合同收入
商用楼工程	13 680 000	15 200 000	10 680 000	4 520 000	1 520 000

43. 12月31日，结转已完工程滨海大学办公楼及通程集团的商用楼的工程施工、工程结算账户。

44. 12月31日，按应收账款余额的3‰计提坏账准备。

45. 12月31日，根据本月主营业务收入，按规定税率计提营业税（3%）并按应交的营业税计提城建税（7%）和教育费附加（3%）。

46. 12月31日，结转本月损益类账户计算本月利润。

47. 12月31日，根据本月利润计算应交所得税（25%）。

48. 结转本年利润账户。

49. 12月31日，按全年净利润的10%计提法定盈余公积、剩余利润的60%应付给投资者利润。

50. 结转利润分配各明细账户。

五、实训要求

1. 根据上述经济业务编制会计分录。

2. 编制12月份的资产负债表和利润表。

主要参考文献

［1］王善平．中级财务会计［M］．成都：西南财经大学出版社，2002.

［2］财政部．企业会计准则［M］．北京：经济科学出版社，2006.

［3］财政部．企业会计准则——应用指南［M］．北京：中国时代经济出版社，2006.

［4］财政部会计司编写组．企业会计准则讲解［M］．北京：人民出版社，2007.

［5］鲁亮升．财务会计［M］．北京：清华大学出版社，2008.

［6］吴昊光，王鸿艳．行业会计比较［M］．北京：电子工业出版社，2008.

［7］黄珍文．财务会计［M］．成都：西南财经大学出版社，2010.